교통사고 합의해야 할까요?

교통사고 합의해야 할까요?

초판 1쇄 인쇄 2019년 11월 20일
초판 1쇄 발행 2019년 11월 28일

지은이 김동진
발행인 백유미 조영석
발행처 (주)라온아시아
주소 서울특별시 서초구 효령로 34길 4, 프린스효령빌딩 5F

등록 2016년 7월 5일 제 2016-000141호
전화 070-7600-8230 **팩스** 070-4754-2473

값 16,500원
ISBN 979-11-90233-29-3 (13320)

라온북은 독자 여러분의 소중한 원고를 기다리고 있습니다. (raonbook@raonasia.co.kr)

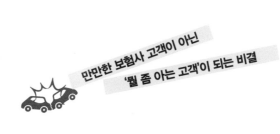

만만한 보험사 고객이 아닌
'뭘 좀 아는 고객'이 되는 비결

교통사고 합의해야 할까요?

김동진 지음

RAON
BOOK

이제 막 신혼여행을 다녀온 남자는 사랑하는 아내의 배웅을 받으며 결혼 후 첫 출근길에 나섰다. 다정한 인사를 나누고 승용차에 오른 남자는 쌀쌀하지만 상쾌한 늦가을의 공기를 마시며 회사로 향했다. 그런데 얼마 후 남자는 갑자기 중앙선을 넘어 자신을 향해 돌진해 오는 차량을 마주하게 된다. 지금 무슨 일이 일어나고 있는 것인가? 마치 꿈을 꾸는 것 같다.

불과 10여 분 전 퇴근하고 곧바로 귀가하겠다는 약속을 하고 헤어진 아내와 가족에 대한 미안함이 찰나처럼 스쳐 지나간다. 이제 죽는 건가?

속도를 줄이지 않고 달려오는 차량을 보는 순간 남자는 왼쪽으로 핸들을 돌렸다. 우측보다 좌측으로 핸들을 돌려야 피할 수 있겠다고 판단한 것이다. 하지만 상대 차량도 정신이 번쩍 들었는지 원래 차선으로 돌아가려고 핸들을 우측으로 돌리면서 충돌하고 말았다. 정신을 잃고 쇼크 상태로 구급차에 실려 응급실에 도착한 남자의 온몸은 만신창이가 되어 있었다. 지금까지 한 번도 느껴보지 못했던 극심한 통증이 밀려왔다. 마약성 진통제를 연신 투여했지만 줄어들지 않는 통증에 손톱으로 침대 난간을 긁고 또 긁었다.

수술, 또 수술. 몇 차례에 걸쳐 수술을 하고 투병 생활을 하던 중 남자는 뜻밖의 소식을 들었다. 가해자가 자신은 '중앙선을 넘지 않았다'고 진술한 것이다. 설상가상으로 남자의 차는 사고 당시 중앙선을 넘어 반대편 차선으로 가 있었다. 가족들과 경찰이 목격자를 찾는 현수막을 내걸었지만 사고 순간을 봤다는 사람은 나타나지 않았다. 이때만 해도 남자는 상황이 어떻게 돌아가는지 실감하지 못했다. 자기가 교통사고를 당하리라는 상상조차 해보지 못했고, 사고가 나면 어찌어찌 해결될 거라고 막연히 생각하고 있었다. 그러다 보험회사 직원의 말을 듣는 순간 현실을 직시하게 되었다.

"선생님께서는 중앙선을 침범했기 때문에 100퍼센트 과실로 일반적인 종합보험을 적용받을 수 없고, 자기신체손해(자손) 담보만 적용될 겁니다. 그리고 치료비 한도를 넘기면 초과분에 대해서는 본인이 부담하셔야 합니다."

텔레비전에서나 보던, 가해자와 피해자가 뒤바뀐 사고였다. 신혼여행을 다녀와서 처음 출근하는 날, 신부의 배웅을 받으며 집을 나선 남자는 15분 후 자신이 교통사고를 당하고 9개월 동안 집으로 돌아가지 못할 거라고 생각이나 했을까?

현대사회를 살아가는 모든 사람들은 각종 사고에 노출된 채 잠재적 불안을 안고 있다. 내가 아무리 조심한다고 피할 수 있는 것이 아니다. 그중 교통사고는 생명과 행복을 위협하는 대표적인 사고이다. 교통사고 발생 건수는 1년에 40만 건이고, 대부분의 피해자는 처음 당하는 것이다. 따라서 어떻게 대처해야 할지 아무런 지식도 없다. 특히 생사를 오가는 상황이거나 평생 장해를 안고 살아가야 한다면 앞으로 경제적인 문제까지 생각해야 한다.

사후약방문(死後藥方文, 죽은 뒤에 약방문을 쓴다)은 소용없다. 지금 웃고 있다가도 5분 후에 유명을 달리할 수 있는 것이 교통사고다. 앞의 사례와 같이 사고는 불가항력적이다. 그러나 대처법을 알고 있으면 수습하는 데 큰 도움이 될 뿐 아니라 보상금 단위도 바뀔 수 있다. 전반적인 보상 지식을 가지고 보험회사와 싸울 수 있는 자신만의 무기를 갖출 수 있는 것이다.

별 생각 없이 치료에만 전념하던 남자는 자기도 모르는 사이에 가해자가 되어 있었다. 가해자와 피해자가 뒤바뀌는 억울한 사고는 뉴스나 드라마에서만 보던 남의 이야기인 줄 알았다.

상대가 중앙선을 침범해 내 차를 향해 돌진해 왔다. 그런데 피해자인 나는 보험금도 제대로 받지 못하고 내 돈으로 치료를 해야 한다. 그리고 평생 장해를 안고 살아가야 하는데, 보상금은 고작 240만 원이다. 남자는 이의를 제기하며 상대 차가 중앙선을 넘어왔다고 일관되게 진술했다. 거짓말탐지기는 물론 교통공단 재조사, 국과수(국립과학수사연구원)까지 가겠다는 생각으로 투쟁하는 한편 지상파 시사 프로그램에 제보하기도 했다.

그렇게 교통공단에서 다시 조사한 결과, "차량끼리 강한 충돌 시 엔진룸이나 차량 하부 금속 부품들이 떨어져나가며 아스팔트를 긁는 가우지 마크(gauge mark)가 남자의 차선 중앙선 옆 5센티미터 부근에서 발견됨을 근거로 상대방 차량의 중앙선 침범이 99.99퍼센트입니다"라는 보고서를 받았다. 3개월이 지났지만 워낙 큰 교통사고였기에 현장의 도로는 그때까지도 깊게 패어 있었다. 남자는 그제야 비로소 안도의 한숨을 내쉬며 편하게 치료받을 수 있었다.

이 남자가 바로 나다. 운전면허를 딴 이후로 한 번도 사고를 낸 적이 없었고, 발가락으로도 운전할 수 있을 만큼 자신 있었다. 교통사고가 나리라는 생각은 한 번도 하지 못했기에 기본적인 사고 대처법이나 보상에 관한 지식을 따로 익히지도 않았다. 교통사고 대처법과 보상에 관한 지식을 미리 알고 있었다면 어땠을까? 차근차근 일 처리를 했을 것이고, 보험회사에 휘둘리지도 않았을 것이다.

연습을 전혀 하지 않고 운전면허시험을 치르는 사람은 없을 것이다. 운전을 해본 사람들은 면허시험장과 실제 도로의 상황이 완전히 다르다는 것을 알고 있다. 도로 위는 전쟁터다. 하루에도 크고 작은 수많은 교통사고들이 일어난다. 교통사고는 나의 생명과 재산을 앗아가는 것은 물론, 가족에게도 잊을 수 없는 슬픔과 고통을 안겨준다. 교통사고에 대해 아무런 지식도 가지고 있지 않은 사람들, 사고 후 보험회사와 싸우고 있는 사람들, 사고 후 100퍼센트 보상을 받고 싶은 사람들을 위해 이 책을 썼다.

이제 막 성인이 되어 운전면허를 딴 내 자녀들, 물가에 내놓은 아이처럼 서툰 운전을 하는 내 아내를 위해 꼭 필요한 책이다. 이 책을 통해 교통사고가 발생했을 때 적극적으로 대처할 수 있는 방법을 배우고 보험회사와의 정보 비대칭성으로 인한 피해를 사전에 막을 수 있다. 나아가 전 국민이 교통사고로 억울한 피해를 조금이라도 줄일 수 있다면 더없는 보람이 될 것이다.

1부

교통사고가 나기 전에 미리 알아야 할 것들

 1장 미리 알아야 손해를 보지 않는다

2장 사고 대처법, 모르면 당한다

3장 다양한 사고 유형

4장 모든 것은 근거 싸움, 근거에 죽고 근거에 산다

5장 보상은 어떻게 이루어지는가?

6장 내 몸값은 얼마인가?

1부

교통사고가 나기 전에
미리 알아야 할 것들

미리 알아야 손해를
보지 않는다

사고 전에 준비하면
사고 후에 허둥지둥하지 않는다

→ 지난 다음에 후회하지 마라

우리가 살아가면서 입버릇처럼 이야기하는 후회와 탄식의 말은 어떤 것들이 있을까? 가족이나 지인이 갑자기 하늘나라로 떠났다면 "살아 있을 때 좀 더 잘해 줄걸" 하는 생각이 들 것이다. 학창시절 공부보다는 노는 데 정신이 팔렸던 사람은 대입시험에 떨어지고 나서야 "그때 열심히 공부할걸" 하고 후회할 것이다. 어떤 자격시험을 공부할 기회가 있었는데도 지나치며 살다가 한참 시간이 흐른 어느 날 그 자격증이 승진에 결정적인 영향을 미친다면 "그때 자격증을 따놓을걸" 하고 탄식한다.

우리는 어떤 상황이 닥쳐야 과거에 미처 하지 못한 것을 후회한다. 하지만 하루하루 바쁘게 살아가다 보면 지금 당장 필요하지도 않은 일을 실천에 옮기기란 쉽지 않다.

아무것도 모르고 있다가 정작 상황이 닥쳤을 때 땅을 치며 후회하는 것이 하나 있다. 그것은 바로 누구나 당할 수 있는 교통사고에 관한 대처법이다. 먼 미래에 필요한 일들을 미리 알아두기가 쉽지는 않지만 이것만은 반드시 미리 익히고 숙지해야 한다. 왜냐하면 갑작스런 교통사고는 한 개인은 물론 집안 전체를 파산 상태로 몰아갈 수 있는 심각한 재앙이기 때문이다.

누구나 처음은 있다

사람들은 언제 처음 운전을 시작할까? 성인이 되기도 전에 부모님 차 키를 몰래 가져가서 신세계를 경험한 사람도 있을 것이다. 늦은 나이에 첫 운전을 시도하는 사람들도 있다. 2011년에는 950번째 필기시험에 합격하고 960번째 실기시험에 도전해서 비로소 면허증을 취득한 72세의 할머니 이야기가 화제에 오르기도 했다. 그 할머니는 한동안 광고에도 등장하며 모 자동차 회사로부터 자동차를 선물받았다. 그때는 지금처럼 고령 운전의 위험성에 대한 사회적 인식이 없던 때였다.

이렇게 우리는 다양한 연령대에 첫 면허를 딴다. 그렇다면 면허를 따는 과정을 한번 생각해보자.

전국의 운전면허시험장이나 자동차운전학원에 접수하고 먼저 필기시험부터 치른다. 필기는 기본 상식만 있다면 문제집을 조금만 풀어봐도 합격할 수 있다. 필기시험에 합격하면 기능시험을 보고, 마지막으로 도로주행시험에서 합격하면 운전면허증을 발급받는다.

이처럼 운전면허를 딸 때 아무런 준비 없이 시험에 합격하는 사람은 거의 없다. 하지만 본격적으로 운전대를 잡은 순간은 마치 수습 과정을 마치고 실무에 배치된 신입사원과 같다.

준비된 자만이 상황을 바꾼다

실제 업무를 할 때는 수습 과정에서 숙지했던 지식들이 아무 소용 없을 만큼 기상천외한 상황들이 펼쳐진다. 예기치 못한 위기에 맞닥뜨리면 당황한 나머지 아무런 생각이 떠오르지 않는다.

그러나 수습 과정을 실무 위주로 익히고 상황에 맞는 대처법을 미리 숙지했다면 순간적으로 당황하더라도 이내 정신을 차리고 차근차근 일 처리를 해나갈 수 있다.

교통사고도 마찬가지다. 그야말로 예기치 않게 언제 어디서든 일어날 수 있는 것이 교통사고다. 크고 작은 교통사고 경험자들의 이야기를 쉽게 들을 수 있고, 지금 이 글을 읽는 순간에도 어디에선가 교통사고는 발생할 것이다.

내가 아무리 조심해도 일어날 수 있는 것이 교통사고이다. 그렇다면 대처 방법을 알고 있어야 사고 수습을 제대로 할 수 있지 않겠는가.

사람들은 교통사고가 나면 보험회사가 알아서 다 처리해줄 것이라고 생각한다. 대부분의 손해보험 광고도 그 점을 내세우며 소비자들을 끌어들이고 있다. 광고에서 보여주는 것처럼 실제로도 그럴까? 사고 상황을 한번 상상해보자. 내 경험에 비춰서 설명해보겠다.

미리 알아두면 당황하지 않는다

교통사고로 입게 되는 상해 정도는 매우 다양하다. 정신을 잃지 않을 정도의 경미한 사고도 있고, 심하게 다쳐 스스로 움직일 수 없거나 사망에 이르는 경우도 있지만 여기서는 경상 정도를 가정하고 알아보자.

일단 자신이 운전하는 차가 다른 차와 충돌하는 장면을 내 눈으로 직접 목격하면 상당한 스트레스를 받는다. 나도 모르는 사이에 충돌했다면 차량끼리 부딪칠 때 나는 굉음에 깜짝 놀란다. 작은 소리라도 차 안에서는 상당히 크게 들린다. 나도 모르게 심장 박동이 빨라지고, 동공이 확대되며, 혈압이 상승하는 등 신체적인 변화가 나타나면서 어쩔 줄 몰라 한다. 머릿속이 하얘지면서 사리분별이 흐려진다. 사고가 일어난 순간에는 어느 누구도 어찌할 수 없다. 이후에 어떻게 행동하고 대처해야 하느냐가 중요하다. '어떡해!'만 연발하고 있으면 도움을 받기는커녕 오히려 보험회사의 먹잇감이 될 수 있다.

사고의 사전적 의미는 '뜻밖에 일어난 불행한 일'이다. 갑자기, 느닷없이, 예기치 않게 일어난 사고라 하더라도 미리 대처법을 알고 있으면 확신을 가지고 자신감 있게 처리할 수 있다.

　교통사고의 위험성을 인지하고 스스로 대처할 수 있는 지식을 가지면 더 성숙한 교통문화를 만들 수 있고 일어나지 말아야 할 어이없는 사고들도 많이 줄어들 것이다. 설령 사고가 난다 하더라도 누구도 당신을 얕보지 못할 것이다. "예방이 치료보다 낫다"는 에라스무스(르네상스 시대의 인문학자)의 명언도 있듯이 일상에서 우리의 행복을 위협하는 교통사고로부터 소중한 나를 지키기 위해 미리미리 준비해야 한다.

보험회사는 잘 모르는 고객을
가장 좋아한다

중국 춘추시대 병법가 손무(孫武)는 "지피지기 백전불태(知彼知己 百戰不殆)"라고 했다. "적과 아군의 실정을 면밀하게 비교하고 검토한 후 승산이 있을 때 싸운다면 백 번을 싸워도 결코 위태롭지 않다"는 뜻이다. 그리고 "적의 실정은 모른 채 아군의 실정만 가지고 싸운다면 승패의 확률은 반반이다. 또 적의 실정은 물론 아군의 실정조차 모르고 싸운다면 만 번에 한 번도 이길 가망이 없다"고 했다.

아무런 정보 없이 가격 비교도 전혀 하지 않고 고가의 물건을 덥석 구입하는가? 물론 경제적 여유가 넘쳐난다면 그럴 수도 있을 것이다. 하지만 요즘은 고가의 물건을 살 때만 정보를 수집하는 것이 아니다. 수만 원짜리 물건 하나를 사더라도 인터넷에서 가격을 꼼꼼히 따져보는 것이 생활화되었다. 미리 구입한 사람들의 상품 후기를 읽어보고, 샘플을 신청해서 직접 체험해보는 등 최대한 정보를 파악하고자 애쓴다. 거기에 더해 가성비를 꼼꼼히 따진다. 그래야 바가지를 쓰지 않을 수 있으니 말이다.

현대인들은 이미 사소한 물건이라도 수많은 정보를 비교해본 다음에 구입하는 습관을 가지고 있다. 물건을 파는 입장이라면 탐탁지 않겠지만, 조금이라도 싸게 사려는 소비자들의 심리를 막을 수는 없다.

적을 알면 대처 방법이 보인다

교통사고 정보도 물건을 사는 것과 같다. 손해보험회사는 수십 년 동안 쌓아온 고객 대처 노하우와 보상에 관한 데이터를 엄청나게 축적해놓았을 뿐 아니라 그러한 정보를 다른 보험회사와 공유하고 있다. 거기에 막강한 자금력까지 있으니 무소불위의 권력을 자랑하는 것이다. 직원 교육은 또 얼마나 철저한가?

나도 손해보험회사의 보험 모집인을 할 때 매우 유익하고 수준 높은 교육을 받았다. 교육 내용 중에는 정신 개조 부분과 고객 응대법도 있었다. 보험회사들은 상황에 따라 고객을 응대하는 교육을 철저히 하고 있다.

그러면 고객의 입장에 있는 우리는 어떻게 대처해야 할까? 사실 보상에 대한 지식과 대처 노하우, 데이터 등 어느 하나도 보험회사에 필적할 만한 것이 없다.

　세상에는 수많은 정보들이 넘쳐나고 정보를 독점하려는 자와 정보를 빼내려는 자들의 보이지 않는 전쟁이 벌어지고 있다. 이렇게 해서 획득한 정보의 가치는 높아지고 기밀이 된다.

　손해보험회사도 고객에게 알리고 싶지 않은 수많은 '대외비'를 가지고 있다. 물론 대외비를 안다 해도 당해낼 수 없는 것들이 더 많다. 이러한 정보의 극심한 비대칭이 고스란히 반영되어 사고가 발생했을 때 주도권이 보험회사로 넘어가는 것이다.

　어떤 이익이 걸려 있는 싸움에서 상대가 호구처럼 나오면 겉으로는 웃지만 속으로는 쾌재를 부르며 무시한다. 모르는 것이 있으면 친절하게 가르쳐주고 일이 잘 처리될 수 있도록 도와주는 것이 마땅하지만 경쟁사회에서는 통하지 않는다. 딱히 나쁜 사람이라서 그런 것이 아니다. 보험회사 직원들은 눈이 4개에 귀가 5개 달린 도깨비들이 아니다. 일을 떠나서 개인 대 개인으로 만나면 인간적이고 좋은 사람들이 상당히 많다. 손해보험회사는 이익을 최우선으로 추구하는 영리회사이기 때문에 직원들도 자사에 이익이 되는 방향으로 행동할 수밖에 없다.

　그러므로 우리는 미리 알고 있어야 한다. 보험회사 직원들은 고객이 어리숙해 보이고, 자기 말을 잘 듣는다고 판단되면 쉽게 상대하려고 한다. 담당자가 원하는 방향으로 합의할 수 있다고 여기는 것이다. 처음 사고를 당하는 사람이 매일 사고 처리만 하며 사람을 다루는 방법을 체득한 보험회사 직원들을 이기기는 결코 쉽지 않다.

• 우리는 보험회사의 당당한 고객이다

미리 안다고 해도 소용없지 않느냐고 반박하는 사람들도 있을 것이다. 그렇지 않다. 왜냐하면 우리는 보험회사의 당당한 고객이기 때문이다. 아무리 이익을 추구하는 보험회사도 기본 지식을 갖춘 고객을 무시하기는 쉽지 않다. 그냥 고객이 아닌 '뭘 좀 아는 고객'이 된다면 보험회사와 대등한 입장에서 싸워볼 수 있다.

작은 가게를 운영하더라도 경쟁 가게의 상술과 물건 수급 루트를 알면 충분히 이길 수 있다. 상위권 학생의 공부 방법과 참고 서적에 대한 정보를 알아내면 금방 따라잡을 수 있다. 적을 알고 나를 알면 백전백승이라고 이야기하는 것이 아니다. 적에 대해 분석하여 승산 있는 부분을 찾는다면 적과 붙어도 일방적으로 당하지 않는다는 뜻이다. 우리는 교통사고에 대해 '뭘 좀 아는 고객'이 되어야 한다.

사고 경험이
있는 것처럼 행동하라

-------------------→ **모르면 100퍼센트 당하는 세상**

모르면 당한다는 말이 있다. 물건이나 서비스를 판매하는 사람들이 잘 모르는 소비자에게 덤터기를 씌우는 경우를 말한다. 이런 일은 특히 자동차정비소를 찾았을 때 자주 경험한다. 사소한 고장을 수리하러 갔다가 생각지도 않았던 부품을 교체하게 되는 것이다. 자동차 운행은 생명과도 직결되는 일이니 전문가가 부품을 교체하지 않으면 위험할 수 있다고 말하면 따르지 않을 수 없다.

엔진오일을 교환하러 갔다가 미션오일까지 교환하고 오는 경우가 왕왕 있다. 차체 하부가 긁혀서 갔더니 라지에이터 쪽이 긁혀서 누유가 생겼다며 교체를 권유했지만 사실은 도색이 벗겨진 정도인 경우도 있다. 물론 시간이 지나면 자동차 부품을 교체해야 한다. 하지만 잘 모르면 멀쩡한 부품을 교체해야 한다고 권유할 수도 있다.

정비사들의 말대로 나중에 문제가 생길 수도 있으니 교체하자고 들면 한도 끝도 없다. 덤터기를 씌우는 방법도 창의적이고 다양하다. 상대에 따라 수위가 달라지기도 한다. 작은 친절로 고객의 마음을 사서 돈이 많이 드는 정비를 권유한다. 큰 비용이 지출되면 눈치를 챌 수 있으니 작은 작업을 여러 개 해서 짧은 시간에 공임을 부풀리기도 한다. 남자도 모르면 당하기 십상이지만 여자 혼자 자동차정비소에 가면 덤터기를 쓸 확률은 더욱 높아진다. 실제로 지인 여자분 중에 나사가 박혀 펑크 난 타이어를 수리하러 갔다가 멀쩡한 앞뒤 타이어 네 짝을 모두 교체한 경우도 있다.

차가 고장 날까 봐, 사고가 날까 봐 불안해하는 사람들은 그런 정비사들에게 호구가 되기 쉽다. 부품을 교체하지 않았을 때 야기될 위험성을 조금만 설명해주면 바로 교환하기 때문이다. 그래서 엔진오일을 교체하러 갔다가 엔진까지 갈고 나온다는 말이 있을 정도다. 상당수의 정비사들이 그렇지 않다는 것은 알고 있지만 자동차정비소에 대한 편견이 사회 전반에 퍼져 있는 것은 사실이다.

┄┄┄┄┄┄┄┄┄┄▶ 간접경험도 경험이다

이런 일이 벌어지는 이유가 뭘까? 인건비를 제대로 산정해주지 않는 우리나라의 노동 현실도 문제겠지만 무엇보다 지식과 정보의 불균형 때문이다.

자동차 정비는 아주 사소한 것 외에는 일반인들이 알 수 없다. 아무것도 모르니 전문가의 말을 들을 수밖에 없다. 판매자들은 소비자들이 잘 모른다는 점을 최대한 이용하는 것이다. 차에 대해 어느 정도라도 알고, 부품이나 공임 값까지 알고 있으면 함부로 덤터기를 씌우지 못한다.

교통사고 합의도 이와 비슷하다. 아무것도 모르면 보험회사 직원의 말을 그대로 믿고 따라야 한다. 경험이 없더라도 지식이 있으면 함부로 휘둘리지 않는다. 해당 분야에 대한 지식도 일종의 간접 경험이기 때문이다. 실제로 경험해본 것이 가장 큰 힘이 되겠지만 지식을 갖추는 것만으로 충분히 대응할 수 있다.

------------------→ 아는 척이 아니라 실제로 아는 것이 중요하다

경험 있는 사람들의 특징은 무엇일까? 일단 여유롭다. 조급해 하거나 조바심을 내지 않는다. 경험을 통해 결말을 이미 알고 있기 때문이다. 해당 분야에서 사용하는 용어들도 잘 알면 자신의 경험을 이론적으로 설명할 수 있다.

교통사고를 직접 경험해본 사람들은 보험회사의 특성을 어느 정도 파악하고 있기 때문에 크게 불안해하거나 조급해하지 않는다. 사고나 보상 관련 용어들을 알고 있으니 보험회사 직원을 상대

하기도 큰 부담이 없다. 반대로 보험회사 직원은 피해자가 사고 처리에 대해 잘 알고 있으면 부담을 느낄 수 있다.

사람들은 기본적으로 어떤 분야의 전문가를 신뢰하고 존중한다. 공신력 있는 기관의 조사 결과를 그대로 믿고, 생소한 회사보다 유명 회사의 제품을 신뢰한다. 유명 회사에서 전문가의 권위를 빌려 광고하면 딱히 그 제품을 검증하지 않아도 날개 돋친 듯 팔린다.

헬리코박터 파일로리 균을 발견한 업적으로 2005년 노벨 생리학상을 받은 오스트레일리아의 배리 마셜 박사가 한국야쿠르트의 유산균 발효 제품인 헬리코박터 프로젝트 윌 광고에 출연하자 판매량이 급증했다. 단지 권위자가 그 제품을 사용했다는 것만으로도 효과에 대한 믿음이 각인된다. 연예인을 내세운 마케팅도 비슷한 효과를 기대하는 것이다. 전지현이 드라마에서 입고 나온 패딩은 상당한 고가인데도 엄청난 인기를 누리며 팔려나갔다.

보험회사 직원에게 까다로운 고객으로 포지셔닝하라

각자 생업이 있는 사람들에게 교통사고에 대해 전문가가 되라고 말하는 것이 아니다. 사고를 한 번 당했다고 해서 갑자기 전문가가 될 수도 없고 그럴 필요도 없다. 다만 교통사고에 대한 지식을 미리 알고 있으면 보험회사 직원 앞에서 주눅 들지 않고 자신 있게 대화할 수 있다. 마치 경험이 많은 사람처럼 여유 있고 논리정연하게 말할 수 있는 것이다.

사고 처리나 보상에 대해 아무것도 모른다고 생각하고 자신의 뜻대로 끌고 가려던 보험회사 직원은 뭔가를 알고 있는 듯한 당신의 논리적인 말과 당당한 행동에 부담을 느낄 것이다. 호락호락하지 않은 고객으로 머릿속에 포지셔닝되면, 사고 처리 방향까지 달라질 수 있다.

말투부터 조심하라

말에는 큰 힘이 있다. 어투나 어법도 신경 쓰는 것이 좋다. 같은 말이라도 누가 어떻게 말하느냐에 따라 상대방이 느끼는 압박감이 달라진다. 신입사원의 말을 듣겠는가, 사장의 말을 듣겠는가? 사장처럼 거만하게 말하고 행동하라는 것이 아니다. 보험회사 직원이 함부로 할 수 없을 정도 많이 알고 있어야 한다는 뜻이다.

한 가지 조심할 것은 교통사고 보상에 대한 지식을 잘난 척하듯이 떠벌리지 않는 것이다. '내가 이미 다 알고 있어'라는 식의 말투는 오히려 역효과를 낼 수 있다. 단기간에 열심히 지식을 습득한다 해도 수년 또는 수십 년을 보상 처리에 잔뼈가 굵은 사람들에 비할 수 없다. 대화를 나누면서 적재적소에 지식과 논리를 펼쳐야 한다. 결정적 한 방을 위해 알아도 모르는 척 넘어가는 센스도 필요하다. 핵심은 뭔가 알고 있는 것처럼 말하고 행동하여 상대가 압박을 느끼도록 유도하는 것이다.

초동 대처가
보상금을 좌우한다

- - - - - - - - - - - - - - -•**초동 대처에서 확인해야 할 것들**

범죄 관련 뉴스를 보면 초동수사라는 말이 자주 등장한다. 경찰학 사전에 따르면 "초동수사는 수사기관이 범죄를 인지했거나 사건이 발생한 직후에 증거를 확보하고 범인을 체포하기 위해 범죄 현장을 중심으로 긴급하게 펼쳐지는 수사 활동"을 말한다.

초동수사의 핵심은 최대한 빨리 범인을 체포하거나 사건의 확장을 막는 것이다. 사건 발생 후 시간이 경과할수록 수사는 더욱 어려워지므로 사건 초기에 목격자 확보, 현장 보존, 수사 단서 확보를 위한 초동수사가 매우 중요하다. 그러나 초동수사가 미흡해 범인을 잡지 못했다거나 부실한 초동수사로 인해 더 큰 사건으로 확대된 경우가 많다. 부실한 초동수사는 인명과 재산 피해를 키우고 막대한 사회적 비용을 지출한다. 범죄로 인해 개인의 생명이 위협당하고 한 가정이 파탄 날 수 있으므로 확대를 막기 위해서는 초동수사가 무엇보다 중요하다.

범죄 사건에 대한 초동수사와 같은 것이 교통사고에서 반드시 기억해야 할 초동 대처이다. 교통사고가 발생했을 때 현장에 대한 초동 대처가 중요한 이유는 사고 초기에 명확한 증거를 확보해 향후 불필요한 분쟁을 줄이고 원활하게 보상을 받기 위해서다. 그리고 적절한 구호 조치는 더 큰 사고를 미연에 방지하는 효과가 있다.

교통사고는 내가 피해자일 수도 있지만 가해자가 될 수도 있다. 또 스스로 충분히 처리할 수 있는 경미한 사고가 있는가 하면 스스로 할 수 없는 중상 사고도 있다.

사고 현장에 대한 대처 방법은 나 스스로 처리할 수 있을 정도의 사고일 때 필요한 것이다. 가해자든 피해자든 교통사고가 일어났을 때 반드시 알아두어야 할 사항과 초동 대처법을 알아보자.

교통사고가 발생하면 정차 후 피해 상황을 확인한다

교통사고가 나면 비상등을 켜고 즉시 정차하여 사고 현장을 확인한 다음 다른 차량이 사고 차량임을 알아볼 수 있도록 표시해야 한다. 비상등을 켜고 트렁크를 열어놓는다거나 안전삼각대를 차량 후방 100미터에 설치하는 등 접근하는 차량의 운전자가 쉽게 확인할 수 있도록 조치를 취한다. 이때 각별히 조심해야 할 것이 있다. 사고를 알리려다가 오히려 2차 사고의 피해자가 될 수 있다는 점이다. 특히 고속도로에서 사고가 났다면 삼각대 설치할 생각하지 말고 비상등을 켜고 트렁크를 연 다음 신속히 가드레일 밖으로 피신하기 바란다. 뒤따라 오던 차의 운전자가 딴짓을 했다거나, 음주, 졸음 운전을 한다면 삼각대 세우다가 큰 변을 당할 가능성이 높기 때문이다. 고속도로에서 2차 사고로 인한 사망률이 60퍼센트를 육박한다고 하니 얼마나 조심해야 할 일인지 짐작이 갈 것이다.

부상자가 있는지 확인하고 119 신고 후 구조대가 도착할 때까지 부상자를 구호한다

부상자가 의사소통에 문제없는 상태라면 동의를 구하고 도와주어야 한다. 다친 정도가 심할 때는 절대 안거나 업는 행동은 하지 않는다. 어린이와 노약자가 있다면 우선적으로 구호해야 한다. 특히 가해자가 피해자를 제대로 구호하지 않고 현장을 떠나면 뺑소니로 형사처벌을 받는다.

적극적인 구호 조치는 피해자에 대한 가해자의 민형사상 책임을 줄일 수 있다. 사고 현장 상황은 매우 급박하고 정신이 없지만 항상 사람이 먼저라는 생각으로 대처해야 한다.

보험회사와 경찰서에 사고를 접수한다

크지 않은 대물 사고나 경미한 사고로 교통 흐름을 방해하지 않고 경찰의 조직적 대처가 필요 없는 상황이라면 경찰을 부르지 않을 수도 있다. 그러나 차량이 움직일 수 없을 정도로 부서지거나, 피해자와 가해자의 분쟁이 심할 때는 반드시 경찰에 신고해야 한다. 신고할 때는 사고 장소, 부상자 수와 부상 정도, 대물일 경우 물건의 파손 정도 등을 신고하면 된다. 이와는 별도로 보험회사에도 반드시 사고 접수를 해야 한다.

피해자는 가해 차량 운전자의 인적 사항은 물론 면허증과 동일 인물인지 확인해야 한다. 가해자로부터 사고를 시인하는 확인서를 받아놓거나 대화 내용을 녹취하는 것도 향후 딴소리를 할 때 증거 자료로 사용할 수 있다.

가해자는 보험가입증명서를 발급받아 경찰에 제출한다. 종합 보험이 가입되어 있고 12대 중과실이나 중상해 사고가 아니라면 형사처벌을 면할 수 있다.

사고 차량 촬영과 사고 위치를 표시하여 정황과 증거를 확보한다

사고 위치와 사고 부위를 동영상 또는 사진으로 찍고 내 차량과 상대 차량의 블랙박스 유무를 확인하거나 확보한다. 주변 CCTV 나 후방 차량의 블랙박스 영상과 목격자 확보에도 힘써야 한다. 경미한 사고일 때는 사진 촬영과 스프레이 등으로 사고 지점을 표시한 후 교통 흐름을 방해하지 않도록 갓길로 차량을 이동하는 것이 좋다. 사고 현장에 대한 증거 확보는 가해자와 피해자를 가려내고 보상금의 단위를 바꿀 수 있을 정도로 중요한 요소이기 때문에 절대 소홀히 하면 안 된다.

보험회사와 경찰이 도착해 사고 현장을 수습하는 등 현장 대처가 끝났다면 상대 차량 번호와 보험회사, 사고접수번호 등을 숙지하고 바로 병원으로 간다

가해자라고 해서 다치지 않는 것은 아니니 몸에 이상이 있다면 보험회사에 접수하고 병원에 가야 한다. 경미한 사고가 났을 때는 '이 정도면 괜찮겠지' 하며 대수롭지 않게 여겨 병원 진료를 받지 않는 경우가 있다. 사고 당시에는 놀란 상태로 정신없이 수습을 하느라 자신의 상태를 제대로 인지하지 못한다. 괜찮다고 생각해 귀가했다가 하루 이틀 지나 통증을 호소하며 병원을 찾는다면 보험회사의 불필요한 의심을 사게 되어 불리한 위치에 설 수도 있다.

경찰 조사에 대처하는 법

가해자와 피해자를 가리기 힘든 사고, 또는 피해자의 부상 정도가 심각하거나 사망한 사고가 났을 경우 경찰 조사에 어떻게 임해야 하는지 살펴보자.

가벼운 사고라면 보험회사와 해결하면 된다. 그러나 부상 정도가 크거나 12대 중과실에 해당하는 사고가 났을 때는 경찰이 현장 조사를 하고 가해자와 피해자의 진술서를 받는다.

여기서 반드시 알아두어야 할 것은 피해자도 현장 조사에 동행해야 한다는 것이다. 가해자와 경찰만 현장 조사를 나가면 가해자가 거짓 진술을 할 수 있다. 사고 상황을 잘 모르는 경찰이 가해자

주장대로 사고 처리를 할 수도 있는 것이다. 문제는 피해자의 부상이 심각하거나 사망한 경우이다. 목격자도 없고 사고 경위도 불분명하면 오히려 가해자로 몰릴 수도 있으니 가족이라도 반드시 동행해야 한다.

피해자가 크게 다쳤거나 사망했다면 현실적으로는 가족도 경황이 없다. 사람이 생사를 오가는 상황에서 모든 신경이 환자에게 집중된다. 하지만 냉정해져야 한다. 가해자가 자신에게 유리한 쪽으로 진술하고 조사가 끝나 버리면 나중에 바로잡기가 매우 어렵다. 사고 초기부터 조사에 참여해 진행 상황을 수시로 체크해야 실제 상황과 다르게 사건이 마무리되는 억울한 상황을 면할 수 있다.

피해자가 사망하지 않더라도 가해자는 언제나 실제와 다르게 진술할 수 있다. 내 경우는 가해자가 중앙선을 넘어왔는데도 자신은 중앙선을 넘지 않았고, 심지어 자신이 운전하지 않았다고 진술했다. 가해자의 주장이 사실과 다르거나 목격자의 주장과 다르다면 거짓말탐지기를 요청해서라도 바로잡아야 한다. 거짓말탐지기 결과가 100퍼센트 정확한 것은 아니지만 진실을 숨기려는 가해자에게 부담을 주어 심중을 읽을 수 있고, 사고 해결의 단서가 될 수도 있다.

경찰의 수사가 사실과 다르게 진행되는 것을 막아야 한다. 해결해야 할 사건이 많은 경찰들은 모든 사건을 꼼꼼하게 들여다보지 않는다. 경찰 조사가 너무 지연되거나 불공정하다고 생각될 때는 바로잡을 것을 요청한다. 그래도 받아들여지지 않는다면 해당 경찰서 청문감사실이나 상급기관인 지방경찰청 교통민원신고센터에 수사관 교체 요청이나 이의 신청을 할 수 있다. 그러나 이런 것은 어디까지나 조사가 경찰 단계에 있을 때 이야기다. 수사 기록이 검찰로 넘어가면 뒤집기가 더욱 어렵다.

두말하면 입 아픈 초동 대처의 중요성

현장에 대한 초동 대처의 중요성을 다시 한 번 일깨우는 일화가 있다.

거센 비바람이 불던 어느 여름날 원예농원을 운영하던 A씨는 자신의 작업용 트럭을 타고 왕복 2차선 도로를 달리고 있었다. 물건을 싣지 않아 뒤축이 가벼운 A씨의 트럭이 미끄러지면서 중앙선을 넘었다. 놀란 A씨는 다시 핸들을 돌려서 자기 차로로 들어왔는데 때마침 마주 오던 차와 충돌하고 말았다.

상대 운전자는 A씨가 중앙선을 침범했다고 주장하며 "블랙박스가 모든 것을 말해줄 것"이라고 자신 있게 말했다.

A씨는 허벅지 골절로 수술하고 요양하느라 3개월 만에 첫 조사를 받았다. 현장 조사를 끝낸 20년 경력의 사고조사관은 A씨가 중앙선을 넘은 것으로 판단했다. 억울하다고 생각한 A씨는 변호사를 선임했고, 자신이 가해자라는 주장에 반박하는 의견서를 사진과 함께 제출했다. 사고 당시 엉덩이 관절을 다친 A씨가 통증을

참으며 차에서 내려 찍어놓은 몇 장의 사진이었다.

자신의 판단이 틀렸다는 것을 인정하고 싶지 않았던 조사관은 A씨에게 중앙선 침범으로 반드시 기소할 것이라고 엄포를 놓았다. 하지만 사건의 단서는 통증을 참으면서 찍은 A씨의 사진 속에 있었다. A씨가 미끄러지면서 중앙선 침범을 했다가 자기 차선으로 복귀한 뒤 상대편 차량이 미끄러지면서 중앙선을 넘어 A씨의 차량을 박았다는 결론이 나왔다. A씨는 그제야 마음 편히 치료받고 과실 없는 정상적인 보험금도 수령했다.

누구나 갑작스런 사고를 당하면 머릿속이 하얘져서 황당한 실수를 하고 나중에 "내가 왜 그랬지?" 하며 자책한다. 하지만 순간의 실수가 엄청난 손해를 초래할 수 있다.

'사고가 나면 이렇게 대처해야지' 하고 평소에 이미지 트레이닝을 해두면 실제 사고가 발생했을 때 큰 도움이 된다. 사고 대처법을 아는 사람과 모르는 사람의 결과는 하늘과 땅 차이라는 것을 위 사례가 보여준다. 물론 사고가 나지 않는 것이 가장 좋다. 그러나 내가 아무리 안전운전을 한다 해도 상대방의 과실에 의해 교통사고는 언제든지 발생할 수 있다. 따라서 평소에 사고 대처법을 숙지하고 있어야 한다.

방어 운전은
최선의 안전 운전

우리나라에 등록된 자동차 수만 해도 2,000만 대가 훌쩍 넘는다. 도로는 물론 골목길에 사람은 없어도 차는 정차되어 있거나 굴러다닌다.

사람 사는 세상에 상상도 못 할 일들이 일어나게 마련이듯이 도로에서도 기상천외한 일들이 벌어진다. 교통법규를 최대한 지키려는 운전자보다 요리조리 얌체 운전을 일삼는 운전자가 더 빨리 간다. 과속, 칼치기, 위협, 난폭 운전을 하면서 우쭐해하고, 신호와 교통법규를 무시하고 남들보다 빨리 가면 운전을 잘하는 것이라고 착각한다. 이런 사람들 때문에 초보 운전자들이 도로에 적응하기는 쉽지 않다. 속도를 높이지 않는다고, 신호가 바뀌기가 무섭게

출발하지 않는다고 마구 경음기를 울려댄다.

-------------------•가장 적극적인 운전 습관, 방어 운전

방어 운전이란 운전자가 어떠한 상황이 일어나도 대응할 수 있는 것을 말한다. 방어 운전은 다른 운전자가 사고의 빌미를 제공하거나 여러 가지 상황이 좋지 않을 때도 외부의 위험으로부터 자신과 자동차를 지키기 위한 것으로, 수동적 의미가 아닌 가장 적극적인 운전 습관이다. 방어 운전은 차량에 대한 것과 도로 여건 및 기상 상황에 대한 것이 있다. 이제 나를 지키기 위한 최선의 방어 운전은 어떻게 해야 하는지 살펴보자.

운전할 상황이 아니면 과감히 포기하라

인명 피해와 사회적 손실을 초래하는 음주운전은 술을 마신 상태에서도 운전을 포기하지 못하는 사람들이 저지르는 범죄행위다. 술자리가 있다면 차를 가져가지 않거나 부득이하게 차를 가져가더라도 반드시 대리운전을 이용해야 한다. '이 정도는 괜찮아' 하면서 음주 후 운전대를 잡는 사람들이 있다. 음주운전은 완벽한 공격 운전이자 범죄행위다. 음주운전을 한 본인뿐 아니라 동승자 또는 상대 차량의 운전자까지 죽게 만드니 가히 살인 운전이라 할 수 있다.

또한 운전을 생업으로 하는 사람은 쉽지 않겠지만 몸이 매우 피곤할 때는 운전을 하지 않는 것이 바람직하다. 신체 기능이 저하

되어 장치 조작 능력이 떨어지면 사고를 유발할 수 있기 때문이다. 운전을 하면서 기분 전환을 할 정도의 정신적 스트레스는 괜찮겠지만 극심한 스트레스 상황에서도 운전대를 잡지 않는 것이 좋다.

이외에도 면허가 없거나 보험에 가입하지 않은 사람은 아무리 가까운 거리라도 운전하지 말아야 한다. 그것이 나를 지키고 타인을 지키는 길이다.

상대 차량의 움직임을 살피고 예측하면서 운행하라

차선을 넘나들거나 비틀거리는 등 유난히 불안하게 운전하는 사람들이 있다. 지병으로 인해 몸에 이상이 생겨서 그런 경우도 있지만 대부분 음주, 졸음, 부주의한 운전이다. 이런 징후가 보이는 차가 앞이나 옆에 있다면 조향축이 있는 앞바퀴를 잘 살펴보아야 한다. 앞바퀴의 미세한 움직임을 보면 그 차량의 진행 방향을 예측할 수 있다. 이 움직임을 보고 거리를 두면서 진행할지, 피해서 빠져나갈지 판단할 수 있다.

모든 사람들이 교통신호를 잘 지킨다면 사고가 날 일이 없다. 하지만 그렇지 않은 사람들도 많기 때문에 내 신호라고 해서 무조건 달려 나가면 안 된다. 신호가 바뀌면 눈으로 안전을 확인한 후 진행해야 한다. 차량의 움직임뿐만 아니라 보행자의 움직임도 예측해야 한다.

진로 변경을 할 때는 미리 방향지시등을 켜고 상대 차에게 진로 변경 의사를 알린다. 그런데 방향지시등을 켜면 끼어들지 못하도록 오히려 더 속력을 내는 운전자들이 많다. 방향지시등을 켜지 않고 갑자기 끼어들면 경음기를 마구 울려대거나 상향등을 켜면서 감정을 자극한다. 끼어들기를 한 차나 뒤차 운전자 모두 감정이 격앙되면 위협 운전 또는 보복 운전을 하기도 한다. 앞에서 끼어들기를 하겠다는 신호를 보내면 공간을 열어주고 양보해주자.

또한 끼어드는 차량은 방향지시등을 켰다고 무조건 들어오는 것이 아니라 뒤차가 속도를 줄여 공간을 열어주면 들어온다. 정상적으로 진로 변경을 했다면 비상등을 켜서 양보해준 뒤차 운전자에게 고마움과 미안함을 표시하는 매너가 반드시 필요하다.

방어 운전과 양보 운전은 쌍둥이다

양보는 어떤 상황에서든 필요한 운전자의 미덕이다. 신호기가 없는 교차로에서는 통행 우선순위가 있다. 이를테면 교차로에 먼저 진입한 차, 폭이 넓은 도로에서 진입한 차, 소방차나 응급차가 통행 우선권을 갖는다.

우선순위대로 운행하는 것이 당연하지만 자신의 차가 우선한다고 해서 무조건 먼저 가려고 진입하다 보면 사고가 날 수도 있다. 내 과실이 없다 한들 사고가 나서 차가 망가지면 재산상의 손해를 입는 것이다.

모든 차량에 양보하라는 이야기가 아니다. 교통법규를 지키고 다른 차들의 상황도 살피면서 운전해야 한다. 사고가 나는 것보다 차라리 이를 악물고 양보하는 것이 낫다.

같은 맥락에서 덩치 큰 대형차가 들어오려고 하면 양보해주자. 버스나 트럭 같은 대형차들은 멀리 보는 시야는 좋지만 가까이에는 사각지대가 많아져 작은 차를 보지 못한 채 밀고 들어오는 경우가 있다. 사실 대형차가 앞으로 들어오면 시야도 가리고 속도도 내지 못하니 달갑지 않다. 끝까지 끼어들기를 해주지 않고 먼저 가면서 흡족한 승리의 미소를 지은 적이 있는가? 양보하고 피해주는 것이 좋다. 어느 순간에 큰 차가 밀어붙여 대형 사고를 당할지도 모를 일이다.

뒤차가 앞지르기를 하려고 할 때는 알면서도 일부러 느긋하게 가지 말고 오른쪽으로 붙이거나 감속해서 피해주어야 한다.

이처럼 내가 통행 우선권이 있고 양보하지 않아도 되는 상황에서도 양보 운전을 하는 습관을 기르는 것이 좋다.

항상 안전한 공간을 확보하고 운행하라

항상 양쪽 사이드미러와 룸미러를 보면서 운전해야 한다. 초보 운전자나 습관적으로 시트를 앞으로 당겨 핸들에 몸을 바짝 붙이고 운전하는 사람들은 시야가 넓지 못하다. 체구가 작아서 그렇다거나 앞을 더 잘 보려고 한다는 등 다양한 이유가 있겠지만 이런 습관은 좋지 않다.

안전 공간 확보는 차 안에서부터 이루어져야 한다. 핸들에 바짝 붙어 앉으면 양쪽 사이드미러도 잘 보이지 않을뿐더러 오히려 시야가 더 좁아진다. 더구나 사고가 날 경우 치명적인 부상을 입을 수 있다. 브레이크와 핸들을 편안하게 조작할 수 있는 거리 내에서 허리를 펴고 앉아서 운전하는 습관을 가져야 한다. 이렇게 해야 마음의 여유도 생기고 돌발 상황에 대처하기도 쉽다.

양쪽 사이드미러와 룸미러를 확인하면서 운전하면 공간 지각 능력이 좋아진다. 현재 내 차가 어디에 위치해 있는지 알 수 있고 실시간으로 운행 상황을 파악할 수 있다. 이렇게 되면 급제동을 할 상황이 현저히 줄어들어 다른 차량이 나를 들이받는 사고를 미연에 방지할 수 있다.

브레이크는 자동차에서 가장 중요한 장치이다. 브레이크를 적절히 사용하면 내 상황을 상대방에게 알려 사고 위험을 줄일 수 있다. 예를 들어 고속도로 주행 중 앞차가 정차할 때 코앞에서 브레이크를 깊게 밟는 것이 아니라 여러 번 나누어 밟으면 감속하고 있다는 것을 뒤차도 인지하고 대응한다. 뒤차가 너무 가까이 붙어 안전거리를 위협할 때는 급제동이 아닌 브레이크를 살짝 밟아서 주의를 준다.

하지만 아무 이유 없이 급제동을 하면 사고를 유발하고 범죄로 처벌받을 수 있으므로 절대 해서는 안 된다. 앞차를 뒤따라가는 상황에서는 바로 앞차의 꽁무니만 보고 가지 말고 멀리까지 시야를 넓혀 전체적인 차량 흐름을 보면서 운행해야 한다. 특히 차량 정체 구간에서는 앞차에 바짝 붙는 경향이 있는데 앞차가 급제동하면 여지없이 추돌하게 마련이니 충분한 안전거리를 유지하면서 따라가야 한다.

운전을 하다 보면 교차로에서 신호가 걸릴지 어느 정도 예측할 수 있는데 이때는 2가지 생각이 든다. 하나는 속도를 높여서 앞차 바로 뒤를 바짝 붙어 지나가는 것과 앞차의 흐름을 보면서 정지할 준비를 하는 것이다. 전자의 행동은 스릴은 있지만 항상 위험을 안고 있다. 그러한 행동이 하나하나 쌓이면 습관이 되고 여간해서는 고쳐지지 않는다. 애초에 좋은 습관을 가져야 한다.

적재물 고정이 불량하다고 생각되는 차량에서 멀리 떨어져 운전하고, 그 옆을 지나가야 할 경우에는 최대한 빨리 통과하는 것이 좋다. 소형차를 운전하는 경우에는 큰 차 사이에 끼어서 주행하지 않는다. 또한 큰 차 앞에서 급브레이크를 밟거나 약을 올리는 듯한 운전을 하면 안 된다. 큰 차를 운전하는 사람도 덩치로 작은 차를 위협하며 밀어붙이는 행동은 절대 하지 말아야 한다.

도로 여건과 기상 상황에 대비하는 방어 운전

안갯길 운전은 시야가 나쁘기 때문에 감속 운행

안갯길 운전에서는 기본적으로 내 차의 위치를 다른 차에 알려야 하므로 전조등과 안개등을 반드시 켠다. 길이 구부러져 시야가 더욱 좁아질 때는 경음기를 울려서 상대가 나를 인식하게 해야 한다. 주로 이른 아침 짙은 안개가 꼈을 때 사고가 많이 발생하는데 이때는 안전거리를 충분히 확보하고 앞차를 따라 달리면 그 차가 길잡이 역할을 할 것이다.

빗길 운전은 보행자 안전과 차량 미끄러짐에 주의

비가 내리면 무엇보다 노면이 미끄럽기 때문에 앞차와의 안전 거리를 충분히 확보하고 평소보다 감속 운행을 해야 한다. 빗길에서 급하게 핸들을 꺾거나 급제동을 하면 사고의 위험이 크다. 특히 자동차 운전에 익숙하지 않은 사람들이 각도가 큰 핸들 조작을 하거나 갑자기 브레이크를 밟는 경우가 많은데, 전복 사고를 일으킬 수 있으므로 특히 조심해야 한다. 감속 운행을 하면 급히 핸들이나 브레이크를 조작할 일이 많이 줄어든다.

주행을 하다 보면 도로 곳곳에 공사 중인 곳이 많다. 이 중 철판으로 된 구조물이나 맨홀 뚜껑 등은 매우 미끄러우므로 그 위에서 급브레이크를 밟지 않도록 한다. 또한 폭우가 내리면 도로 곳곳이 침수되는데 부득이하게 통과해야 할 때는 중간에 서지 말고 저속으로 통과한 후 제동 장치를 점검해본다.

빗길에서도 자동차는 잘 나가기 때문에 위험성을 인식하지 못하는 경우가 많다. 그런데 실제로 빗길에서 고속 주행을 하면 타이어와 노면 사이에 수막현상이 생긴다. 빗길 운전은 감속 운행이 답이다. 추가적인 조치로는 타이어의 공기압을 좀 더 높이는 것이 좋다. 자기가 제어하지 못할 속도는 절대 내지 말라. 그리고 가속페달보다 브레이크 페달을 밟아야 한다는 점을 기억하자.

눈길, 빙판길에서 급브레이크를 밟는 것은 금물

겨울에는 스노타이어가 도움이 될 수 있다. 눈이 많이 내릴 때는 체인을 장착하는 것이 좋다. 하지만 스노체인을 장착한 상태에서 30킬로미터 이상 속력을 내지 않도록 한다.

운전 실력이 아무리 좋아도 눈길에서는 소용이 없다. 한번 미끄러지기 시작한 차체는 방향을 잃고 제멋대로 움직인다. 차가 미끄러진다면 핸들을 차가 미끄러지는 방향으로 틀어야 차가 돌아가는 것을 조금이나마 막을 수 있다.

눈길 운전 경험이 많은 사람들은 그나마 대처할 수 있지만, 운전이 서툴면 당황하게 마련이다. 이때는 갑자기 브레이크를 밟지 말고 여러 번 나눠서 밟는다. 도로 위의 흉기인 블랙아이스(녹았던 눈이 다시 얼어붙어 빙판이 되는 현상)가 곳곳에 숨어 있기 때문에 급격한 핸들 조작과 급제동은 금물이다.

눈이 쌓인 언덕에서 수동 차량은 1단 또는 2단의 저속 기어로 멈추지 말고 올라가야 한다. 빙판길에서는 저속 기어를 넣고 사이드브레이크를 살짝 잡아당긴 뒤 반클러치를 사용하는 것이 좋다. 오토 차량도 저속 기어가 있으므로 눈길에는 이를 잘 활용해야 한다. 눈길에서 주행할 때는 앞차와의 안전거리를 충분히 확보하고 앞차가 지나간 바퀴 자국을 따라 감속 운행을 하는 것이 좀 더 안전하다.

야간 운전

밤에는 도로 위의 중앙선이나 각종 표시뿐 아니라 도로 옆에 세워진 교통안전 표지판도 잘 보이지 않는다. 맞은편에서 운행하는 차량도 마찬가지이기 때문에 왕복 2차선 도로에서는 차를 좀 더 우측으로 붙여 혹시 모를 사고에 대비해야 한다.

시야가 좁은 커브길이나 교차로 진입 시에는 전조등을 위아래로 켜거나 경음기를 울려서 내 차의 위치를 확인시키는 것이 좋다. 야간에는 시야가 좋지 않기 때문에 모든 반응이 늦을 수밖에 없다.

야간 운전을 하다 보면 아무런 등도 켜지 않고 달리는 이른바 스텔스 차량을 만날 때가 있다. 앞차가 없어서 속력을 냈는데 미등조차 켜지 않은 시커먼 트럭이 유유히 달리고 있다거나, 옆에 차가 없다고 판단해 차선 변경을 하려고 하는데 갑자기 나타난 차를 보고 심장이 쫄깃해지는 경험을 한다. 다른 사람뿐 아니라 자신을 위해서도 야간에는 반드시 전조등과 차폭등을 켜고 다녀야 한다. 그래야 상대가 나를 알아 볼 수 있어 사고위험이 줄어든다.

졸음운전

주간이든 야간이든 최대의 적은 졸음운전이다. 졸음운전은 음주운전보다 더 위험하다. 깜박 조는 사이에 차는 수십 미터를 달린다. 나도 이런 경험이 여러 차례 있다. 한번은 새벽 4시경 대구 근처를 지나는 4차선 고속도로를 달리다 깜박 졸면서 차선을 왔다갔다 했다. 그사이 2차선에 있던 차가 3차선에 있었고, 또 깜박 졸았다 깨어보니 3차선에 있던 차가 2차선으로 와 있는 아찔한 경험을 한 적이 있다. 그때 옆에 차량이라도 지나갔으면 어쩔 뻔했을까 생각하면 소름이 돋는다. 이렇게 한 번 졸리기 시작하면 대책이 없다. 이럴 때는 무조건 차를 세우고 쉬어야 한다. 요즘은 휴게소 외에도 졸음운전 쉼터가 있다.

야간이 아니더라도 나른한 봄날이나 식사를 하고 바로 운전을 하면 졸음이 쏟아지곤 한다. 너무 피곤한 상태에서는 운전대를 잡지 않는 것이 상책이다. 부득이하게 운전해야 한다면 최대한 집중하고, 동승자에게 자신의 상태를 수시로 체크하라고 부탁한다.

복잡한 상점가, 주택가, 이면도로에서 방어 운전

자동차 전용도로가 아닌 곳은 사람과 차량이 엉키다시피 지나다닌다. 이때는 언제나 돌발 상황이 발생할 수 있으므로 주위를 잘 살피면서 천천히 나아가야 한다. 차량 앞이나 옆에 움직임이 없는지 예의 주시하고 내 차와 부딪칠 위험이 없는 안전한 상황이 될 때까지 브레이크 밟을 준비를 하며 서행하는 것이 좋다. 특히 어린이들은 예측하기 어려운 행동들을 많이 한다. 갑자기 차 옆으로 다가오거나 차 앞으로 뛰어들기도 한다.

특히 차량과 차량 사이에서 뛰어나오는 아이들이 없는지 잘 살펴야 한다. 운전석이 높은 차를 운전하는 사람은 키가 작은 아이들을 시야에서 놓치지 않도록 한시도 긴장을 늦추어서는 안 된다.

교통은 소통이다

여러 가지 상황에서 어떻게 방어 운전을 하는지 살펴봤다. 내가 아무리 안전운전을 한다 해도 상대 차량이 내 차를 칠 수 있다. 차를 타면 익명의 탈을 쓰게 된다. '나만 잘 가면 된다'는 생각으로는 교통안전 의식이 향상되기 어렵다.

교통은 소통이다. 나의 의사를 미리 표시하고 상대의 의사를 파악하면서 다른 차를 먼저 보낸다는 생각으로 양보하면 전체적으로 안전운전 수준이 올라갈 것이다.

차량을 운행하는 데 위험 요소가 없는지 주위를 살피고 양보하는 것이 방어 운전의 시작이다. 방어 운전은 내가 사고를 내지 않는 것뿐 아니라 다른 사람의 사고를 유발하지 않는 최선의 방법이다.

초보 운전자의
사고 대처법

우리나라는 만 18세부터 운전면허 취득이 가능하다. 보통 고등학교를 졸업하면 면허시험을 본다. 그 이후로는 개인의 상황에 따라 운전면허를 취득하는 시기가 다르다. 사회 초년생으로 업무에 필요하거나 결혼하고 아이를 케어하기 위해서 운전면허를 따기도 한다.

현대인에게 운전면허는 필수이다. 1998년에는 전체 운전자의 25퍼센트 정도가 여성 운전자였지만 지금은 전체 운전자의 40퍼센트가량이 여성 운전자일 정도로 남성과 여성의 비율이 비슷하다. 2010년에 여성 운전자가 1,000만 명을 넘어섰고 현재도 늘어나는 추세다.

내 아내, 내 자녀에게도 운전면허를 처음 따는 순간이 있었다. 사랑하는 내 가족이 면허를 땄을 때 앞으로 어떻게 해야 평생 안전 운전을 할 수 있을지 생각해보자.

•너무 쉬운 우리나라의 운전면허

우리나라 운전면허시험은 누구나 합격한다는 생각으로 제대로 공부하지 않는 사람들이 많다. 더구나 이명박 정부 시절에 시행한 면허간소화제도를 통해 말도 안 되는 수준의 합격자들이 배출되었다. 이때는 시험이 쉽다는 것을 알고 외국인들이 단체로 원정 면허 관광을 오기도 했다. 쉽게 운전면허를 딴 사람들은 기초도 익히지 않은 상태에서 차를 몰고 도로에 나가 크고 작은 사고를 유발한다.

운전면허 따는 과정이 엄격하고 어려운 나라 중 하나가 호주이다. 호주에서는 운전면허 필기시험 합격자에게 L면허라고 불리는 학습면허(Learner licence)를 교부한다. 여기까지만 놓고 보면 호주의 운전면허시험이 훨씬 쉽다는 생각이 들 것이다. 우리나라는 필기시험과 실기시험까지 합격해야 면허증이 나오기 때문이다. 그러나 호주의 면허시험은 이때부터 시작이다. L면허를 받은 사람은 차량에 노란색 바탕의 'L'스티커를 붙이고 운전할 수 있는데, 반드시 정식 운전면허증(Full Licence)을 소지한 사람과 동승해야 한다. 그렇게 해서 야간 운전 10시간 포함 100시간 의무 교육을 이수해야 운전면허시험에 응시할 자격이 주어진다. 이 교육 기간에 학습

면허 소지자가 법규를 위반하면 감독관에게 패널티가 주어진다.

의무 교육 기간이 끝나면 기능 및 주행 시험 응시 자격이 주어지고, 여기에 합격하면 P1면허라고 불리는 임시면허(Provisional P1 Licence)를 받는다. 마찬가지로 차량에 붉은색 'P' 스티커를 붙이고 운행해야 하며 혼자 운전할 수 있으나 벌점이 4점 이상 되면 일정 기간 면허가 정지되는 등 규제가 매우 엄격하다. P1면허 의무 소지 기간은 6개월이다.

P1면허 소지자가 6개월 의무 기간을 채웠다면 간단한 평가시험을 치르고 합격한 사람에 한해 초록색 'P' 스티커를 부착하는 P2면허(Provisional P2 Licence)를 발급한다. P2면허 역시 6개월 의무 소지 기간을 채운 다음 마지막 테스트를 거쳐야 정식 운전면허증(Full Licence)을 취득한다.

운전면허증을 취득하는 과정이 까다롭다 보니 빨리 딴다고 해도 평균 2년 6개월이 걸린다. 5년이 넘어도 정식 면허를 취득하지 못하는 사람들이 있다. 그래서인지 호주의 교통 흐름은 물 흐르듯 자연스럽고 자동차 경적 소리도 울리지 않는다. 또한 양보 운전을 매우 중요하게 평가하므로 필기시험에서 양보 관련 10문제 중 한 문제라도 틀리면 무조건 불합격이다. 이 정도로 훈련되었다면 어디를 가든 갑작스러운 상황에 잘 대처할 수 있을 것이다.

우리나라의 운전면허는 어떤가? 운전면허 취득은 차를 몰고 도로에 나오는 것을 허락받았다는 뜻이다. 안전운전과 양보 운전이 부족하기 때문에 면허를 따자마자 차를 몰고 도로에 나오면 정신이 없다. 연습용 차를 타고 도로주행을 할 때는 다른 차량 운전자들이 피해 갔지만 내 차를 가지고 나가면 '초보'라고 써서 붙인들 배려해주지 않는다.

이런 교통문화 속에서 운전을 배우다 보니 베테랑이 되었을 때 개구리 올챙이 적 생각을 못 하고 역시나 초보 운전자를 배려하지 않는다. 출발 신호로 바뀌었는데 머뭇거리고 있으면 경음기를 마구 눌러대고, 내 차선으로 진입하려고 깜박이를 켜면 오히려 속도를 높여서 막는다.

겁을 먹고 위축된 초보 운전자들은 살기 위한 몸부림으로 운전한다. 그래서 우리나라 운전자들의 상당수는 방어 운전보다 공격 운전에 익숙하다. 누가 끼어들세라 속도를 높여 앞차에 바짝 붙이고 조금만 늦게 가면 경음기와 상향등, 육두문자를 쏟아낸다. 심한 경우 분노를 참지 못하고 난폭한 말과 행동을 하며 다른 운전자를 방해하고 위협하는 로드레이지(road rage)가 된다. 실제로 '누가 건드리기만 해봐, 가만두지 않을 테니' 하는 분노를 가득 품고 운전하는 사람들이 많다.

이제 막 면허를 따고 도로에 나온 사람들은 여유 있게 운행하는 습관을 가져야 한다. 그래야 난폭 운전자들에게 휘둘리지 않는다.

초보 운전자들에게는 가혹한 현실이지만 인내해야 좋은 운전 습관을 들일 수 있다.

사고 대처법은 상식적인 의무

운전면허가 차를 몰고 도로에 나올 수 있는 공식적인 허락이라면 사고 대처법을 미리 아는 것은 비공식적 의무이다. 면허를 따기 위해서는 문제집을 한 번 이상 풀어보면서 내용을 이해해야 한다. 의무적으로 안전교육도 받아야 한다.

하지만 비공식적 의무는 강제 사항이 아니기 때문에 사고가 나기 전까지는 관심을 두지 않는다. 그러다 사고가 나면 어쩔 줄을 모르고 허둥댄다. 운전면허를 취득하는 과정이 기초 교육이라면 사고 대처법을 익히는 것은 심화 학습이라 할 수 있다.

운전에 익숙한 사람이 이제 갓 운전면허를 따서 차를 몰고 도로에 나가는 자녀나 아내를 보면 마치 물가에 내놓은 어린아이처럼 마음이 조마조마할 것이다. 아내 또는 자녀가 차를 몰고 가다 교통사고를 당하는 일은 상상조차 하고 싶지 않을 것이다. 그렇다고 해서 언제까지나 대신 운전해줄 수도 없으니 스스로 도로에 잘 적응하도록 도와주어야 한다.

방어 운전 요령과 사고 대처법, 보험회사를 상대하는 방법, 더 나아가 보상 관련 제반 지식을 알고 운전한다면 사고의 경각심과 위험성을 인식하고 상대 운전자를 더 많이 배려하게 된다. 그것이

나의 안전을 위한 최선의 방법임을 알기 때문이다. 미리 지식을 숙지하고 있다면 교통사고가 났을 때 남편 또는 아빠에게 전화를 걸어서 "어떡해?"라고 하는 대신 곧바로 경찰과 보험회사에 전화한다. 매뉴얼에 따라 능동적인 대처를 하고 당당하게 보상을 요구할 것이다.

처음 운전면허시험을 볼 때와 같은 열정을 가지고 사고 대처법과 보험금을 받는 방법을 알아두어 한다. 교통사고가 당신만 피해가리라는 보장은 없다. 교통사고가 나면 먼저 침착하게 사고 현장 보존, 경찰 신고, 보험회사 접수, 목격자 확보(정황 증거 확보)를 해야 한다. 남편 또는 아빠에게는 그다음에 전화해도 늦지 않다.

운전자의 의무,
교통사고 기본 지식

교통이란 자동차, 기차, 배, 비행기 등을 이용해서 사람과 화물을 실어 나르는 모든 행위를 말한다. 하지만 교통사고라고 하면 일반적으로 자동차 사고를 일컫는다. 국내에 등록된 차량은 2,000만 대 이상이고 운전면허를 가진 사람은 3천만 명이 넘는다. 운전하는 사람들 대부분은 차를 조작하는 데는 익숙하지만 갑작스런 사고에 대응할 수 있는 기본 지식이 부족하다.

이번 장에서는 교통사고의 개념과 기본적으로 알고 있어야 할 것들에 대해 설명한다. 교통사고가 발생했을 때 원활한 처리를 위해서는 보상에 관한 지식뿐만 아니라 운전자의 기본적인 의무와 책임 등을 알아두어야 한다.

「도로교통법」에 따르면 교통사고는 차의 교통으로 인하여 사람을 다치게 하거나 물건을 파손하는 것을 말한다. 여기서 말하는 차는 자동차, 건설기계, 원동기장치자전거, 사람 또는 가축의 힘이나 그 밖의 동력으로 도로에서 운행되는 것이다. 세부적으로 자동차는 승용, 승합, 화물, 특수, 이륜자동차를 말하며 원동기장치자전거는 포함되지 않는다.

원동기장치자전거는 배기량 125cc 이하의 이륜자동차를 말하며 배기량 50cc 미만의 원동기를 단 차도 포함된다. 자전거는 전기자전거까지 포함된다. 유의해야 할 것은 자전거도 차라는 사실이다. 자전거 통행 방법에 따라 통행해야 하고 횡단보도에서는 내려서 끌고 가야 보행자로 인정된다. 또 편리하기도 하지만 문제도 많은 전동 킥보드도 원동기장치자전거로 분류되므로 원동기 면허가 필요하다. 킥보드 사고는 보행자 대 차가 아닌 차 대 차의 사고라는 것을 기억하고 안전 운행을 해야 한다.

운전자의 의무

자동차 운행 시 주의 의무

자동차는 잘 사용하면 편리한 교통수단이지만 잘못 사용하면 사람을 해치는 흉기가 된다. 성능은 나날이 진화하고 있지만 어디까지나 사람이 만든 기계이자 무거운 쇳덩어리다. 그 무거운 쇳덩어리에 속도가 더해지면 위험성은 그야말로 상상 이상이다. 아무리 세계 최강의 스트롱맨이라 해도 달려오는 자동차에 치이면 비명횡사한다. 따라서 자동차 운행은 안전을 최우선시해야 한다.

「도로교통법」의 목적도 모든 교통상의 위험과 장해를 방지하는 것이다. 핵심은 차보다 사람이 중요하다는 것이다. 도로상의 위험과 장해를 방지하기 위해서는 운전자가 운행 중 주의 의무와 사고 발생 시 신고 및 구호 조치 의무를 지켜야 한다. 출발하거나 주차할 때 차 주위를 살피는 것, 보행자를 보호하는 것, 차량 간 안전거리를 확보하는 것, 신호 준수, 진로 양보, 앞지르기와 교차로 통행 및 철길 건널목 통과 시 주의 의무 등이 있다. 특히 무방비 상태인 보행자에게 주의를 기울이고 보호해야 한다. 아무런 보호 장구 없이 사고가 났을 경우 치사율은 4배 더 높다. 2018년 기준 3,781명의 교통사고 사망자 중 보행자 사고의 비율이 39.3퍼센트였다.

운전자도 사람을 각별히 신경 쓰면서 운행해야 하지만 보행자도 자신의 몸을 보호해야 할 의무가 있다. 갑자기 도로에 뛰어든다거나 술에 취해 길가에 누워 있거나 무단횡단 등은 자신도 불행하게 만들지만 운전자에게도 경제적, 정신적으로 막대한 피해를 준다.

사고 발생 시 신고 및 구호 조치 의무

서로 주의하더라도 불가항력적인 상황에서 사고가 발생할 수 있다. 이때는 신속하게 경찰과 보험회사에 신고하고 사상자를 구호해야 할 의무가 있다. 사고가 나면 맨 먼저 다친 사람이 있는지 살피고 필요한 구호 조치를 한다. 또한 가해자는 피해자에게 이름,

전화번호, 주소 등의 인적 사항을 알려주어야 한다. 이러한 구호 조치를 하지 않으면 5년 이하의 징역이나 1,500만 원 이하의 벌금 형을 받을 수 있다. 사고가 경미하여 인명 피해가 없고 교통 흐름에 지장을 주지 않는다면 경찰에 신고하지 않아도 되지만 논란이 될 소지가 있는 사고라면 신고하는 것이 좋다. 신고할 때는 사고가 일어난 장소, 다친 사람의 수와 부상 정도, 파손된 물건 및 파손 정도를 알리고 보험회사에도 신속히 사고 접수를 한다.

사고에 대한 운전자의 책임

사고 발생 시 의무를 다해도 운전자는 사고 결과에 대한 책임을 피할 수 없다. 그 책임이란 민사적 책임, 형사적 책임, 행정적 책임이다. 민사적 책임은 「민법」과 「자동차손해배상보장법」의 적용을 받으며, 피해자에 대한 손해배상이므로 종합보험에 가입되어 있다면 보험회사에서 대신한다. 형사적 책임은 「형법」과 「도로교통법」, 「교통사고처리특례법」, 「특정범죄 가중처벌 등에 관한 법률」의 적용을 받으며 피해자가 다친 정도에 따라 형사 합의를 하거나 벌금을 내는 등의 형사처벌을 받는다.

행정적 책임은 사고로 인한 벌점 및 범칙금 부과, 면허취소와 면허정지 등이 해당한다. 사고의 정도에 따라 달라지는 주요 행정적 책임에 대해 구체적으로 살펴보자.

먼저 벌점에 따른 면허취소와 면허정지에 대해 알아보자. 벌점은 교통법규를 위반하거나 교통사고를 냈을 때 그 정도에 따라 부과되는 벌칙 점수다. 벌점이 쌓여 1년간 40점 이상 되면 면허정지가 되고, 1년간 121점 이상, 2년간 201점 이상, 3년간 271점 이상 쌓이면 면허취소가 된다. 각종 범칙금에는 벌점이 있는 것도 있고 없는 것도 있는데 벌점이 쌓이면 면허정지 또는 면허취소가 되므로 조심해야 한다.

예를 들어 중앙선 침범으로 30점의 벌점을 받은 사람이 같은 해에 운전 중 휴대전화 통화로 15점의 벌점을 받았다면 면허정지가 된다. 면허취소는 벌점 누적으로 집행될 수도 있고, 한 번의 위반이나 사고로 집행될 수도 있다.

주요 운전면허 취소 개별 항목과 벌점 기준은 다음과 같다.

운전면허 취소 개별 항목	
위반 사항	내용
교통사고를 일으키고 구호 조치를 하지 아니한 때	교통사고로 사람을 죽거나 다치게 하고, 구호 조치를 하지 아니한 때
술에 취한 상태에서 운전한 때	• 술에 취한 상태의 기준(혈중 알코올 농도 0.03퍼센트 이상)을 넘어서 운전을 하다가 교통사고로 사람을 죽거나 다치게 한 때 • 혈중 알코올 농도 0.08퍼센트 이상의 상태에서 운전한 때 • 술에 취한 상태의 기준을 넘어 운전하거나 술에 취한 상태의 측정에 불응한 사람이 다시 술에 취한 상태(혈중 알코올 농도 0.03퍼센트 이상)에서 운전한 때
술에 취한 상태의 측정에 불응한 때	술에 취한 상태에서 운전하거나 술에 취한 상태에서 운전하였다고 인정할 만한 상당한 이유가 있음에도 불구하고 경찰공무원의 측정 요구에 불응한 때
공동 위험 행위	도로에서 2명 이상이 공동으로 3대의 차를 이용해 앞뒤 또는 좌우로 줄지어 통행하여 다른 사람에게 위해를 끼치는 경우
난폭 운전	난폭 운전으로 구속된 때

정기 적성검사 불합격 또는 정기 적성검사 기간 1년 경과	정기 적성검사에 불합격하거나 적성검사 기간 만료일 다음 날부터 적성검사를 받지 아니하고 1년을 초과한 때
운전면허 행정처분 기간 중 운전 행위	운전면허 행정처분 기간 중에 운전한 때
운전자가 단속 경찰공무원 등에 대한 폭행	단속하는 경찰공무원 및 시·군·구 공무원을 폭행하여 형사 입건된 때

「도로교통법」 시행령 운전면허 취소 주요 개별 항목(개정 2019. 6. 14.)

벌점	
위반 사항	벌점
• 술에 취한 상태의 기준을 넘어서 운전한 때(혈중 알코올 농도 0.03퍼센트 이상, 0.08퍼센트 미만) • 자동차 등을 이용하여 형법상 특수상해 등(보복 운전)을 하여 입건된 때	100
속도위반(60km/h 초과)	60
• 정차·주차 위반에 대한 조치 불응(단체에 소속되거나 다수인에 포함되어 경찰공무원의 3회 이상의 이동 명령에 따르지 아니하고 교통을 방해한 경우에 한한다) • 안전운전 의무 위반	40
• 통행 구분 위반(중앙선 침범에 한함) • 속도위반(40km/h 초과, 60km/h 이하) • 철길 건널목 통과 방법 위반 • 어린이 통학버스 특별보호 위반 • 고속도로·자동차 전용도로 갓길 통행 • 고속도로 버스전용차로·다인승전용차로 통행 위반 • 운전면허증 등의 제시 의무 위반 또는 운전자 신원 확인을 위한 경찰공무원의 질문에 불응	30
• 신호·지시 위반 • 속도위반(20km/h 초과, 40km/h 이하) • 속도위반(어린이 보호구역 안에서 오전 8시부터 오후 8시까지 제한속도를 20km/h 이내에서 초과한 경우에 한정한다) • 앞지르기 금지 시기·장소 위반 • 적재 제한 위반 또는 적재물 추락 방지 위반 • 운전 중 휴대전화 사용 • 운전 중 운전자가 볼 수 있는 위치에 영상 표시	15

• 통행 구분 위반(보도 침범, 보도 횡단 방법 위반) • 지정차로 통행 위반(진로 변경 금지 장소에서의 진로 변경 포함) • 일반도로 전용차로 통행 위반 • 안전거리 미확보(진로 변경 방법 위반 포함) • 앞지르기 방법 위반 • 보행자 보호 불이행(정지선 위반 포함) • 승객 또는 승하차자 추락 방지 조치 위반 • 안전운전 의무 위반		10

「도로교통법」 시행령 벌점 기준(개정 2019. 6. 14.)

인적 사고에 대한 벌점 기준			
구분		벌점	내용
인적 피해 교통사고	사망 1명마다	90	사고 발생 시부터 72시간 이내에 사망한 때
	중상 1명마다	15	3주 이상의 치료를 요하는 의사의 진단이 있는 사고
	경상 1명마다	5	3주 미만 5일 이상의 치료를 요하는 의사의 진단이 있는 사고
	부상 신고 1명마다	2	5일 미만의 치료를 요하는 의사의 진단이 있는 사고

「도로교통법」 시행령 인적 사고에 대한 벌점 기준(개정 2019. 6. 14.)

벌점			
위반 행위		벌점(일반도로)	벌점(보호구역)
속도 위반	60km/h 초과	60점	120점
	40~60km/h	30점	60점
	20~40km/h	15점	30점
	20km/h 이하	없음	15점
신호, 지시 위반		15점	30점
보행자 보호의무 불이행		10점	20점

● 어린이 및 노인·장애인 보호구역은 오전 8시부터 오후 8시까지 위반한 경우에 한하여 적용

「도로교통법」 시행령 각종 보호구역 가산벌점(개정 2019. 6. 14.)

범칙금								
위반 행위		승합자동차 등		승용자동차 등		이륜자동차 등		자전거 등	
		일반 도로	보호 구역	일반 도로	보호 구역	일반 도로	보호 구역	일반 도로	보호 구역
속도 위반	60km/h 초과	13만 원	16만 원	12만 원	15만 원	8만 원	10만 원	–	–
	40~60 km/h	10만 원	13만 원	9만 원	12만 원	6만 원	8만 원	–	–
	20~40 km/h	7만 원	10만 원	6만 원	9만 원	4만 원	6만 원	3만 원	–
	20km/h 이하	3만 원	6만 원	3만 원	6만 원	2만 원	4만 원	1만 원	–
보행자 보호의무 불이행	횡단 보도	7만 원	13만 원	6만 원	12만 원	4만 원	8만 원	3만 원	6만 원
	일반 도로	5만 원	9만 원	4만 원	8만 원	3만 원	6만 원	2만 원	4만 원
신호, 지시 위반		7만 원	13만 원	6만 원	12만 원	4만 원	8만 원	3만 원	6만 원
통행금지, 제한 위반		5만 원	9만 원	4만 원	8만 원	3만 원	6만 원	2만 원	4만 원
주정차 위반		5만 원	9만 원	4만 원	8만 원	3만 원	6만 원	2만 원	4만 원
중앙선 침범, 통행 구분 위반		7만 원	–	6만 원	–	4만 원	–	3만 원	–
운전 중 휴대전화 사용		7만 원	–	6만 원	–	4만 원	–	3만 원	–
안전운전 의무 위반		5만 원	–	4만 원	–	3만 원	–	2만 원	–
진로 변경 방법 위반		3만 원	–	3만 원	–	2만 원	–	1만 원	–
끼어들기 금지 위반		3만 원	–	3만 원	–	2만 원	–	1만 원	–
일시정지 위반		3만 원	–	3만 원	–	2만 원	–	1만 원	–
좌석 안전띠 미착용		3만 원	–	3만 원	–	2만 원	–	1만 원	–
이륜차 보호장구 미착용		3만 원	–	3만 원	–	2만 원	–	1만 원	–
주취 중 자전거 운전		–	–	–	–	–	–	3만 원	–

● 어린이 및 노인·장애인 보호구역은 오전 8시부터 오후 8시까지 위반한 경우에 한하여 적용

「도로교통법」 시행령 주요 범칙행위 및 범칙금액(개정 2019. 4. 30.)

과태료						
위반 행위		승합자동차 등		승용자동차 등		이륜자동차 등
		일반 도로	보호 구역	일반 도로	보호 구역	일반 도로	보호 구역
속도 위반	60km/h 초과	14만 원	17만 원	13만 원	16만 원	9만 원	11만 원
	40~60km/h	11만 원	14만 원	10만 원	13만 원	7만 원	9만 원
	20~40km/h	8만 원	11만 원	7만 원	10만 원	5만 원	7만 원
	20km/h 이하	4만 원	7만 원	4만 원	7만 원	3만 원	5만 원
신호, 지시 위반		8만 원	14만 원	7만 원	13만 원	5만 원	9만 원
보행자 보호 의무 불이행		8만 원	–	7만 원	–	5만 원	–
중앙선 침범		10만 원	–	9만 원	–	–	–
고속도로 갓길 통행		10만 원	–	9만 원	–	–	–
주정차 위반 (괄호 안은 2시간 이상)		5만 원 (6만 원)	9만 원 (10만 원)	4만 원 (5만 원)	8만 원 (9만 원)	– –	– –
끼어들기 위반		4만 원	–	4만 원	–	3만 원	–
보도 침범		8만 원	–	7만 원	–	5만 원	–
화물 고정조치 불이행		6만 원	–	5만 원	–	4만 원	–

● 어린이 및 노인·장애인 보호구역은 오전 8시부터 오후 8시까지 위반한 경우에 한하여 적용

「도로교통법」 시행령 주요 과태료 부과 기준(개정 2019. 4. 30.)

다음을 위반으로 인한 과태료와 범칙금에 대해 알아보자. 대부분 한두 번 정도는 불법 주정차나 속도위반 엽서를 받아본 적이 있을 것이다. 교통법규 위반에 대한 책임은 과태료와 범칙금으로 나뉜다.

도대체 과태료는 무엇이고 범칙금은 무엇인가? 범칙금은 금액이 적고 과태료는 더 큰데 적은 금액을 내야 하는가, 아니면 둘 다 내야 하는가? 우선 과태료와 범칙금의 차이를 알아보자.

과태료는 무인 카메라나 무인 단속 장비에 의해 운전자가 누구인지 알 수 없을 때 차량 소유주에게 부과되는 금전적 징계다. 주로 속도위반, 불법 주정차, 갓길 통행 등에 부과되며 실제 운전자가 누구인지 알 수 없기 때문에 벌점이 부과되지 않는다.

범칙금은 경미한 범죄행위에 대한 금전적 처벌로 경찰관에게 직접 적발되어서 운전자 식별이 가능한 경우에 부과되며 위반 사항에 따라 벌점이 부과된다.

예를 들어 20킬로미터 이하의 속도위반 납부고지서를 보면 '범칙금 납부 시에는 3만 원(벌점 없음), 과태료 납부 시에는 4만 원'으로 되어 있다. 이때는 둘 중에 하나만 내면 되는데 과태료보다 적은 범칙금을 내도 상관없다. 벌점이 없는 범칙금이기 때문이다. 그러나 속도위반이 누적된 운전자는 보험료가 할증될 수 있으므로 만 원 더 내더라도 과태료가 낫다.

신호 위반 카메라에 단속되어 범칙금 6만 원(벌점 15점), 과태료 7만 원의 고지서를 받았다면 이 역시 만 원을 더 내더라도 과태료가 낫다. 벌점과 함께 보험료 할증까지 되기 때문이다. 공교롭게도 그해 벌점 25점인 사람이 범칙금을 선택하면 면허정지가 되므로 상습적으로 법규를 위반하는 운전자라면 벌점 관리에 신경 써야 한다.

그렇다면 왜 무인 카메라의 단속에 걸렸을 때 범칙금과 과태료를 선택하도록 정해두었을까? 차량 운전자와 실제 소유주가 같은지 구별할 수 없기 때문에 일단 소유주에게 책임을 묻고 운전자가 확인되면 범칙금으로도 납부할 수 있는 선택권을 주는 것이다.

과태료는 통지를 받은 날로부터 60일 이내에 은행이나 인터넷 가상계좌 또는 경찰서에서 납부 가능하다. 과태료를 납부하지 않으면 미납 기간에 따라 가산된 금액이 부과된다. 그래도 납부하지 않으면 번호판 영치나 차량이 압류될 수 있으니 고지서를 받았을 때 빨리 이의 신청을 하거나 기간 내에 납부하는 것이 좋다.

범칙금은 통지서를 가지고 지구대나 경찰서를 찾아가 범칙금 통고서를 발부받은 다음 은행이나 인터넷 가상계좌를 통해 납부해야 한다. 납부통지서를 받은 날로부터 10일 이내에 납부해야 하며 기간 경과 후 20일 이내에 납부하는 경우 20퍼센트 가산된다. 20일 내에도 납부하지 않으면 즉결심판이 청구되며 범칙금에 50퍼센트를 가산하여 납부해야 한다. 그래도 내지 않으면 면허정지가 된다.

과태료는 위반에 대한 가벼운 행정적 처분이고 범칙금은 경범죄에 속하므로 가벼운 형법상 벌금과 달리 행정적 책임을 다하면 끝난다. 그러나 사소한 위반들이 습관화되면 어느 순간 중대한 사고를 일으켜 인명 피해를 낼 수 있다. 사소한 위반에 대한 행정적 처벌을 잘 알아두면 준법정신이 더욱 강화될 것이다.

자동차보험,
어떻게 가입해야 잘 보상받을까?

　자동차 사고가 났을 때 손해를 입는 것에 대비해 가입하는 것이 자동차보험이라는 것은 누구나 알고 있을 것이다. 그런데 자동차보험과 운전자보험을 혼동하는 사람들이 의외로 많다. 교통사고 환자를 상담하다 보면 자동차보험에 가입한 것을 개인보험으로 생각하거나 운전자보험을 자동차보험과 동일시하는 경우가 있다.

　자동차보험은 반드시 가입해야 하는 의무보험이자 공적인 보험이고, 운전자보험은 필요에 따라 자유롭게 가입 여부를 선택할 수 있는 임의적인 개인보험이다. 자동차보험은 자동차 사고 시 민사적 책임을 해결할 수 있고, 운전자보험은 자동차보험으로 해결하지 못하는 형사적 책임까지 보장한다. 그러나 요즘은 자동차보험에도 선택할 수 있는 다양한 특약이 있어서 원한다면 형사적 책임까지 담보할 수 있다. 다만 운전자보험처럼 장기 계약이 아니고, 자동차보험과 함께 소멸되는 단기보험이다.

가입 조건에 따라 보상 범위가 결정된다

자동차 사고의 원인은 여러 가지인데, 사고 당시 가해자 또는 피해자가 가입한 보험에 따라 보상이 천차만별이다. 사고를 낸 가해자가 무보험일 때 사고의 책임은 고스란히 가해자에게 있고, 자신의 재산을 처분해서라도 피해자에게 보상해야 한다.

사고 발생 원인과 과실, 나이, 소득도 중요하지만 일차적으로 어떤 보험에 가입되어 있는지가 매우 중요하다. 사고 당시 보험 가입 상태에 따라 모든 보상 범위가 결정되기 때문이다. 그렇다면 자동차보험을 어떻게 가입해야 사고가 발생했을 때 최선 또는 최적의 보상을 받을 수 있을지 살펴보자.

자동차보험의 2가지 가입 경로

자동차보험의 가입 경로는 크게 2가지로 나뉜다. 보험설계사를 통해 가입하는 오프라인 방식과 다이렉트 보험과 같이 인터넷으로 필요한 담보를 직접 설정하여 가입하는 온라인 보험이 있다. 보험설계사가 알아서 담보를 설정해주면 보험료만 입금하면 되기 때문에 편하지만 그 대신 조금 더 비싸다. 보험설계사를 잘 만나면 정기적으로 신경 써주고 사고가 발생하거나 고장이 났을 때 조언 또는 관리를 받을 수 있다.

자신이 직접 담보를 설정하는 인터넷 다이렉트 보험은 꼭 필요한 담보들을 누락하거나 적절한 가입 금액을 설정하지 못할 수도 있다. 그러나 자동차보험의 핵심만 알면 누구나 담보를 적절하게 설정할 수 있다.

자동차보험 가입 시 유의할 점

무조건 싸다고 좋은 것은 아니다

자동차보험은 사고가 났을 때 보상을 받기 위한 보험이다. 보험료가 아깝다고 책임보험까지만 들어놓으면 교통사고가 났을 때 책임보험 한도를 넘어서는 손해 부분은 내가 책임져야 한다. 또한 사고를 당했는데 가해자의 차량이 무보험인 경우 책임보험 한도를 초과한 금액에 대해서는 직접 가해자에게 청구해야 한다. 직접청구는 소송을 해야 한다는 뜻인데, 가해자가 재산이 없으면 보상금을 받기가 쉽지 않다. 따라서 보험료보다 보장 내용과 한도가 훨씬 더 중요하다.

같은 담보 조건과 같은 보장 금액으로 비교

자동차보험은 8가지(대인1(의무), 대물 2,000만 원 한도(의무), 대인2, 대물 2,000만 원 이상, 자기신체손해(또는 자동차상해), 자기차량손해, 무보험차상해, 긴급출동 서비스) 이상의 담보들이 결합되어 있다. 대물, 자기신체손해, 무보험차상해의 가입 금액이 같은지, 자기차량손해 가입을 위한 자신의 차량 가격 확인, 자기부담금, 특별 할증 비율, 운전자의 범위, 운전 가능 최소 연령 등이 동일한 조건으로 비교하는 것이 의미가 있다. 종목별로 동일한 보장 범위(가입 금액)를 가지고 보험회사별로 비교 견적을 내야 한다.

가입하려는 보험회사의 인프라 고려

가입 조건이 같다면 보험료가 싼 것이 좋지만, 어떤 면에서는 반드시 그렇지도 않다. 사고가 발생했거나 긴급출동을 해야 할 때 인프라가 좋은 대형 보험회사들이 좀 더 신속하게 현장에 도착한다. 어떻게든 보험금을 지급하지 않으려고 하는 영세한 보험회사에 가입하면 자기차량손해나 자기신체손해 사고가 났을 때 처리하기가 쉽지 않다.

갱신 하루 전날까지는 반드시 가입해야 한다

개인보험은 언제 가입하든 상관없지만 자동차보험은 가입 날짜와 시간이 매우 중요하다. 자동차보험 가입 기간은 1년으로 첫날 24시부터 마지막 날 24시까지다. 따라서 마지막 날 24시 전까지 갱신해야 날짜 누락 없이 보험 적용을 받을 수 있다. 하루라도 늦으면 과태료가 부과될 뿐 아니라 보험 미가입 기간에 사고가 나면 아무런 보상을 받지 못한다. 보험 만기일까지 갱신하지 못했다면 내일 아침 출근길에 사고가 나도 보상해주지 않는다는 것이다. 다만 신차나 중고차는 보험 가입을 하는 순간 바로 효력이 발생한다.

어릴수록 비싸므로 부모의 운전 경력을 활용하라

만 18세가 넘어 운전면허를 따고 보험 가입을 하면 어마어마한 보험료에 입이 딱 벌어진다. 이 나이에는 전연령보험을 가입해야 하는데 차종이나 연식에 따라 다르지만 보험료가 보통 200만~300만 원이 넘어갈 수도 있다. 책임보험만 가입해도 보험료가 상당하다. 가뜩이나 운전도 서툰데 책임보험만 가지고 운전하다가 사고라도 내면 더 큰 비용이 발생한다.

이럴 때는 자동차 운전 경력이 많은 부모님 명의로 자동차를 등록하고 보험 가입도 부모님 명의로 한 다음 가족 특약을 넣으면 훨씬 저렴하다. 여기에 3년까지 인정되는 운전경력인정제도를 활용하면 3년 이후 자신의 명의로 자동차를 구입했을 때 보험료가 조금 저렴하다. 경력 인정은 단순히 가족 한정이나 1인 추가로 가입하는 것이 아니다. 반드시 인적 사항을 넣어야 하고 운전자 연령 범위 내에서만 선정이 가능하다.

운전경력인정제도는 운전자 범위가 부부 한정인 경우 배우자의 경력을 쌓기에도 좋은 방법이다. 이 밖에 법인이나 관공서에서 운전한 경력(직무가 운전인 경우)이나 군에서 운전병으로 복무한 기간, 해외에서 자동차보험 가입 사실 증명, 각종 공제보험 가입 경력 등이 있으면 보험료를 할인받을 수 있다.

같은 조건이라면 저렴한 곳을 선택

자동차보험은 가입자의 운전 경력, 사고 발생 유무, 운전자의 범위, 법규 위반 사항 등에 따라 보험료 차이가 나므로 보험회사의 할인 혜택을 꼼꼼하게 살펴볼 필요가 있다. 연간 운행 거리가 많지 않으면 마일리지 특약을 신청하고, 블랙박스나 차량 안전장치 할인, 자녀 할인, 카드 할인, 다이렉트 할인, 경력 할인 등을 충분히 활용한다. 이 밖에 평소 운전 습관이 좋으면 할인받을 수 있는 티맵(tmap) 할인도 여러 보험회사에서 시행하고 있다.

자기신체손해보다는 자동차상해

자기신체손해(이하 자손)는 단독사고나 내 과실 100퍼센트인 사고로 상대방에게 아무런 보상을 받을 수 없을 때 운전자나 가족을 보호하기 위한 담보다. 자손의 치료비는 「자동차손해배상보장법」에서 정한 상해 등급에 따라 가입 시 선택한 지급 한도 내에서 실제 소요된 치료비를 받는다. 장해도 등급에 따라 가입된 한도 내에서만 정액 보상이 가능하다.

예를 들어 교통사고로 허리에 염좌가 생겨 상해 12급을 받은 사람이 상해 1,500만 원 한도의 자손보험을 가입했을 때 12급에 해당하는 60만 원 한도 내에서 실제 치료비만 받을 수 있다. 물론 한도가 넘는 부분은 자비로 처리해야 한다. 장해등급 역시 선택한

| 자기신체손해 상해 구분 및 등급별 보험 가입 금액표 |

상해 등급	보험 가입 금액			
	1,500만 원	2,000만 원	3,000만 원	5,000만 원
1급	1,500만 원	2,000만 원	3,000만 원	5,000만 원
2급	800만 원	1,100만 원	1,600만 원	2,700만 원
3급	750만 원	1,000만 원	1,500만 원	2,500만 원
4급	700만 원	900만 원	1,400만 원	2,300만 원
5급	500만 원	700만 원	1,000만 원	1,700만 원
6급	400만 원	500만 원	800만 원	1,300만 원
7급	250만 원	330만 원	500만 원	800만 원
8급	180만 원	240만 원	360만 원	600만 원
9급	140만 원	190만 원	280만 원	500만 원
10급	120만 원	160만 원	240만 원	400만 원
11급	100만 원	130만 원	200만 원	300만 원
12급	60만 원	80만 원	120만 원	200만 원
13급	40만 원	50만 원	80만 원	130만 원
14급	20만 원	30만 원	40만 원	170만 원

| 자기신체손해 후유장해 구분 및 보험 가입 금액표 |

장해 등급	보험 가입 금액			
	1,500만 원	3,000만 원	5,000만 원	1억 원
1급	1,500만 원	3,000만 원	5,000만 원	9,000만 원
2급	1,350만 원	2,700만 원	4,500만 원	8,000만 원
3급	1,200만 원	2,400만 원	4,000만 원	7,000만 원
4급	1,050만 원	2,100만 원	3,500만 원	6,000만 원
5급	900만 원	1,000만 원	3,000만 원	5,000만 원
6급	750만 원	1,800만 원	2,500만 원	4,000만 원
7급	600만 원	1,200만 원	2,000만 원	3,000만 원
8급	450만 원	900만 원	1,500만 원	2,400만 원

9급	360만 원	720만 원	1,200만 원	2,400만 원
10급	270만 원	540만 원	900만 원	1,800만 원
11급	210만 원	420만 원	700만 원	1,400만 원
12급	150만 원	300만 원	500만 원	1,000만 원
13급	90만 원	180만 원	300만 원	600만 원
14급	60만 원	120만 원	200만 원	400만 원

보험 가입 금액 한도 내에서 정액 보상한다. 하지만 영구 장해일 때 정액 보상이 가능하고 한시 장해일 경우 14급에 준용한다.

자동차상해(이하 자상)도 보장 대상은 동일하지만 보장 범위에서 큰 차이가 있다. 자상은 약관 기준 '대인배상의 지급 기준에 따라' 실제 소요된 치료비, 위자료, 휴업손해, 후유장해 등을 보상한다. 즉, 약관 기준 내에서 과실상계 없이 대인배상1·2처럼 보상받을 수 있다. 따라서 대부분의 경우 자손보다는 자상이 유리하다.

자손과 자상은 동시에 가입할 수 없고 둘 중에 하나를 선택해야 한다. 보험료는 보통 자상이 자손보다 조금 더(약 2~3만 원) 비싸지만 자상으로 가입하는 것이 좋다. 1년에 몇만 원 아끼려다 큰 손해를 볼 수도 있다.

이해를 돕기 위해 동일한 사고 시 자손과 자상의 보상금 차이를 도표로 설명한다.

- 사고 내용 : 부부가 같이 탄 승용차를 남편이 운전하던 중 가로수를 충격하여 조수석에 탑승한 아내가 부상

• 상해 정도 : 「자동차손해배상보장법」 상해 12급의 부상 / 입원 기간 30일 / 실제 치료비 400만 원 / 아내의 직업 주부

| 자손과 자상의 보험금 비교 |

구분		자기신체손해(자손)	자동차상해(자상)
보상 기준		상해 등급별 보험 가입 금액 한도 내에서 실제 치료비 지급	보험 가입 금액 한도 내에서 치료비, 위자료, 휴업손해, 후유장해 보상
지급 보험금	치료비	60만 원(12급 한도)	400만 원
	위자료	없음	15만 원(12급 상해)
	휴업손해	없음	210만 원
	총 지급액	60만 원	625만 원
보험금 차액		565만 원	

한눈에 봐도 엄청난 차이가 난다는 것을 알 수 있다. 위자료나 휴업손해 보상은 둘째치고 치료비도 제대로 못 받는 것이다. 다친 것도 억울한데 보험을 잘못 가입해 340만 원의 치료비 차액을 내 돈으로 내야 한다면 얼마나 속이 쓰릴까? 후유장해가 남을 만한 큰 사고라면 그 차이는 더욱 커질 수 있다. 내 보험이 자손으로 되어 있다면 지금이라도 자상으로 바꾸자. 사고는 언제나 갑자기 찾아온다.

자동차보험 가입 시 유의할 점과 필수 담보

모든 보험이 그렇듯 자동차보험 가입 시에는 사실을 정확히 기재해야 한다. 알려야 할 내용을 제대로 기재하지 않으면 분쟁이 발

생했을 때 보상을 받지 못할 수도 있다. 자동차보험은 사람의 신체를 보장하는 인보험처럼 가입이 까다롭지는 않지만, 가입 시 차량의 연식, 모델, 튜닝했다면 추가 부속품, 블랙박스 등의 정보를 사실대로 입력해야 한다.

그리고 누가 운전할 것인지를 명확하게 하고 운전 연령에 맞는 보험을 선택해야 한다. 피보험자가 아닌 다른 사람이 운전하는 경우에도 반드시 연령에 맞는 보험을 가입해야 한다. 잠깐이니 괜찮을 거라는 생각은 금물이다. 또 자동차보험에서 정하는 가족의 범위도 파악하고 있어야 한다. 자동차보험에서 정하는 가족은 피보험자 본인과 배우자, 부모, 자녀다. 형제자매는 물론 처남이나 동서도 가족이 아니다. 인터넷 자동차보험은 녹취로 서명을 대신하지만 오프라인 보험은 본인이 자필로 서명해야 한다.

요즘은 자동차보험에도 필수 담보 외에 수많은 담보들을 추가할 수 있다. 필수 담보 외의 담보들은 있으면 좋고 없어도 그만이다. 우선 필수로 가입해야 할 담보부터 설정하고 선택 사항들을 살펴보자.

다음은 자동차보험에 가입할 때 필수로 설정해야 할 담보들이다.

대인배상1

책임보험 또는 의무보험이라고 한다. 자동차를 운행하는 사람이라면 반드시 가입해야 하는 강제보험이며 「자동차손해배상보장법」에 따라 부상 3,000만 원 한도, 후유장해·사망 1억 5,000만 원 한도 내에서 보장받을 수 있다.

대인배상2

대인배상1을 초과하는 손해에 대하여 보장하는 임의보험이다. 가입하지 않아도 되지만 사고를 냈을 때 엄청난 재산상의 손해를 볼 수 있고 형사처벌도 감수해야 하므로 반드시 가입하는 것이 좋다.

대물배상

내 차로 다른 차량이나 물건을 파손했을 때 보장이 가능하다. 대인배상1처럼 2,000만 원까지는 의무보험이다. 요즘은 고가의 차들이 많기 때문에 가입 금액을 높이는 것이 좋다. 2억 원에서 3억 원 또는 5억 원이 넘어가도 보험료 차이가 크지 않다. 사고가 나지 않는다고 가정하면 보험회사의 배만 불려주는 것이지만, 자칫 운이 나쁘게도 페라리를 추돌할 수 있지 않겠는가. 물론 가입자가 엄청나게 많기 때문에 개인의 몇백 원씩만 모여도 보험회사의 수익은 상상할 수 없을 정도로 커진다. 대물배상은 남의 차를 보상해주는 것이지 자기 차를 위한 담보가 아님을 기억하자.

자기차량손해

줄여서 '자차'라고도 하며 내가 일으킨 사고로 내 차가 망가졌을 때 보상받는 담보이다. 가입 시 책정된 차량 가액 한도 내에서 수리비나 전손 처리 보상을 받을 수 있다. 자차는 전체 보험료 중에 꽤 많은 금액을 차지하기 때문에 낡은 차량은 자차 가입 없이 타기도 한다.

자기신체손해

대인배상1·2가 상대방을 위한 보험이라면 자기신체손해(자손)는 나와 가족이 다치거나 사망했을 때 보장받을 수 있는 담보로 상해보험의 성격을 가진다. 단독사고나 내 과실 100퍼센트 사고로 인해 상대방의 대인보험이 적용되지 않을 때 보장받을 수 있다. 그런데 부상의 정도에 따라 가입 금액 한도 내에서 실제 발생된 치료비만 보상하기 때문에 부상 정도가 커서 한도를 넘을 경우 보상받을 수 없다는 것이 큰 단점이다. 또한 후유장해도 장해등급에 따라 정해진 금액만 보상받을 수 있기 때문에 굳이 자손을 들어야겠다면 확장형을 가입하는 것이 좋다.

자동차상해

줄여서 '자상'이라고 하며 자손의 특약으로 둘 중에 하나를 선택해서 가입해야 한다. 적용되는 사고는 자손과 동일하며 한도 내에서 실제 치료비를 모두 보상받을 수 있다. 휴업손해, 위자료, 후유장해 청구가 가능해 종합보험의 대인배상2와 같지만 약관 기준으로만 보상받는다. 좋은 점은 과실상계를 하지 않는다는 것이다.

무보험차상해

피보험자 또는 그의 가족이 무보험이나 책임보험 차량에 의해 사고가 났을 때, 또는 뺑소니 사고를 당했을 때 피보험 자동차에 탑승 여부와 상관없이 보장받을 수 있으며 약관 기준으로 보상한다. 예전에는 보장 금액이 2억 원이었으나 요즘은 5억 원 이상도 가능하므로 선택해서 가입할 수 있다.

다른자동차운전담보 특약

무보험차상해 담보 가입 시 자동 가입되는 담보(선택해야 하는 보험회사도 있으니 주의)로 피보험자가 다른 자동차를 운전하다가 사고를 내도 다른 자동차를 피보험 자동차로 간주하여 다른 자동차에 의해 피해를 본 차량의 대인사고와 대물사고를 보장해준다. 가족의 차는 다른 자동차가 아니므로 주의해야 한다.

다른자동차차량손해 특약

다른자동차운전담보 특약은 내가 운전한 다른 차로 인해 피해를 본 사람이나 물건을 보상해주는 것이지 운전한 다른 자동차의 파손은 책임지지 않는다. 그러나 이 담보는 운전한 다른 자동차의 파손을 보상해준다.

긴급출동

자동차 사고 접수나 고장 접수 시 긴급 구난, 긴급 견인, 배터리

충전, 비상 급유, 잠금장치 해제, 타이어 펑크 수리 등의 서비스를 받을 수 있다.

자기 차량 렌트 비용

가해자가 있는 사고로 인해 차량 운행을 할 수 없게 되면 상대 보험회사에서 렌트를 하면 되지만 단독사고로 인해 내 차를 운행할 수 없는 상황에서는 렌트가 되지 않는다. 이 담보를 가입하면 단독사고로 차를 수리할 경우 렌트 차량을 제공받는다. 하지만 보험료가 꽤 비싸기 때문에 본인의 상황에 맞게 가입 여부를 결정하는 것이 좋다.

이 밖에도 여러 가지 특약이 있지만 이 정도 구성이면 충분하다. 타인뿐 아니라 나를 위한 것이기도 한 자동차보험에 가입할 때는 필수 담보와 보험 가입 금액을 충분히 설정해야 한다.

2장

사고 대처법,
모르면 당한다

교통사고 시
사진 촬영은 필수

-------------------→ **당황하지 말고 내려서 카메라 셔터를 누르자**

새싹이 돋아나던 어느 화창한 봄날, 평소 나들이를 즐기며 셀카 찍기를 좋아하는 가은 씨는 한 달 전 새로 마련한 첫 차를 끌고 드라이브를 하기로 했다. 아이스 아메리카노 한 잔을 컵홀더에 받쳐놓고 창문을 열어 부드러운 바람에 긴 머리를 휘날리며 운전하고 있었다. 차 안에는 한껏 볼륨을 높인 BTS의 노래가 흘러나오고, 신호 대기 중에는 연신 셀카를 찍었다.

그렇게 40여 분을 달려 복잡한 시내를 빠져나온 그녀는 신호기 없는 사거리에서 직진하던 순간 끼익 소리와 함께 온몸이 요동치는 것을 느꼈다. 우측 끝단에서 우회전하던 차량을 미처 발견하지 못하고 자신의 차 조수석 끝으로 상대 차 운전석 펜더 쪽을 충격한 것이다.

아무 생각 없이 유쾌하게 운전하던 그녀는 갑작스런 충격에 어안이 벙벙했다. 평소 듣지 못했던 찢어질 듯한 굉음에 놀라고, 차체의 충격을 고스란히 몸으로 느끼면서 다시 한 번 놀랐다. 부들부들 떨리는 마음을 가라앉히고 밖으로 나오니 상대편 운전자가 마구 삿대질을 해대며 그녀를 가해자로 몰아갔다. 그녀는 당황하며 어찌할 바를 몰랐다. 여자라고 더 무시하는 것 같았지만 다행히 큰 사고는 아니니 괜찮다고 생각하여 교통 흐름을 방해하지 않으려고 자신의 차를 갓길로 이동했다. 그리고 보험회사에 전화를 걸어서 출동 요청을 했다.

이 운전자의 사고 대처법은 무엇이 잘못되었을까? 가은 씨는 당황한 나머지 사실상 어떤 대처도 하지 못했다. 평소에는 자신의 얼굴을 수시로 찍어대던 그녀의 카메라가 사고 순간에는 침묵했다. 또한 사고 차량을 임의로 옮김으로써 향후 사고 경위 파악에 혼선을 주었다.

대부분의 교통사고는 일방적인 과실로 발생하지 않는다. 따라서 사고가 발생하면 어느 쪽의 과실이 더 큰지를 다툰다. 보험회사는 한쪽이 100퍼센트 확실한 과실이 아니면 서로에게 조금씩 과실을 안기려 한다. 이렇게 되면 보험수가도 오르고, 과실이 많아지는 만큼 합의금도 줄어든다. 과실 비율만큼 합의금이 깎이기 때문이다.

사고 사진, 어떻게 찍어야 할까?

갑자기 예기치 못한 교통사고가 발생하면 사람들은 당황하게 마련이다. 그런데 교통사고는 언제나 갑자기 일어난다. 따라서 운전자는 교통사고가 났을 때의 행동 요령을 머릿속에 시뮬레이션해 두는 것이 좋다.

몸에 큰 이상이 없는 비교적 가벼운 교통사고가 발생했다면 신속히 차에서 내려 다친 사람이 없는지 확인하고, 경찰이나 보험회사에 신고한 다음 반드시 사진을 찍어놓아야 한다. 옛날과 달리 휴대전화 카메라로 모든 상황을 찍을 수 있는 요즘 어떻게 사진을 찍어야 사고 상황을 정확히 담을 수 있을지, 교통사고 조사관들이 이구동성으로 말하는 사고 후 사진찍기에 대해 알아보자.

차량 파손 부위는 가까이에서 촬영하라(근거리 촬영)

차량의 파손 부위는 사고 당시 차량의 속도를 추정하는 데 중요한 단서를 제공하므로 파손 부위가 차량의 어느 부분인지 명확히 알 수 있게 찍어야 한다. 교통사고에서 사고 당시 속도는 매우 중요해서 만약 규정을 위반하여 사고가 났다면 그 속도위반만큼 상대의 과실을 추가로 잡을 수 있다.

또한 같은 파손 부위라도 하나는 더 가까이서 파손 정도를 알기 쉽게 찍고 하나는 차량의 번호판이 같이 나올 수 있도록 찍고, 바닥에 떨어진 파편들도 찍어 놓아야 한다. 상대 차량의 파손 부위도 같이 찍어놓으면 좋다. 사고와 무관한 파손 부위도 싸잡아서 수리하려고 하는 경우도 가끔 있기 때문이다.

차량과 차량이 아닌 차량과 도로구조물과의 충돌 시에도 반드시 근접 촬영을 해놓아야 한다. 원활한 대물처리를 위해서도 그렇고 도로교통법상 차량통행에 문제가 없게 설치된 것인지도 따져볼 수 있기 때문이다.

여러 각도에서 전체적인 사고 현장을 촬영하라(원거리 촬영)

파손 부위 근접촬영도 중요하지만 더 중요한 것이 전체적인 사고현장을 담은 원거리 사진이다. 사고가 나면 대부분 파손부위를 찍는 정도는 한다. 그러나 원거리 촬영은 사고 당시 도로의 전체적인 상황을 파악하는데 중요한 역할을 한다.

촬영방법은 사고 상황이 한눈에 보이는 20~30미터 떨어진 곳에서 사고 전체 장면을 담는 것이다. 사고차량이 지나온 도로가 직선도로인지 굽은 도로인지, 오르막이었는지 내리막이었는지, 신호체계는 어떻게 되어 있는지, 주변 교통표지판은 어떻게 설치되어 있는지 등 전체적인 도로상황을 사진에 담아 사고처리의 실마리를 잡을 수 있다.

실제로 위의 사고에서 우회전 차량 쪽에 일시정지 표지판이 있었다면 우회전 차량이 가해차가 될 것이고, 직진하는 차량 옆에 일시정지 표지판이 있었다면 직진차량이 가해차량이 되는 것이다.

앞바퀴와 핸들 사진을 반드시 찍어라

사고로 멈춰선 내 차량과 상대 차량의 앞바퀴 사진을 반드시 찍어야 한다. 앞바퀴의 방향은 사고 상황에 따라 가해자와 피해자를 가리는 결정적인 단서가 될 수 있다. 바퀴가 돌아가 있는 방향은 사고 당시 차량 진행방향과 사고를 피하기 위해 어떻게 핸들 조작을 했는지를 보여주기 때문이다. 유의할 점은 멈춰선 바퀴 방향과 핸들의 모습은 한 세트이므로 같이 찍어두어야 한다.

상대방의 블랙박스도 촬영하라

불과 10년 전까지만 해도 블랙박스는 그리 보편화된 것이 아니었다. 그런데 최근에는 블랙박스가 없는 차를 찾기가 더 어려울 정도로 장착률이 높다. 블랙박스의 힘은 정말 대단해서 위 세 가지 촬영을 못했다고 해도 사고경위를 밝히고 사건의 방향을 틀을 수 있다. 매스컴에도 자주 나오지만 예전 같으면 쌍방과실이었을 사건도 명확한 블랙박스 영상으로 100 : 0으로 판결나기도 한다.

이렇게 파급력이 큰 블랙박스는 가해자 입장에서는 별로 보고 싶지 않은 것이 된다. 그래서 사고를 일으킨 가해자들 중 일부는 사고 직후 블랙박스의 메모리카드를 빼버리거나 블랙박스가 고장 났다고 하거나 심지어 떼어버리고 없다고 하는 경우도 있다. 따라서 교통사고가 발생하면 상대방의 블랙박스를 찍어놓고 가능하면 동작하는 상태인지 확인해놓기 바란다(다만 영상의 제공 여부는 블랙박스 소유자가 동의해야 가능한 부분이므로 동의 여부를 요청해야 한다).

동영상 촬영버튼을 눌러라

마지막으로 위에 설명한 주요 촬영을 마쳤다면 동영상 버튼을 눌러 사고 차량과 현장 주위를 영상으로도 남겨놓기 바란다. 평면의 사진과 생생한 현장촬영 영상은 사고분석의 이해의 폭을 높여 더 정확한 사고분석을 할 수 있게 도와준다. 아울러 가해자와의 대화내용을 녹취해놓는 것도 좋다. 처음에는 잘못을 인정하다가도 시간이 지나고 어디선가에서 사주를 받아 엉뚱한 소리를 할 수도 있기 때문이다.

실무적으로 사용되고 있는 교통사고 발생시 사진촬영의 중요성과 그 방법에 대하여 설명해 보았다. 위의 셀카찍기를 좋아하는 그녀처럼 차량까지 옮겨 놓고 나중에 생각이 나서 '아차, 사진 찍어 놀걸' 해도 소용없는 일이 된다. 과실로 인한 분쟁이 발생한다면 증거가 많은 쪽이 유리하다. 내가 피해자일 경우에는 더 그렇다. 이제 그녀는 교통사고 발생시 사진 찍기의 중요성에 대하여 확실히 알게 되었을 것이다. 몸소 체험했으니 말이다. 하지만 이번 사고는 이미 늦었다. 찍어놓을 걸 하는 뒤늦은 후회는 미련한 것이다. 미리 숙지해두어, 불의의 교통사고 시 억울하게 당하는 일이 없도록 해야 한다.

입원을 해야 할까,
말아야 할까?

교통사고가 발생하면 따져보아야 할 것들이 많은데 그중 중요한 것이 상해의 정도이다. 사고로 인해 얼마나 다쳤는지에 따라 진단이 내려지는데, 진단 기간이 경상 환자와 중상 환자를 나누는 기준이 된다. 경찰청에서는 경상 환자의 기준을 5일 이상 3주 미만의 치료를 필요로 하는 부상자라고 정의하고, 중상자는 3주 이상의 치료가 필요한 부상자라고 분류한다.

2017년 기준 교통사고 부상자 약 32만 명 중에 경상 환자는 약 25만 명으로 전체 부상자의 80퍼센트를 차지했다. 통계에서 보듯이 교통사고의 대부분, 특히 시내에서 발생한 교통사고는 경상 사고가 많다.

입원 가능한가요?

그렇다면 경상 사고를 당했을 때 입원을 해야 할까, 하지 않아도 될까? 이것은 잘못된 질문이다. 입원을 결정하는 주체는 사고 당사자가 아니라 의료진이기 때문이다. 입원 치료가 필요하다는 의료진의 소견이 있어야 입원할 수 있다. 따라서 '입원을 할 수 있을까, 없을까?'라고 질문하는 것이 옳다.

차와 보행자가 부딪친 사고에서는 그야말로 옷깃만 스쳤는데도 입원하려는 사람이 있다. 범퍼에 스크래치도 나지 않았는데 목덜미를 잡고 내리는 사람도 있다. 반대로 입원을 해야 하는데도 여러 가지 이유로 입원하지 못하는 사람도 있다.

입원의 기준은 뭔가요?

그렇다면 교통사고 입원의 기준이 뭘까? 정해진 기준은 없지만 염좌나 좌상, 찰과상 등으로 2주 진단이 나온다면 기본적으로 입원이 가능하다. 또 사고 형태에 따라서도 다르다. 차와 사람이 부딪친 사고는 조금만 다쳐도 입원을 인정하고, 차와 차가 부딪친 사고는 견적에 따라 달라진다.

견적 60만 원 이하의 사고나 백미러를 스친 사고, 주차장에서 전·후진 과정에서 일어난 경미한 사고들은 입원했을 때 분쟁의 가능성이 크다. 그리고 같은 사고라도 나이에 따라서도 입원을 인정하는 범위가 달라진다.

그런데 경미한 사고로 입원하면 경우에 따라 가해자가 문제를 제기할 수도 있다. 스치기만 했는데 드러누웠다며 피해자를 일명 '나일론 환자'로 취급하는 것이다. 더 나아가면 마디모(Madymo) 분석(교통사고 당시 노면 흔적, 차량 파손 상태, 동영상 등을 분석해서 교통사고 충격이 탑승자의 신체에 미치는 영향을 알아내는 프로그램)을 의뢰하며 피해자에게 정신적 압박을 줄 수 있다. 피해자 본인에게 치료비를 납부하게 할 수도 있기 때문이다.

물론 옷깃만 스쳐도 드러눕는 나일론 환자나 자해 공갈단은 범죄에 해당한다. 그러나 차량의 파손 정도가 경미하거나 상해 2주 진단이 나왔다고 해서 모든 피해자가 괜찮은 것은 아니다. 내가 사고를 냈을 때는 '콩'이지만 사고를 당하면 '쿵'이 되는 것이다. 갑자기 뭔가에 놀라면 우리 몸은 잔뜩 긴장한다. 사고를 낸 사람이 상대가 아무런 피해를 입지 않았다고 주장할 수는 없다.

비슷한 사고라도 신체의 후유증 정도는 사람마다 다르다. 처음에 2~3주 진단을 받았는데 수개월, 수년째 고생하는 사람들도 있다. 이들은 색안경을 끼고 자신들을 나일론 환자로 보는 시선 때문에 더욱 힘들어한다.

외부 충격으로 인한 후유증이 사람마다 다르기 때문에 경미한 사고라도 몸에 증상이 나타난다면 반드시 적절한 진료를 받아야 한다. 후유증 정도가 어떤지는 피해자의 양심에 맡긴다. 그런데 작은 사고라도 입원을 해야 보험금을 많이 받을 수 있다는 인식 때문에 일단 사고가 나면 입원부터 하려는 경향이 많다. 입원하지 않고 통원 치료를 하면 합의에 대한 불이익이 있을지도 모른다고 생각하기 때문이다.

어떤 경우에 입원을 하는지, 그리고 입원 치료의 장점은 무엇인지 알아보자. 우선 사고 후 진료를 보고 나서 가능하면 바로 입원하는 것이 가장 좋다. 사고 당시에는 아무 이상 없다가도 시간이 지날수록 아픈 곳이 생기는 경우가 있다. 사고 후 3박 4일 안에는 입원해야 한다. 더 늦어지면 입원의 당위성이 떨어진다. 기본적으로 입원 판단 여부는 의사의 소견에 달렸다. 그러나 의원에서는 환자가 통증을 호소하면 입원을 허락하는 경우가 많다.

입원 치료의 장점은 피해자가 치료에 전념할 수 있고 자신의 상태를 의료진에게 전달하기 쉽다는 것이다. 언제나 그렇듯이 교통사고 피해자는 실익을 따질 때 치료와 보상을 분리해서 볼 필요가 있다. 둘 중 더 중요한 것은 치료 부분이다. 성급하게 합의금 몇 푼 더 받으려다 오랫동안 후유증으로 고생할 수 있다.

입원 치료의 또 다른 장점은 보험회사와 합의할 때 칼자루를 쥘 수 있다는 것이다. 입원하면 가장 큰 부분이 하루 급여(일당)를 보상해주는 휴업손해가 발생한다는 점이다. 이와 함께 병원비도 많아지기 때문에 보험회사는 입원 환자를 그리 좋아하지 않는다. 그리고 경상 환자를 빨리 퇴원시키지 못하면 무능력한 직원으로 취급받을 수도 있기 때문에 피해자에게 빨리 퇴원하면 병원비와 검사비까지 주겠다는 조건을 제시하며 퇴원을 유도한다.

하지만 항상 입원 중에 합의해야 하는 것은 아니다. 입원 치료가 끝나고 퇴원하더라도 조급하게 합의할 필요 없다. 충분히 치료해도 합의금은 줄어들지 않는다. 그리고 합의금보다 내 몸이 우선이다. (2부 2장 '보험회사의 말은 절반만 믿어라' 참고)

----------→ **통원 치료의 좋은 점**

그렇다면 통원 치료의 장점은 무엇인가? 입원 치료와 달리 낯선 사람과 낯선 공간에서 느끼는 스트레스가 없다는 점이다. 남녀노소를 막론하고 병원을 좋아하는 사람은 없을 것이다. 더구나 병원의 불편한 잠자리가 좋을 리 없다. 옆에서 아픔을 호소하는 다른 환자들을 보면 남의 일 같지 않아 자기도 모르게 스트레스를 받는다.

입원 치료는 외출과 외박이 엄격하다. 적극적인 치료를 위해 입원하는 것이기 때문에 특별한 경우가 아니면 외출과 외박이 불가능하다. 그런데도 규정을 위반하는 환자들이 많아서 보험회사는 직원을 보내거나 아르바이트를 고용해 실제로 입원하고 있는지를 감시하기도 한다.

통원 치료를 하면 일상생활이 가능하지만 휴업손해가 없기 때문에 입원 치료에 비해 합의금이 적어질 수 있다. 그래서 보험회사 직원들이 상대적으로 신경을 덜 쓰기도 한다. 하지만 상해의 근거가 충분하고 꾸준한 치료를 받는다면 입원 치료를 했을 때보다 더 많은 합의금을 받을 수도 있다.

사고 후유증으로 정상적인 생활을 할 수 없는데도 입원을 하지 않았다고 해서 휴업손해가 없는 것으로 간주하기 때문에 진단이 허락하는 범위 안에서 입원하는 환자들을 비난할 수는 없다.

결과적으로 의료진이 허락하고 여건이 된다면 입원하는 것이 좋다. 그러나 경미한 사고에도 무작정 입원하는 것은 지양해야 한다. 모든 방법을 동원해 보상을 많이 받아야 한다고 생각할 수도 있으나 보험금은 충분한 치료와 실제 손해액을 충당하는 약간의 이익이라고 생각하는 것이 좋다. 그러나 합법적인 범위 안에서 끝까지 보험회사를 괴롭히는 일은 반드시 필요하다.

슬기로운
병원 생활

여러분은 병원에 입원한 경험이 있는가? 범위를 더 좁혀서 교통사고로 입원한 경험이 있는가? 나는 30여 년 동안 입원은 남의 일로만 여기며 살아왔다. 더구나 운전을 하면서도 내가 교통사고를 당하리라고는 꿈에도 생각해보지 않았다.

그러나 어느 날 갑자기 나에게 비극이 일어났다. 사고의 충격, 구급차에 실려 대학병원 응급실로 가던 상황, 그보다 더한 고통은 없을 것 같았던 응급처치들, 반복된 수술, 오랜 입원 생활 등 10년이 훨씬 지난 지금도 그때의 기억이 떠오르면 몸서리가 쳐진다.

물론 교통사고를 당한다고 해서 모두 입원하는 것은 아니다. 하지만 입원이 필요할 정도의 상해를 입었을 때 한 번도 경험해보지 않은 낯선 병원 생활을 어떻게 해야 할지 막막하다. 낯선 환경에 처해질 경우를 대비해서 미리 병원의 사이클이나 입원 생활 에티켓을 알아두면 도움이 될 것이다. 아울러 퇴원할 때 준비해야 하는 서류들과 어떤 마음으로 병원 생활을 하는 것이 좋을지에 대해서도 알아보자.

입원 24시

우선 병원에 오는 경로를 보면 크게 스스로 직접 내원하는 경우와 타인의 도움이나 구급차에 의해 응급으로 내원하는 경우 2가지로 나눌 수 있다. 직접 내원한 환자는 정식으로 진료 접수를 하고 응급실이나 진료과에서 진료를 본 다음 필요한 영상 촬영을 한 후 입원 수속을 한다.

응급환자는 응급실을 경유하여 응급처치 또는 응급수술 후 병실에 입원한다. 응급 중에서도 다시 응급과 비응급으로 나뉜다. 응급은 생사와 직결된 상해이고 비응급은 목숨에는 지장이 없는 상해 사고이다. 문제는 비응급일 경우 응급실 상황에 따라 처치가 지연되기도 한다는 것이다. 심지어 수 시간 동안 응급실에서 대기할수도 있다. 이 때문에 분통을 터트리거나 다른 병원으로 가겠다고 하는 환자들도 있다.

응급실에서 기본적인 처치가 끝나면 입원을 한다. 상태가 위중한 환자는 중환자실이나 집중관찰실로 이동하고, 심한 장기 손상이나 중증 뇌 손상이 아닌 대부분의 환자들은 일반 병실로 옮겨진다. 나처럼 고통이 심하여 하루가 어떻게 지나가는지도 모르는 환자들은 병원 환경에 신경 쓸 겨를도 없다.

조금이나마 견딜 만한 환자들은 낯선 입원 생활이 시작된다. 처음에 들어가서 환자복을 갈아입고 있으면 먼저 들어온 환자들과 보호자들이 '저 사람은 어디가 다쳐서 왔을까?' 하는 호기심 어린 눈빛으로 쳐다본다. 타인과 함께하는 낯선 공간이 어색하기만 하다. 잠시 후에는 병동의 간호사가 와서 기본적인 간호 정보 조사를 하고 손목에 네임밴드를 채워준다. 잠시 뒤 주치의가 와서 여러 가지 설명을 해준다. 내일 당장 수술이 잡혀 있다면 수술에 대해 설명하고 금식을 명한다.

금식은 보통 저녁밥을 먹고 난 후부터 시작되는데, 12시부터는 물도 먹어서는 안 된다. 최소한 수술 전 8시간은 금식해야 한다. 다음 날 수술을 무사히 마치면 잠시 회복실에서 대기하다가 병실로 올라와 회복 과정을 거친다. 수술을 하지 않는 의원급에 입원하는 경우도 크게 다르지 않다. 진료를 보고 검사를 한 다음 병실 배정을 받고 입원한다.

병원의 하루 일과는 일찍 시작된다. 간호사가 새벽에 들어와서 비몽사몽하는 환자의 혈압을 체크하는 것으로 하루 일정이 시작된다. 입원 생활에 익숙한 환자들은 일찍 일어나서 깔끔하게 세수를 마치고 몸단장을 하기도 한다. 아침이면 주치의 선생님이 한 무리의 레지던트와 인턴들을 데리고 회진을 와서 간단한 안부를 묻고 돌아간다.

식사 시간은 병원마다 조금씩 다른데 보통 아침은 8시, 점심은 12시, 저녁은 5시다. 식사를 마치면 주사와 투약 시간이다. 날마다 생살을 찌르는 것은 아니고 헤파린캡이라는 것을 달고 그곳을 통해 각종 주사제를 투여한다. 헤파린캡을 한번 꽂으면 피부 주변에 염증 반응이 생기기 전까지 계속 사용할 수 있다. 간단한 수술이어서 수액이나 주사제가 들어가지는 않는다 하더라도 항생제는 일주일간 맞아야 한다. 주사 후 회복이 필요한 환자는 그냥 쉬면서 하루를 보내기도 하고 물리치료나 각종 검사를 받기도 한다. 점심 식사를 하고 나서 오후에는 휴식을 취하거나 치료를 한다. 저녁 식사 후에 다시 주사와 투약을 하고 9시가 되면 취침에 든다.

한 가지 재미있는 사실은 병실 내에서 일어나는 좋은 자리에 대한 경쟁이다. 좋은 자리란 보통 전망이 좋고 햇빛이 잘 드는 창가 쪽을 말한다. 사실 경쟁이라고 할 수는 없고, 병실에 들어온 순서에 따라 비는 자리에 배정된다. 지금은 휴대전화로 영상을 많이 보기 때문에 공동 TV가 없는 병실도 있다. TV가 있는 병실에서는 오래 입원했거나 나이 많은 환자들이 채널권을 가진다.

------------------→ **병원 생활 에티켓**

아픈 사람들이 모여서 생활하는 병실에서는 사소한 행동도 다른 환자들에게 불편을 줄 수 있다는 점을 반드시 숙지해야 한다.

병실 내에서 큰 소리로 떠들지 않는다

아픈 환자들이 있는 곳이니 기침 소리나 앓는 소리가 나는 것은 어쩔 수 없다. 하지만 자기 집 안방인 양 떠들어대면 다른 환자들이 스트레스를 받는다.

휴대폰은 진동으로, 통화는 작은 소리로, 유튜브나 라디오 시청은 이어폰 사용

큰 소리로 통화하는 것만큼 귀에 거슬리는 것도 없다. 통화는 용건만 간단히 하고 거동이 불편하지 않다면 병실 밖에서 통화한다. 또한 수신음은 반드시 진동으로 해놓자. 잠에 빠져 요란한 노래 한 곡이 다 끝날 때까지 전화를 받지 않는 환자도 있다. 병실에서 라디오나 영상 등을 주변 환자들 귀에 거슬릴 정도로 크게 틀어놓는 사람들도 있다. 여러 사람들이 모인 좁은 공간에서 휴대전화를 사용할 때는 이어폰을 끼는 것이 최소한의 에티켓이다.

침상 주변은 항상 청결하게

평소 침상 주변을 청결하게 유지하고 각종 물품들은 개인사물함에 넣어둠으로써 의료진이 지나다니는 것을 방해하지 않는다. 또 침대에서 시술 및 처치를 할 경우에는 환자의 사생활 보호를 위해 커튼을 치지만 평상시에는 열어놓아야 의료진이 환자의 상태를 확인할 수 있다. 병실 내 채광을 위해서도 커튼을 열어놓아야 한다. 나도 경험한 일이지만 창가 쪽에 자리 잡은 환자가 하루 종일 커튼을 닫고 있으면 여간 불편한 게 아니다.

화장실, 세면대에 개인 물품을 놓지 말라

규모가 있는 병원은 병실 내에 화장실이 있다. 병실 내 화장실
은 우리 집 화장실이 아니다. 함께 쓰는 화장실에 각종 세면도구와
양치질용 컵, 심지어 화장품까지 올려놓는 환자들이 있다.

공용 물건은 청결하게 사용하라

병실 내 화장실은 다음 사람을 위해 깨끗이 사용하고 개인 오물
통은 세면대가 아닌 세탁실에서 세척한다. 냄새가 자극적인 음식
은 전자레인지 사용을 자제하는 것이 좋다.

서로서로 말조심

일면식도 없는 사람들이 한곳에서 먹고 자며 치료를 하다 보면
동병상련의 마음으로 서로를 이해하면서 친해진다. 그러나 아픈
사람들이기 때문에 사소한 일에도 예민하게 반응할 수 있다.

병원 생활이 처음인 사람은 모르고 실수할 수도 있고 몸이 불편
해서 마음처럼 되지 않을 수도 있다. 며칠 먼저 들어왔다고 갑질을
하려 들지 말고 최대한 서로를 배려하자.

늦어도 10시에는 소등하기

충분한 수면은 치료에 도움이 된다. 본인이나 다른 환자의 치

료와 안정을 위해서도 일찍 자는 습관을 들이자.

입원 생활 중 가장 중요한 것은 치료이다. 치료를 위해서는 의료진의 의견을 존중하고 잘 따라야 한다. 또한 수술 등 중대한 결정 사항이 있을 때는 의료진에게 정확히 물어보고 숙지하여 서로 오해가 쌓이지 않도록 한다. 간혹 환자의 질문을 귀찮아하는 의사도 있다. 하지만 물어보는 것은 환자의 권리다.

회진 시간에는 가급적 침상을 지키는 것이 좋다. 보통 입원한 환자들은 하루 종일 있어도 의사 얼굴 보기 힘들다는 푸념을 많이 한다. 회진을 하더라도 면담 시간은 겨우 10초밖에 되지 않는다. 그래도 회진 시간은 환자와 의료진이 소통하는 시간이다. 추가로 아픈 곳이 있다면 진료를 요청하고, 의료진에게 치료 경과와 향후 치료 계획을 물어본다.

자주 마주치는 간호사들을 친절하게 대하자. 간호사들은 보통 3교대 근무를 하기 때문에 수시로 바뀐다. 어떤 간호사는 유난히 아프게 주사를 놓는가 하면 어떤 간호사는 바늘로 찌른 것도 못 느낄 정도로 아프지 않게 주사를 놓는다. 친절이 몸에 밴 간호사가 있는가 하면 아픈 환자들을 퉁명스럽게 대하는 간호사도 있다. 퉁명스런 간호사가 하루아침에 바뀌지 않는다. 근무하기 힘든가 보다 생각하고 친절히 대해주면 간호사들도 느낄 것이다. 힘들고 마음에 들지 않는다고 인상을 쓰기보다는 마주치는 간호사와 인턴에게 음료수라도 하나 건네면 서로 기분이 좋아질 것이다.

→퇴원 전 준비 서류

증세가 호전되었거나 다른 병원으로 옮기기 위해 퇴원할 때는 최소한 3일 전쯤 의료진에게 필요한 서류를 말해놓는 것이 좋다. 수술했던 병원에서 퇴원하는 것이라면 향후 외래진료 때 서류를 발급받을 수도 있으나 퇴원 시 필요한 서류를 모두 받아가는 것이 깔끔하다.

퇴원 후 다른 병원으로 옮기는 것이라면 영상기록(CD)이나 진단서를 반드시 발급받아야 한다. 옮겨 간 병원에서 환자의 치료력을 알 수 있기 때문에 불필요한 촬영이나 진료를 하지 않는다. 실비보험을 들었다면 진료비 영수증과 세부내역서도 발급받는다. 치료비는 중복 보상이 되지 않기 때문에 자동차보험에서 보상해준 부분은 의료실비에서 받을 수 없으나, 비급여 부분이 있다면 청구할 수도 있다. 그리고 '상해의료비' 항목이 보험증권에 기재되어 있다면 자동차보험에서 지출했던 비용이라도 개인의 한도 금액 내에서 50퍼센트까지 받을 수 있다.

다음은 퇴원 시 발급받아야 할 서류들이다.

- 진단서
- 영상기록(CD)
- 입·퇴원확인서
- 소견서
- 진료기록 사본

- 진료비 영수증
- 진료비 세부내역서

▸병원 생활을 위한 정신 관리

갑작스런 사고로 병원 생활을 하게 되면 낯선 환경이 도통 적응되지 않아 생활 리듬이 깨지고, 모르는 사람들과 어울리기도 쉽지 않다. 그럴 때는 병원이 치료도 해주고 잠도 재워주고 심지어 밥까지 주는 토털 서비스를 제공하고 있다고 긍정적으로 생각해보자. 사고가 나서 입원했는데 어쩔 수 없는 일 아닌가? 무엇보다 그동안 쉼 없이 열심히 일하다가 이번 기회에 잠시나마 쉴 수 있다고 생각하면 마음이 조금은 편할 것이다. 하지만 이것 또한 견딜 만한 사고일 경우에 해당한다.

나처럼 중상을 입고 병원을 선택할 수도 없이 실려 와서 수차례 수술을 반복할 때는 극한의 고통 속에서 다른 생각을 할 겨를조차 없다. 지금까지 느껴보지 못한 고통을 온몸으로 감내해야 한다. 수차례의 수술을 끝내고 조금 안정될 때 비로소 병원에 있다는 것을 실감한다. 그제야 가족과 지인들의 안부가 궁금해지고 병원 생활이 눈에 들어오기 시작한다.

이쯤 되면 살아 있는 것 자체에 감사하며 매사에 긍정적으로 생각하게 된다. 다른 환자들이 눈에 들어오고 그들의 아픔을 공감하면서 진정한 동병상련을 느낀다. 그러나 사람의 마음은 항상 평온

할 수만은 없다. 고통이 찾아오거나 정상적으로 회복될 수 있을지 의문이 들면 금세 또 우울해진다. 사람마다 다르겠지만 대부분의 환자들이 몸 상태에 대한 걱정, 앞으로 어떻게 살아야 할지에 대한 걱정, 보상에 대한 걱정을 한다.

사고 초기 또는 수술 후 깁스를 풀어보고 나의 상태에 절망하는 경우가 많다. 정상적으로 회복될 수 있을까 하는 의문이 들기 때문이다. 그러나 의학기술이 눈부시게 발전하고, 우리의 인체는 자체적으로 회복하는 능력을 가지고 있다. 더디더라도 시간이 지나면서 서서히 회복되게 마련이다. 적어도 그 시간 동안 마음을 정리하고 적응하기 위해 노력한다.

걱정은 할수록 커진다. 계속 걱정하다 보면 실제로 나에게 그런 일이 일어날 것만 같다. 염려가 염려를 낳고 걱정이 걱정을 낳으면 오히려 회복이 더딜 수 있다.

하나만 기억하자. 중상이든 경상이든 각자 처한 상황을 받아들이는 것이다. 이미 일어난 일은 돌이킬 수 없다. 비관하는 마음보다는 불행 중 다행이라는 마음으로 병원 생활을 하면 조금 불편한 환경도, 맘에 들지 않는 사람도 이해하며 슬기롭게 병원 생활을 할 수 있다.

가해자와 피해자의 다툼,
자신 있으면 끝까지 가라

-------------→ **가해자와 피해자가 바뀔 수 있다**

신혼여행을 다녀온 후 첫 출근을 하던 나는 중앙선을 넘어 달려온 차량과 부딪쳐 대형 사고가 났다. 교통사고에 대한 아무런 지식도 없이 수술과 치료를 반복하며 병원 생활을 하고 있는데 보험회사 직원이 찾아와 "선생님이 중앙선을 넘어 사고가 났다"고 했다. 나는 분명히 중앙선을 넘지 않았기 때문에 결백했지만 사건은 엉뚱한 방향으로 흘러가고 있었다. 그때까지도 중앙선 침범이 보상에서 어떤 의미가 있는지 정확히 인지하지 못했다. 막연히 불리하다는 정도만 알고 있었고, 입원 치료는 끝까지 받을 수 있으리라고 생각했다.

사고 현장 주위에 목격자를 찾는 현수막을 내걸었지만 목격자가 나타나지 않았다. 그래도 일관되고 구체적인 진술을 하고 진정서까지 썼다. 방송사에 제보도 하고 경찰에 교통공단 재조사를 요청했다. 시간이 지나면서 상대방 운전자가 진술을 번복하고 횡설수설하는 모습을 보이자 경찰도 입장을 바꾸어 재조사를 하게 되었다.

어느 추운 겨울날 휠체어에 앉은 채 참여한 재조사에서 피해자 쪽 차선 중앙선 10센티미터 지점에서 최초의 충돌이 일어났다는 사실이 밝혀짐에 따라 상대방의 중앙선 침범이 99.9퍼센트라는 조사 결과가 나왔다. 블랙박스도 목격자도 CCTV도 없는 사고에서 방향을 뒤집은 것이다. 그야말로 영화 같은 일이었다. 재조사 결과 100퍼센트 피해자가 되어 충분한 치료와 보상을 받았다.

⟶ 억울하다면 행동하라

교통사고는 상당 부분 서로의 과실로 발생한다. 누가 잘못했는지, 또는 누가 상대적으로 더 잘못했는지에 따라 가해자와 피해자가 가려진다. 이 잘못을 결정하는 기준은 「도로교통법」이다.

잘못을 과실이라고 하는데 과실이 많으면 가해자, 과실이 적으면 피해자가 되는 것이다. 그런데 차와 사람이 부딪친 사고에서는 꼭 그렇지만은 않다. 보행자 사고에서는 과실 비율과 상관없이 일반적으로 다친 보행자를 피해자로 본다. 예를 들어 정지신호를 무시하고 무단횡단을 하다가 사고가 났다 하더라도 피해자는 보행자가 된다. 하지만 과실 비율은 차보다 보행자가 훨씬 높다. 수년 전부터 보행자가 신호를 무시하고 갑자기 무단횡단을 하다가 사고가 난 경우 오히려 보행자가 가해자라고 하는 여론이 설득력을 얻고 있는 추세다. 그렇다면 자신이 확실한 피해자라고 생각할 때 어떤 행동을 해야 하는지 알아보자.

정신을 잃지 않았다면 기억을 되살리고 증거를 수집하라

상해 정도가 심하지 않은 사고는 적극적으로 사고 현장, 타이어의 정지 위치와 방향, 핸들 각도 등을 촬영하고, 가해자와 주변의 블랙박스 확보 등 증거 수집에 힘써야 한다. 가해자의 운전면허증을 확인하고 연락처를 받고 보험증서도 확인한다. 가해 운전자가 사고 자동차의 실소유주인지 확인하고 보험 가입 여부와 보험 가입 기간을 확인하여 사고 보상에 문제가 없는지도 파악한다. 가해자는 자신의 과실을 줄이기 위해 말을 바꿀 수도 있으니 사고 발생 직후 대화를 녹취해두는 것이 좋다.

중상 사고라면 가족들이 나서서 증거를 수집한다

상해 정도가 경미한 사고라면 사고 상황을 가장 잘 아는 피해자 본인이 증거 수집을 할 수 있다. 그러나 중상을 입고 병원으로 후송되면 피해자 측에 유리한 증거를 수집하기가 어렵다. 더구나 피해자가 사망했다면 더욱 힘들다. 죽은 자는 말이 없기 때문에 가해자 측에서 사고를 축소하거나 은폐할 수 있다.

차량 블랙박스가 보편화되지 않은 시절에는 주변에 CCTV나 목격자도 없는 한적한 도로에서 사망 사고가 나면 죽은 사람이 가해자가 될 수 있다. 이때는 가족들이 나서서 사고 현장을 확인하고 목격자와 주변 CCTV 확보 등에 힘써야 한다. 큰 사고로 경황이 없겠지만 가족 중 누군가는 반드시 적극적으로 나서서 증거를 수집해야 한다.

특히 수사관의 현장 검증 때 반드시 같이 나가야 한다. 가해자와 수사관만 현장 검증에 참여할 경우, 가해자가 버스나 택시 운전자라면 특히 주의해야 한다. 그들은 회사에 사고 처리 전담 부서가 있어서 어떻게 해야 자신들에게 유리한지 잘 알고 있다. 사고 처리 경험이 없는 피해자나 가족들은 그들에게 휘말릴 수 있다.

진술은 항상 일관되게 하라

우리의 기억은 착각을 일으키기도 한다. 사고 당시 분명히 목격한 장면에 대한 확신도 흐려질 수 있다. 블랙박스를 확인해보면 자신의 기억이 사실과 다른 경우도 있다. 피해자나 가해자 모두 자신의 상황을 유리한 쪽으로 진술하려고 한다. 그러나 기억만 가지고는 한계가 있다. 사고 때 수집한 증거들과 내 기억을 맞춰보는 시뮬레이션이 필요하다. 이렇게 기억의 조각들이 들어맞으면 최대한 사실에 근거해서 분석적이고 논리적인 진술을 해야 한다. 중요한 것은 처음부터 정확하게 진술하고 그것을 번복하지 않아야 한다는 점이다. 진술을 번복하면 신빙성과 신뢰성을 의심받아 오히려 불리하게 작용할 수도 있다.

거짓말탐지기, 마디모 분석, 교통공단 재조사, 국과수까지 간다고 생각하고 싸워라

가해자의 주장이 사실과 다르다면 다른 방법들을 찾아봐야 한다. 예를 들어 거짓말탐지기 검사를 요청해볼 수 있다. 결과가 받아들여지지 않더라도 진실을 은폐하려는 가해자에게 심적 부담을 줄 수 있다.

마디모 분석은 사고 관련 증거들을 가지고 시뮬레이션 프로그램을 돌려 사고 충격이 신체에 어떤 영향을 주었는지 감정하는 것으로 보통 가해자의 요청에 의해 이루어진다. 경미한 사고가 났는데도 보상금을 많이 받으려는 사람들을 가려내기 위해 도입된 제도이다. 하지만 '상해 없음'이라는 결과가 나와도 피해자가 2주 진단을 받으면 소용없는 경우가 대부분이다. 경우에 따라서 피해자가 이중으로 피해를 보는 부작용이 발생하기도 한다.

정말 경미한 사고가 아닌 다음에야 사고의 충격은 당해본 사람만이 안다. 사람마다 충격에 대한 몸의 반응도 각기 다른데, 마디모 프로그램에서 '상해 없음' 결과가 나오면 내 돈으로 치료해야 하는 상황이 발생하기도 한다.

사이드미러를 스치거나 스크래치가 나는 정도의 아주 경미한 사고가 났을 뿐인데도 목덜미를 잡고 내리는 사람들은 마땅히 가려내야 하지만, 사고가 경미하다 하여 피해자가 멀쩡할 것이라는 섣부른 예단은 위험하다. 무조건 마디모를 부르짖는 가해자들은, 사고를 당해 병원 진료를 받아야 하는데 상대 가해자가 마디모 프로그램을 신청하여 자신이 나일론 환자 취급을 당할 수도 있음을 기억하기 바란다.

경찰의 초동수사에 문제가 있다면 빨리 대처하라

경찰은 여러 가지 사건을 한꺼번에 맡아서 처리하느라 어느 하나에 많은 시간을 쏟을 수가 없다. 교통사고는 가해자와 피해자만 가려내면 되기 때문에 피해자가 적극적이지 않으면 일반적인 자료만 가지고 결정할 것이다. 교통사고 조사관은 누구의 편도 들지 않는다. 또한 어떤 억울함도 없이 꼼꼼하게 분석해주지도 않는다. 피해자가 합리적인 의심과 정황 증거를 대면서 억울함을 호소해도 수사관의 의지가 없다면 해당 경찰서 청문감사실이나 상급 경찰청에 재조사 요청을 해야 한다.

재조사 요청 시에는 새로운 증거나 목격자 확보, 현장 사진 등을 참고 자료로 제출한다. 주의할 것은 피해자의 추정이 아닌 객관적인 자료를 제출해야 한다는 점이다. 재조사는 경찰이 조사 중인 단계에서 요청해야 한다. 사건이 검찰로 넘어가면 훨씬 더 힘들고 사건이 뒤집힐 확률도 낮다.

내가 정말로 피해자이고 그것을 뒷받침할 증거가 있다면 모든 방법을 동원해 싸워야 한다. 물론 억울함을 풀지 못할 수도 있지만 최선을 다했다면 후회는 없을 것이다.

가해자가 되면 과실이 최소한 50퍼센트 이상은 된다. 그렇게 되면 형사적 책임이 무거워질 수도 있고 보험회사와 합의할 때도 과실만큼 상계되어 큰 피해를 볼 수 있다. 또 나처럼 100퍼센트 가해자였다가 100퍼센트 피해자로 바뀌면 모든 치료와 보상을 100퍼센트 받을 수 있다.

아무 생각 없이 셔츠 단추를 끼웠는데 맨 마지막에 단추 하나가 남아서 풀었다가 처음부터 다시 끼운 경험이 있을 것이다. 단추는 잘못 끼우면 다시 풀면 된다. 하지만 진술이 잘못되면 피해자가 가해자로 둔갑할 수 있다. 또 진술을 번복하면 수사관의 의심을 사게 된다. 처음에 확실하게 진술해야 한다. 또한 일관된 진술과 함께 기억을 뒷받침할 증거를 찾아야 한다. 확실한 증거야말로 자신의 진술에 힘을 실어준다. 진술을 뒷받침할 정황 증거가 있다면 끝까지 싸우자.

보험회사는
절대 고객 편이 아니다

----------------→ 사고 전에는 고객님, 사고 후에는 호갱님

자동차보험에 가입할 때 가장 중점적으로 생각하는 것은 무엇인가? 인지도가 높은 것을 선택하는가, 아니면 보험료가 저렴한 것에 가입하는가?

수년 전부터 다이렉트 자동차보험 가입이 상승세를 타면서 저렴한 자동차보험 시장을 대표하게 되었다. 다이렉트 상품을 선택하는 고객들은 자동차보험은 다 비슷비슷하고 어차피 나 자신보다는 남을 위한 것이므로 보험료가 저렴한 것이 좋다고 생각한다.

물론 틀린 말은 아니다. 담보 조건이 같다면 설계사를 통한 보험보다 저렴하다. 그러나 설계사들은 저렴한 보험료가 능사가 아

니라며 고객 스스로 가입했을 때 최적의 조건으로 담보를 설정하기 어렵다고 한다. 이뿐만 아니라 다이렉트 보험은 사고가 발생했을 때 가이드 역할을 해줄 사람이 없다며 조금 비싸더라도 제대로 된 보험을 가입하라고 권유한다. 어떤 사람들은 무조건 사회적 인지도가 높은 보험회사를 최우선적으로 선택한다. 인프라가 잘 갖춰져 있어 차량 고장 시 출동도 빠르고 사고가 발생했을 때 현장에 빨리 도착한다는 것이다. 크고 오래된 회사가 왠지 믿음이 가고 보상도 더 잘해 줄 것 같다.

어느 것이 좋다 나쁘다고 단정하기는 어렵다. 어떤 경로로 보험에 가입하든 아무런 사고가 일어나지 않는 것이 가장 좋다. 배터리가 방전되거나 기름이 떨어져서 보험회사를 부르면 친절하게 찾아온다. 그래서 보험 가입자는 은연중에 보험회사를 자기편이라고 생각한다. 하지만 사고가 나는 순간 고객님은 보험금을 축내는 골칫덩이가 된다. 손해가 나는 것을 어떻게든 막으려고 하는 보험회사는 가입할 때의 친절함은 온데간데없고 보험금을 조금이라도 줄일 궁리를 하기 시작한다. 보험을 갱신할 때는 친절이 흘러넘쳐 각종 할인 혜택을 제시하며 고객을 유치하려고 애쓰지만, 사고가 나면 보험회사가 '갑'이 된다. 돈줄을 쥐고 있기 때문이다.

보험회사는 영리기업이라는 것을 기억하라

우리나라 사람들이 보험에 대해 부정적으로 생각하는 이유가 무엇일까? 사람들은 보통 겉과 속이 다른 사람을 매우 싫어하는데, 보험회사도 그렇다고 생각하기 때문이다. 혼자 할 수 있는데도 굳이 설계까지 해주며 다른 회사보다 저렴하게 혜택을 받을 수 있다는 점을 내세워 고객 확보에 열을 올린다. 그러나 가입자가 정당한 보상을 받으려고 하면 온갖 방법을 동원해 보험금을 깎으려고 한다.

원래 자동차보험은 공적인 보험이었으나 1980년대 초반 민영기업이 인수하고 독점체제가 풀리면서 돈이 된다는 것을 아는 민간기업들이 대거 참여했다. 물론 영리기업은 이익을 내야 생존할 수 있다. 그러나 이익만 추구하고 상생은 뒷전인 우리나라 기업들의 이기적인 행태는 보험회사도 예의가 아니다.

보험회사는 시내 중심가에 높은 빌딩을 짓고, 경치 좋은 곳에 연수원을 가지고 있다. 그들은 항상 보험 사기가 선량한 고객들의 보험금을 축낸다고 광고하며 손해율이 높아서 보험료 인상이 불가피하다고 떠들어댄다. 보험회사에 유리하게 약관을 바꾸면서 보험료는 줄지 않고, 사고 경력이 있으면 보험 가입을 거절하거나 책임보험만 인수한다. 보험은 나와 보험회사의 계약이지만 보험회사의 일방적인 주장으로 만들어지기 때문에 계약자에게 유리할 것이 없다.

-------------------→ **고객을 위한 보험회사는 없다**

내가 가입한 보험회사라고 해서 내 편을 들어주지 않는다. 보

험회사는 누구의 편도 아니다. 단지 자신들에게 손해를 덜 끼치고 이익을 더 많이 주는 고객의 편이다.

대표적인 예가 과실 비율 나눠 먹기다. 누가 봐도 100퍼센트 과실인데 8 : 2 과실을 주장하는 경우가 많다. 피해자가 강하게 나가면 한 발 물러나 9 : 1 정도로 마무리한다. 내가 가입한 보험회사는 나를 대신해 적극적으로 싸워주지 않는다.

이유가 무엇일까? 피해자의 과실이 10퍼센트만 잡혀도 가해자는 물론 피해자의 보험회사에서도 보험금을 올려 받을 수 있기 때문이다. 가해자와 피해자 모두에게 보험료 할증을 적용할 수 있는 것이다. 피해자들은 대부분 억울함을 호소하지만 실제로 민원을 제기하거나 소송을 거는 등의 적극적인 대처를 하지는 않는다. 먹고살기 바빠서, 또는 무지해서 그저 보험회사의 말을 믿고 따르는 것이다. 이것을 바로잡기 위해 손해보험협회는 기존 과실표를 개정했다. 핵심 내용은 피해자가 도저히 피할 수 없거나 예측하기 어려운 자동차 사고에 대해 100퍼센트 가해자 과실을 적용하는 것이다. 그런데도 어리숙한 피해자에게 없는 과실을 물리는 보험회사가 분명 있다.

가해 차량과 피해 차량이 동일한 보험회사에 가입되어 있다면 과실 나눠 먹기의 가장 큰 희생양이 될 수 있다. 이런 관행을 없애기 위해 그동안 유명무실했던 손해보험협회의 분쟁조정기구를 통해 서비스를 제공하고 있다. 내가 가입한 보험회사에서 알아서 해줄 거라는 생각은 금물이다.

보상 담당자와
통화하는 방법

------------------→ **지레 겁먹지 마라**

잘못한 것도 없는데 경찰만 보면 괜히 긴장되는 것이 일반적인 심리다. 경찰은 마침 방향이 같아서 그저 뒤따라오는 것뿐인데, 혹시 뭔가 위반했나 하는 불안감이 든다. 많은 사람들이 처음 교통사고를 당하면 경찰과 보험회사를 대하는 것에 서툴게 마련이다. 마치 옛날 어른들이 떼쓰는 아이를 달래려고 '순사가 잡아간다'고 겁을 줬듯이 은연중 경찰에 대한 부담감을 가지고 있다.

그러나 조금만 이성적으로 생각해보면 전혀 부담을 가질 필요 없다. 자동차보험은 앞으로 일어날 사고에 대비해 혜택을 받을 수 있도록 미리 돈을 내는 것이다. 사고가 났을 때 보험금을 요구하는 것은 정당한 권리다. 공짜로 얻어먹는 밥이 아니라 내 돈 내고 먹는 밥이다. 물론 자동차보험은 기본적으로 나의 잘못으로 남을 다치게 했을 때 필요한 보험이다. 그러나 상대의 잘못으로 인해 내가 보상받을 때도 나는 고객이 된다. 그런데도 사고 후 보험회사에서 전화가 오거나 찾아오면 어떻게 해야 할지 몰라서 당황한다. 다음은 보험회사 직원을 만날 때 필요한 몇 가지 대처법을 알아보자.

보상에 대한 기본은 알고 있어야 한다

무식하면 용감하다는 말도 있지만, 잘 모를수록 주눅이 들게 마련이다. 사고가 나면 실제 치료비 외에 받을 수 있는 항목들을 알아두어야 한다. 위자료, 휴업손해, 상실수익, 향후 치료비, 간병비 등이 내 사고에 어떻게 적용되는지 알아두면 좋다. 휴업손해의 계산이나 장해보험금 계산도 익혀두면 유용하다. 용어라도 알고 있으면 보험회사 직원도 함부로 대하지 않을 것이다.

내 상태와 보험회사의 특성을 파악한다

보험회사는 철저한 영리회사로 보상금을 최대한 적게 지불하려고 한다. 내부적으로는 팀별, 개인별로 실적 경쟁을 한다. 실적의 핵심은 돈을 적게 주고 빨리 합의하는 것이다. 특히 경상 사고에서 빨리 합의하자고 하는 이유는 바로 그 때문이다. 내 상태를 파악하고 보험회사의 내부 사정을 적절하게 이용하면 원활한 보상을 받을 수 있다.

끌려가지 않는다

물론 보험회사 직원들은 철저한 교육을 받고 전문 지식을 갖춘 사람들이다. 그들의 지식과 사람을 대하는 기술을 일반인이 따라가기 힘들다. 그렇다고 그들에게 끌려가서는 안 된다. 필요하다면 전문가의 도움을 받아 그들과 같은 조건에서 싸워야 한다.

머뭇거리지 말고 당당하게 말하라

자신 있는 사람과 자신 없는 사람은 말과 표정부터 다르다. 원하는 것이 있으면 쭈뼛거리지 말고 당당하게 말하자. 전문가가 산출한 손해배상액이 300만 원이라도 당당하게 1,000만 원을 요구하라. 정신적 고통은 돈으로 환산할 수 없을 뿐 아니라 개인마다 다르다. 실제로는 그 금액을 못 받을 수도 있다. 그러나 보상 담당자에게 심적 부담을 줄 수는 있다. 지고 들어가는 싸움은 승산이 없다.

내가 원하는 요점만 단호하게 말하고 전화를 끊어라

"내가 당장 돈을 벌어야 먹고사는데 사고로 누워 있어 집안 사정이 어려우니 가불금 좀 신청하려고 합니다"라는 식의 말은 하지 않는 것이 좋다. 보험회사 직원들은 여러분의 집안 사정에 아무 관심 없다. 그런 말을 들으면 겉으로는 동정하지만 속으로는 오히려 약점으로 잡힐 수 있다. 집안 사정이 어렵다면 돈이 급할 것이고 그러수록 빨리 합의할 것임을 예측할 수 있다. 그렇게 되면 보험회사는 자신들의 방법으로 합의를 서두른다. 약관에 명시된 보험금은 당연히 줘야 한다. 자신의 상황까지 설명하고 허락을 구할 필요 없다. 단호하게 요점만 말하면 된다.

보상 담당자 한마디에 마음 흔들리지 말라

지금 퇴원하면 더 많은 금액을 주겠다거나 '장해 등급이 별로 안 나온다'며 떠보는 말에 흔들리지 말자. 이런 말을 들으면 많은 피해자들이 머릿속에 있는 걱정 프로그램을 돌리기 시작한다. '진짜 그런가? 돈을 조금만 받게 되면 어떡하지?' 이런 걱정에 휘말리면 사실 파악을 제대로 할 수 없다. 빨리 퇴원해서 합의한다고 보험금을 더 많이 받는 것은 아니다. 장해 정도도 마찬가지다. 마치 자신들이 피해자의 장해를 결정하듯이 이야기하지만 장해 정도는 의사가 판단하는 것이다. 객관적으로 정말 장해가 덜 나오면 그만큼 덜 받으면 된다. 장해가 없다는 것이 오히려 좋은 일 아닌가. 하지만 보험회사들은 자문의에게 가서 있는 장해도 없거나 덜 나오게 받을 수도 있으니 다 믿을 필요 없다.

보험회사 자체 민원과 금융감독원 민원 제도를 활용하라

보험회사마다 내부적으로 고객의 소리를 수렴하는 민원 창구를 두고 있다. 금융감독원도 보험회사의 부당한 처사와 횡포를 신고하는 고객 민원 제도를 운영하고 있다. 어느 민원이 더 효과적인지는 보험회사와 상황에 따라 다르다.

대체로 민원은 담당자를 압박하는 효과가 있다. 민원 점수는 자신들의 실적과 관계되기 때문이다. 민원을 제기할 때는 내가 당한 불이익과 담당자의 문제점을 가감 없이 이야기하는 것이 좋다. 그러나 담당자의 태도에 문제가 있지 않는 한 지나친 인신공격은 하지 않아야 한다. 금융감독원의 민원은 접수부터 해결까지 꽤 오랜 시간이 걸린다. 그런데 두어 달이 지나 돌아오는 것은 '우리는 잘 모르겠으니 알아서 하라는' 답변들이 많아서 허탈한 경우도 있으니 2가지 민원을 적절히 활용한다.

불리한 질문에 답할 필요 없다

보험회사는 엄청난 정보 우위를 이용해 피해자를 압박한다. 수많은 대외비를 가지고 있으며 자문의가 누구인지도 알려주지 않는다. 공신력 있는 보험회사에서 공신력 있는 의사에게 자문을 받은 것이니 환자를 직접 진료하지 않았지만 그냥 믿으라는 것이다. 피해자도 거짓말할 필요는 없지만 불리한 말은 하지 않아도 된다. 조금이라도 불리한 사실을 말하면 보험회사는 합의금을 깎을 명분으로 이용할 것이다. 이쯤 되면 피해자들도 불리한 상황에서 정치인들의 단골 멘트인 '잘 기억나지 않는다'는 말을 적절히 활용할 필요가 있다.

평정심을 유지하라

인간은 이성과 감정의 동물이다. 자신이 처한 상황에 따라 이성적 또는 감정적으로 행동한다. 손해배상은 보험회사가 주지 않으려는 보상금을 받아야 할 당위성을 밝혀내는 것이므로 이성적인 접근이 필요하다. 그러나 육체적 사고로 정신이 약해져 있는 상태에서 보험회사가 보상금을 제대로 지급하지 않으려 한다면 부당함에 감정적으로 행동할 수 있다. 보상금이 적어도 좋으니 하루속히 합의해서 끝내고 싶은 마음이 간절하다. 이럴 때일수록 냉철한 현실 인식이 필요하다. 보험회사가 이야기하는 것은 그들의 논리일 뿐 실제로 나에게 해당되는 것이 아니므로 큰 의미를 두지 않으면 된다. 평정심은 나 자신과 보상금을 지키는 힘이다.

보상 담당자가 문제 있다면 교체를 요구하라

보험회사 직원들이 인간적으로 큰 문제가 있는 것은 아니다. 그들의 업무이자 실적과 연결되기 때문에 가능한 범위 내에서 피해자에게 불리한 결정을 내리는 것이다. 근거 있는 피해자의 말을 무시하거나 일 처리를 제대로 하지 않는 등 문제가 있는 담당자는 교체를 요구하면 된다. 그러나 단순히 마음에 들지 않는다고 교체를 요청하는 것은 별 도움이 되지 않는다.

보험회사 담당자를 처음 만났을 때 긴장을 줄이고 효과적으로 대처할 수 있는 방법을 살펴보았다. 처음 경험하는 것에 대한 부담감은 누구에게나 있다. 그러나 막상 부딪혀보면 아무것도 아니라는 것을 깨닫게 된다. 보상 담당자를 부담스러워할 필요 없다. 담당자는 그들의 일을 하고, 나는 내 일을 하면 된다.

사고 보상,
급한 사람이 지는 게임이다

------------------→ **급할수록 여유를 가져라**

급히 가야 할 때는 엘리베이터의 닫힘 버튼을 마구 누르게 된
다. 자판기 불이 꺼지기도 전에 컵을 꺼내려고 한 적도 있을 것이
다. 내가 타려는 버스가 정류장으로 들어오기도 전에 뛰어가서 타
기도 한다. 이처럼 우리나라 사람들은 대체로 뭔가를 빨리 하지 않
으면 직성이 풀리지 않는 기질을 가지고 있다.

하루가 다르게 바뀌는 세상에서 변화를 따라가지 못하면 실패
한다는 조급증이 사람들을 더욱 내몰고 있다. 빨리 돈 벌어야지,
빨리 성공해야지, 빨리 노후 준비를 해야지……, 빨리빨리 해야 한
다는 강박에 사로잡혀 있는 듯하다. 다른 나라가 백 년에 걸쳐 이

룬 경제 성장을 몇십 년 만에 이룬 비결이 무엇이든 '빨리빨리' 하려는 기질 덕분이라고도 하지만, 정신적 조급함과 피폐함이라는 또 다른 부작용을 낳았다.

다른 나라에도 급히 서두르는 것을 경계하는 메시지들이 있다. 미국에는 "Haste makes waste(서두름은 쓰레기를 만든다)"라는 말이 있는데 급히 서두르다 보면 일을 망칠 수 있다는 뜻이다. 비슷한 의미로 "Marry in haste, repent at leisure"라는 격언이 있다. 서두른 결혼은 두고두고 후회한다는 뜻이다. 크로아티아에는 "천천히 서둘러라"는 말이 있고, 터키에서는 "서두르는 일에는 악마가 끼어든다"고 한다.

각국의 격언까지 들먹이며 서두르지 말라고 당부하는 이유는 사고가 처음인 피해자들은 대부분 보상만 생각하고 큰 그림을 보지 못하고 급하게 합의를 보기 때문이다. 보험회사와 협상이 제대로 진행되고 있는지 알 수 없고, 그들의 감언이설까지 더해지면 판단하기가 더 어렵다. 보험회사가 빨리 합의하려는 이유를 살펴보고 그에 대응하는 방법을 알아보자.

→보험회사가 빨리 합의하려고 하는 이유

보험회사 직원들은 수많은 경험을 통해 상대의 말이나 행동에서 어느 정도 의중을 파악할 수 있다. 그래서 가장 적절한 타이밍에 거절하기 힘든 합의를 유도한다. 특히 경상 사고의 경우 초기에 빠른 합의를 시도하는데, 가장 대표적인 방법이 '지금 합의하면 더 많이 준다'는 것이다. 잘 모르는 피해자를 상대로 가장 빠른 시간에 가장 효과적으로 합의를 이끌어내는 방법이다. 그렇다면 보험회사는 왜 이렇게 빨리 합의하려는 할까?

보험회사는 철저히 자사의 이익을 추구한다. 피해자가 입원 치료를 받으면 비싼 입원비를 부담해야 한다. 통원 치료를 하더라도 기간이 길어지면 치료비가 계속 지출된다. 이렇게 되면 담당자는 피해자를 관리하지 못하는 무능력한 직원이 된다. 보험회사는 보상금을 적게 지급하고 빨리 합의를 이끌어내는 직원을 높이 평가한다.

경미한 사고는 빨리 종결하는 직원이 능력을 인정받는다. 그래서 때로는 치료가 길어져 골치 아파진다고 판단되면 보상금을 조금 더 지급하더라도 빨리 종결하려 한다. 또한 보험회사는 피해자가 급히 서두를수록 빨리 합의하려 한다. 특히 금전적으로 쪼들린다는 인상을 심어주면 이를 이용해 헐값에 사건을 종결할 수 있다.

-------------------→ 합의 시 해서는 안 될 것들

다음은 보험회사와 합의할 때 하지 말아야 할 행동들을 간단히 정리해보았다.

'지금 합의하면 더 많은 합의금을 주겠다'고 하면 마음이 흔들린다

지금 당장 합의하지 않으면 보상금을 적게 받을 것 같은 불안감이 들 것이다. 하지만 조금만 생각해보면 답이 나온다. '고객님, 보상금 드릴게요' 하고 먼저 찾아오는 보험회사는 없다. 돈 주겠다고 먼저 찾아온다는 것은 자기들 사정이 급하다는 뜻이다. 느긋하게 치료받아도 최소한 그들이 제시한 금액보다 깎이지는 않는다.

사고에 대해 더 이상 생각하기도 싫어 빨리 끝내고 싶은 마음이다

피해자들은 대부분 사고로 인한 갑작스런 생활의 변화를 힘겨워한다. 사고 처리 과정도 몹시 버거운 일이다. 그러다 보면 조금 적게 받더라도 빨리 사건을 마무리짓고 싶어 한다. 하루라도 빨리 기억에서 지우고 싶은 마음뿐이다. 그러나 충분한 보상을 받은 후 사고 기억을 지우는 것이 트라우마를 줄이는 방법이다.

합의를 마무리해야 일을 할 수 있다고 생각한다

합의가 끝나기 전에는 일을 해서는 안 된다고 생각하는 사람들이 있다. 하지만 이것은 사실이 아니다. 물론 육체노동자는 입원 중에 일을 할 수도 없고, 일을 한다면 입원할 정도의 부상이 아니라는 반증이기 때문에 문제될 수 있다. 이런 일은 산재일 경우에 해당된다. 산재는 입원과 통원 치료 기간을 합쳐 치료가 끝날 때까지 휴업급여를 지급하기 때문에 입원과 통원 치료 중에 일을 하면 안 된다. 그러나 퇴원 이후에는 조금 불편하더라도 가능하다면 일을 해도 상관없다. 자동차보험은 입원 시에만 휴업손해를 인정하기 때문에 퇴원하고 일하는 것은 자신의 상태에 따라 결정할 일이다.

보험금이 나오기도 전에 쓸 곳부터 정해둔다

피해자들 중에는 자신의 보험금이 어느 정도 된다고 생각하면 보험금도 나오기 전에 가계를 계약한다거나 물건 구입을 예약한다. 그런 다음 합의가 생각대로 이루어지지 않으면 초조해한다. 이렇게 되면 보상금이 줄어들어도 합의서에 서명해버린다. 집안 사정이 어려워서 서둘러 합의하는 경우도 있다. 절대 돈 쓸 곳을 미리 정해놓고 합의해서는 안 된다. 보험회사 담당자에게 급한 속내를 내비치지 않는 것이 유리하다.

당장 눈앞의 보상금 때문에 더 받을 수 있는 권리를 포기한다

"법은 멀고 주먹은 가깝다"는 말에 빗대어 보면 합의는 가깝고 소송은 멀다. 소송을 하면 더 많이 받을 수 있는 사건인데 시간과 비용 문제로 고민하다 합의를 선택하는 경우도 많다. 보험회사는 소송을 해봤자 결국은 손해라고 하면서 소송을 통해 얻을 수 있는 보상금보다 적은 합의금을 제시한다. 잘 모르면 전문가의 조언을 구해서라도 소송에 따른 실익을 따져보기 바란다.

피해자의 조급한 심리는 빠른 합의를 이끌어내는 보험회사의 미끼를 무는 것과 같다. 회사에 중대한 일이 생겨 다급하게 회장님을 찾아 자초지종을 보고하는 부하직원 앞에서 회장님은 해결책을 제시하는 대신 미소를 머금고 난초 잎을 하나하나 닦고 있다. 일의 전말을 모르는 직원은 회사에 위기가 닥쳐올 때 초조하고 불안하다. 하지만 회사의 사정을 손바닥 보듯이 훤히 꿰뚫고 있는 회장님은 느긋하기만 하다. 이 느긋함은 어디에서 오는 것일까? 이미 머릿속에 문제 해결책이 들어 있기 때문이다.

빨리 가겠다고 낯선 지름길로 들어섰다가 길을 잃고 헤맨다면 지름길을 택한 의미가 없다. 보상도 마찬가지다. 사고가 나기 전에 미리 알고 시뮬레이션을 해놓으면 믿을 구석이 생긴다. 그 믿을 구석에서 비롯된 마음의 평온함과 느긋함은 오히려 보험회사를 초조하게 할 것이다. 급하게 서두를 필요가 전혀 없다. 머릿속에 올바른 보상 지도를 그려놓고 느긋하게 협상하라. 급할수록 돌아가라는 말은 느리게 가라는 말이 아니라 분명하고 정확하게 가라는 뜻이다.

2부

보상받기 위해
반드시 알아야 할 것들

다양한 사고 유형

나와 상대를 위한
자동차종합보험

-------------------→ **손해배상 이해하기**

뜻하지 않게 다른 사람을 다치게 하거나 남의 물건을 파손한 적
이 있는가? 대부분의 사람들은 양심에 따라 금전으로 지불하든 원
상 복구를 하든 피해를 입은 만큼 보상하려고 한다. 남에게 피해를
끼친 만큼 비용을 부담하는 것이다. 요즘은 다양한 보험제도가 있
어서 사고로 인한 손해가 발생해도 대부분 보험 적용이 된다. 자기
부담금이 일부 있더라도 상당 부분 보험금으로 처리할 수 있다.

보험은 혹시 생길지도 모를 위험에 대비해 보험회사에 일정한
돈을 맡기고, 해당 위험이 발생했을 때 금전적 혜택을 받는 제도이
다. 보험은 크게 남을 위한 보험과 나를 위한 보험으로 나뉜다.

그렇다면 자동차를 운전하는 사람이 반드시 가입해야 하는 자동차보험은 누구를 위한 것일까? 앞에서도 말했지만 우선적으로 타인을 위한 보험이다. 자동차를 운전하다가 남에게 피해를 끼쳤을 때 가해자는 피해가 발생하기 전과 동일한 상태로 되돌려놓아야 할 의무가 있다. 교통사고로 인한 손해를 원상 복구하는 것을 교통사고 손해배상이라고 한다.

자동차종합보험은 남을 위한 것임과 동시에 나를 위한 것이다

차를 소유하고 운행하는 사람이라면 반드시 가입해야 할 자동차종합보험이 무엇인지 알아보자. 자동차종합보험은 손해보험회사에서만 취급한다. ○○생명이 아닌 ○○손해보험, ○○화재, ○○해상화재 등의 이름을 가진 보험회사들이다. 자동차보험은 기본적으로 타인을 위한 보험이다. 나의 잘못으로, 또는 서로의 잘못으로 상대를 다치게 했을 때 그 손해를 보상하는 것이다. 따라서 상대 피해자가 치료나 보상을 모두 받을 수 있도록 완벽하게 가입해야 한다.

내가 교통사고의 피해자라고 생각해보면 쉽게 이해할 수 있다. 교통사고를 당해서 다쳤는데 상대 가해자가 보험을 제대로 가입하지 않았다면 피해자인 나와 가족은 얼마나 고통스럽겠는가. 물론 피해자가 가해자를 상대로 직접청구(소송)를 하겠지만, 치료에만 전념해도 버거운 상황에서 자기 돈으로 치료받고 피해 보상을 소송을 통해서만 받을 수 있다면 너무 가혹한 일이다. 이런 측면에서 자동차보험을 가입하는 것은 상대를 위한 것임과 동시에 나를 위한 것이다.

자동차종합보험 담보의 이해

자동차종합보험에는 어떤 담보들이 포함되어 있을까? 대인배상1·2, 대물배상, 자기신체손해(자손), 자기차량손해(자차), 무보험차상해 담보 등이 포함된다. 대인배상1·2와 대물배상은 상대를 위한 것이고, 자기신체손해, 자기차량손해, 무보험차상해는 자신을 위한 것이다.

자동차종합보험의 핵심은 내가 상대에게 끼친 피해를 보험회사가 대신 갚아주는 것인데 그 핵심은 대인배상2다. 차와 사람의 가치는 비교할 수 없기 때문이다.

대인배상1은 의무보험 또는 책임보험이라고 하는데, 「자동차손해배상보장법」에 따라 치료비 3,000만 원, 사망 및 후유장해 1억 5,000만 원 한도 내에서 보상을 받는다.

대인배상2는 대인배상1(의무보험)을 넘어서는 손해를 보상해주는 담보로 피해자의 치료비가 얼마가 나왔든, 보험금 액수가 얼마나 크든 상관없이 무조건 보상해준다. 운수사업을 하는 조합원들끼리 만든 각종 공제조합에서도 대인공제1·2, 대물공제로 이름만 다를 뿐 동일한 보장을 약속한다.

자동차종합보험을 가입해야 하는 또 다른 이유는 실수로 교통사고를 냈더라도 음주운전, 뺑소니와 같은 고의적인 사고와 12대 중과실 사고가 아니라면 「교통사고처리특례법」에 의해 형사처벌을 면할 수 있기 때문이다. 자동차종합보험의 대인배상2는 선택사항(임의보험)이기 때문에 가입하지 않는다고 해서 처벌을 받지는 않으나 사고를 냈을 때는 형사처벌을 면할 수 없다. 형사처벌을 최소화하기 위해, 또는 위에 언급한 사고나 중상해 이외의 사고에서도 형사 합의를 해야 하는 상황에 대비해 반드시 종합보험에 가입해야 한다.

한편 자동차종합보험에 가입했더라도 사망 사고를 내거나 피해자에게 중상해를 입혔을 경우에는 형사처벌을 받는다. 민사적 책임과 형사적 책임은 다르기 때문이다. 이런 중한 사고를 냈을 때는 자동차종합보험에 가입했다 하더라도 형사 합의가 필요하다.

→ 자동차종합보험의 중요성을 알려주는 사례

이제 어떤 유형이 자동차종합보험 사고인지, 그리고 어떤 보상을 받을 수 있는지 간단한 예를 통해 알아보자. 자동차종합보험 사고는 가해자가 무보험이나 책임보험이 아닌 자동차종합보험에 가입되어 있는 상태 또는 가해자와 피해자 모두 자동차종합보험에 가입되어 있는 상태에서 발생한 사고를 말한다.

B차량 운전자가 좌회전 신호를 받고 유턴하다가 교차로 왼편

에서 우회전해 들어오는 A차량과 사고가 났고, A차량의 과실은 80퍼센트, B차량의 과실은 20퍼센트인 경우 어떤 보상이 이루어지는지 알아보자.

1. A, B차량 모두 자동차종합보험 가입

- 피해자인 B차량 운전자는 치료비와 보상금 등 자신의 과실 비율을 제외한 80퍼센트를 상대 보험회사로부터 받을 수 있다.
- 가해자인 A차량 운전자는 치료비와 보상금 등 자신의 과실 비율을 제외한 20퍼센트를 상대 보험회사로부터 받을 수 있고, 과실 80퍼센트만큼 받지 못한 보상은 자신의 보험 자기 신체손해 담보에서 추가로 보상받을 수 있다.

2. A차량은 자동차종합보험 가입, B차량은 책임보험 가입

- 피해자인 B차량 운전자는 A차량이 가입된 자동차종합보험으로 치료비와 보상금 등 자신의 과실 비율을 제외한 80퍼센트를 받을 수 있다.
- 피해자인 B차량 운전자의 과실이 적다 하더라도 A차량 운전자가 B차량의 책임보험 한도를 초과해 다쳤을 경우 초과 부분에 대해 자기 돈으로 보상해야 한다. 그리고 A차량 운전자의 상해 정도에 따라 형사처벌을 받을 수 있다.

대부분의 교통사고는 고의가 아닌 실수로 일어난다. 특별한 경우를 제외하고는 자동차종합보험을 가입했다면 실수로 인한 사고에 대해 형사처벌을 하지 못하게 하는 것이 「교통사고처리특례법」인데, 종합보험을 가입하지 않으면 그 특례를 받을 수 없다.

사고가 난 것 자체만으로도 힘든 일인데, 보험 가입이 제대로 되어 있지 않아 피해자에게 이중의 고통을 주어서는 안 된다. 또한 종합보험을 가입함으로써 가해자는 사고로 인한 경제적 부담도 줄이고 범죄자가 되지도 않는다.

자동차보험은 무조건 보험료가 싼 것이 좋다는 인식에 편승해 수년 전부터 설계사가 필요 없는 다이렉트 자동차보험 상품을 앞다퉈 판매하고 있다. 지난 10년 동안 자동차보험 온라인 가입률은 44퍼센트를 넘어섰다고 한다. 다이렉트 보험은 견적 비교를 통해 가장 저렴한 보험회사를 선택하는데, 갱신 당시 최고 진상 보험회사인 OO화재가 가장 저렴할 때는 '내가 사고를 내면 나는 괜찮은데 상대방이 제대로 보상받기 힘들다'는 말이 전문가들 사이에서 나돌기도 했다. 물론 경제 논리에 따라 담보가 동일하다면 당연히 싼 보험료가 낫고, 향후 보상 여부는 보험회사가 책임질 일이다. 하지만 자동차보험에서는 상대 피해자에 대한 배상이 무엇보다 중요하다는 점을 염두에 두어야 한다.

공공의 적 무보험차,
무책임한 책임보험

------------→ **움직이는 시한폭탄, 무보험차**

자동차를 운전하는 사람이라면 누구나 자동차보험 가입을 당연하게 여긴다. 그러나 당연한 의무를 다하지 않는 차들이 있으니 바로 무보험차이다. 무보험차는 책임보험(의무보험)뿐만 아니라 종합보험에도 가입되지 않은 차량, 그리고 책임보험만 가입된 차량까지 포함한다.

국토교통위원회에 따르면 우리나라 자동차의 95퍼센트가량이 의무보험(책임보험)에 가입되어 있다고 한다. 문제는 나머지 5퍼센트인데 전국적으로 등록된 자동차가 2,000만 대를 훨씬 넘는다고 하면 최소 100만 대 이상이 움직이는 흉기인 무보험차이다.

책임보험 가입증서가 없으면 등록 자체가 되지 않기 때문에 최초 등록 차량은 최소한의 의무보험이 가입되어 있다. 따라서 무보험차라면 1년마다 해야 하는 갱신을 하지 않은 것이다. 구체적으로 대포차와 같은 불법적인 일에 연루된 경우, 경제 사정이 어려워 갱신을 못 한 경우, 법 준수를 소홀히 하는 경우 등으로 볼 수 있다.

자동차보험 갱신은 이전 보험 계약 종료일 하루 전 23시 59분까지 해야 한다. 그렇지 않으면 의무보험 미가입 10일까지는 자가용 기준 하루 15,000원, 10일을 초과하면 하루에 6,000원씩 가산되며 최고 90만 원까지 과태료를 부과한다. 또 의무보험도 가입되지 않은 무보험차를 운전하다가 적발되면 1년 이하의 징역이나 1,000만 원 이하의 벌금이 부과된다. 벌금형을 받는다는 것은 재판에 넘겨진다는 뜻으로 전과 기록이 남는다. 과태료와 벌금은 확연히 다르다는 것을 알아야 한다.

「자동차손해배상보장법」에 의하면 "보험회사는 자동차 계약을 체결하고 있는 자동차 보유자에게 계약 종료일 75일 전부터 30일 전까지 기간 및 30일 전부터 10일 전까지 기간에 각각 그 계약이 끝난다는 사실을 알려야 한다"는 조항이 있다. 또 계약 연장에 대해 제대로 알리지 않으면 과태료가 부과되기 때문에 보험회사는 적극적으로 알려준다. 그래도 갱신하지 않았다면 차량 소유자의 부주의로 봐야 한다.

이제 무보험차에 사고를 당했을 때와 무보험차로 사고를 냈을 때 처리 방법과 불이익에 대해 알아보자.

차 대 차 사고의 피해자

사고가 발생하면 반드시 경찰에 신고하고 나중에 자동차사고 사실확인원을 받아서 자신이 원하는 손해보험회사에 접수하면 정부보장사업으로 치료와 보상을 받을 수 있다. 정부보장사업은 뺑소니나 완전한 무보험 자동차로 인한 사고에서 피해자를 보호하기 위한 정부 차원의 사회보장제도이다. 보장 내용은 치료비 3,000만 원 한도, 사망 및 후유장해 1억 5,000만 원 한도, 대물 보상 2,000만 원 한도로 책임보험과 동일하다. 피해가 커서 정부보장사업 한도를 초과한다면 내가 가입한 자동차보험의 무보험차상해로 처리하거나 가해자를 상대로 소송을 할 수 있다.

보통 무보험차 사고를 낸 가해자는 피해자와 형사 합의를 해야 한다. 가해자에게 합의 의지가 없거나 서로 의견이 맞지 않을 때는 경찰에 사고 접수를 하여 정식으로 처리하면 좀 더 유리하게 끌고 갈 수 있다. 경미한 사고에서 피해자가 너무 무리한 금액을 요구하면 가해자는 차라리 벌금을 낼 수도 있으므로 상황에 따라 적절한 대처가 필요하다.

정부보장사업의 청구권 소멸시효는 3년이므로 사고 발생일로부터 3년 이내에 청구해야 한다.

차 대 차 사고의 가해자

정부보장사업으로 피해자에게 보상하고 나서 보험회사는 가해자에게 그 보상금을 돌려달라는 구상권을 청구한다. 정부보장사업 한도를 넘어서 피해자의 무보험차상해로 처리했을 때도 피해자의 보험회사는 보상금을 가해자에게 구상한다. 이뿐만 아니라 무보험차 사고로 인해 사람이 다치면 형사 합의를 해야 한다. 다만 경미한 사고에서 피해자와 원만한 합의가 이루어지지 않았을 경우 벌금 100만 원 전후로 형사 합의를 대신할 수도 있다.

무보험차 사고가 발생하면 피해자는 말할 것도 없고 가해자도 매우 큰 경제적 손실을 입는다. 사고를 당한 후 가해자가 무보험차라는 것을 알게 되면 구제 방법이 있다 하더라도 심리적으로 불안해진다. 또 피해자의 상태가 위중하거나 사망에 이른다면 때에 따라 정부보장사업 한도 초과로 다른 방법을 강구해야 하므로 몸까지 아픈 피해자는 이중의 고통을 떠안는 것이다. 따라서 보험 만기일을 미리 확인하고, 반드시 보험 가입 상태를 유지해야 한다. 방심하는 사이에 보험료의 수십 또는 수백 배를 물어줘야 할 수도 있다.

---------------→ **무책임한 책임보험 차에 사고를 당했을 때**

책임보험은 말 그대로 반드시 들어야 하는 보험이다. 불의의 사고가 발생했을 때 피해자를 위한 최소한의 보상을 법적으로 의무화한 사회보장제도이다. 책임보험만 가입하고 운전하다 사고를

내는 경우에도 무보험차 사고에 포함된다. 책임보험의 보상 한도 역시 정부보장사업의 한도와 동일하다. 사고 발생 시 최소한의 안전장치를 갖췄다고 볼 수 있지만 책임보험 한도를 초과하면 사고가 났을 때 무보험차 사고와 같이 책임이 커진다.

차 대 차 사고의 피해자

가해자가 책임보험을 가입했기 때문에 완전 무보험차 사고와는 달리 책임보험 한도까지는 문제없이 치료받을 수 있다. 치료비와 손해배상금이 책임보험 한도를 초과하면 피해자가 가입한 무보험차상해로 보상받거나 소송을 통해 받을 수 있다. 피해자도 책임보험만 가입한 상태라면 내 가족 중에 무보험차상해를 가지고 있는 사람을 찾아서 접수해야 한다.

마찬가지로 가해자는 「교통사고처리특례법」 위반으로 형사처벌을 받을 수 있기 때문에 적절한 선에서 형사 합의를 하면 된다. 그런데 책임보험 한도 초과로 무보험차상해에서 보상받을 때는 형사 합의금이 공제되므로 무보험차상해에서 형사 합의는 의미가 없다. (2부 3장 '왜 형사 합의금은 민사에서 공제되는가?' 참고)

차 대 차 사고의 가해자

책임보험 한도가 초과되어 피해자가 자신이 가입한 무보험차상해로 보상받을 때는 피해자의 보험회사에서 초과된 금액만큼 가해자에게 구상권을 청구한다. 보통 피해자가 자신이 가입한 보험회사에 무보험차상해로 접수하면 가해자 차의 책임보험과 초과분을 모두 보상한 후 책임보험 부분은 가해자의 보험회사에 청구하고, 나머지 무보험차상해 부분은 가해자에게 청구한다. 이뿐만 아니라 책임보험 사고로 인해 사람이 다치면 형사 합의를 해야 한다. 「교통사고처리특례법」의 적용을 받지 못하므로 합의하지 않으면 형사처벌을 받는다.

나도 큰 사고를 당하기 전에는 '보험료도 아낄 겸 책임보험만 들까?'라는 생각을 한 적이 있다. 물론 사고가 나지 않는다면 아무 문제 없다. 그러나 아무리 조심한다고 해도 사고는 언제든지 일어날 수 있다. 잘못하면 나도 망하고 남도 망한다. 1년치 보험료가 아깝다는 생각이 들어도 반드시 종합보험을 가입해야 한다.

사회악,
음주운전과 뺑소니

┄┄┄┄┄┄┄┄┄┄┄• **반드시 뿌리 뽑아야 할 음주운전**

　박근혜 정부 시절 발표된, 반드시 없어져야 할 4가지 범죄가 바로 성폭력, 학교폭력, 가정폭력, 불량식품 유통이다. 이 4가지를 반드시 척결해야 할 4대 악(惡)으로 보고 근본적인 대책 마련에 대한 목소리를 높였다. 그런데 교통사고에서도 반드시 없어져야 할 사회악이 있으니, 바로 음주운전과 뺑소니 사고이다.

　2015년 전국을 떠들썩하게 했던 '청주 크림빵 뺑소니 사건'을 기억하는가? 2015년 1월 어느 새벽 곧 태어날 아이와 만삭의 아내를 위해 크림빵을 사서 집으로 돌아가던 29세의 가장이 길을 건너던 중 차에 치여 사망했다. 가해자는 사고를 내고 도주했다가 20여일 만에 아내의 권유로 자수했다. 당시 가해자는 술에 취해 사람을 친 줄 몰랐다고 발뺌했다가 나중에 "사람을 친 것을 알았지만 무서워서 도망쳤다"고 자백했다.

이 사건의 가해자는 뺑소니 혐의가 인정되어 징역 3년을 선고받았다. 한 가정을 파탄 낸 것치고는 적은 형량이다. 더구나 사고후 바로 음주 측정을 하지 못해 음주에 대해서는 무죄가 선고되었다. 트럭 운전을 하며 아내의 임용시험을 뒷바라지하던, 만삭의 아내에게 좋아하는 케이크 대신 크림빵을 사줘서 미안하다며 태어날아이에게 훌륭한 부모가 되자고 했던 피해자는 더 이상 아내도 자식도 볼 수 없게 되었다.

남겨진 가족의 슬픔은 누가 책임지는가? 물론 징역 50년을 선고한다 한들 죽은 사람이 살아 돌아오지는 않는다. 하지만 국가는이런 일들이 재발하지 않도록 사회제도와 법제도를 강화할 책임이있다.

2018년 9월 윤창호 군은 군 복무 중 휴가를 나왔다가 혈중 알코올 농도 0.181퍼센트의 만취 운전자가 몰던 승용차에 치여 46일만에 22세의 꽃다운 나이로 숨졌다. 가해자는 술은 마셨지만 음주운전 때문에 사고가 난 것은 아니라는 황당한 주장을 했고 도의적인 사죄조차 하지 않았다고 한다.

이를 계기로 윤창호 군의 친구들은 국민청원을 통해 음주운전의 사회적 공분을 이끌어내며 음주 처벌 규정을 강화하는 이른바 '윤창호법'의 도화선을 당겼다. "우리 아들이 윤창호법이 제정되는 것을 보고 눈을 감으려고 아직 버티고 있나 보다"고 하시던 아버지의 말이 지금도 가슴 깊이 박혀 있다.

한 청년의 안타까운 죽음을 통해 지난 6월 25일 음주운전으로 사람을 다치게 한 운전자의 처벌을 강화하고 음주운전의 기준을 강화한 「특정범죄 가중처벌 등에 관한 법률」(특가법)과 「도로교통법」 개정안이 시행되었다.

나는 윤창호 군의 사고 후 음주운전 처벌 강화 움직임이 한창일 때 뉴스를 관심 있게 지켜봤다. 이런 충격적인 사건으로 혹시 음주운전 사고가 줄어드는지 관찰하려고 말이다. 그러나 며칠이 멀다 하고 매스컴에서는 음주운전 사고가 계속 나왔다.

우리나라는 술에 매우 관대한 나라다. 술에 취한 상태에서 우발적으로 범행했다고 하면 감형 사유가 된다. 음주에 의한 심신미약 상태에서는 사람을 죽여도 강한 처벌을 하지 않는다. 이런 무책임한 인식은 하루아침에 바뀌지 않는다. 음주운전과 뺑소니 사고에 대한 처벌이 더욱 강화되어야 한다.

음주운전, 뺑소니의 처벌 기준 강화

어떤 경우에 음주운전과 뺑소니에 해당되는지 처벌 기준에 대해 알아보자. 다음은 한 군인의 희생으로 발의된 「도로교통법」과 「특가법」 개정안이다.

| 음주운전 처벌 기준 강화 |

혈중 알코올 농도 수치(%)	현행	개정
0.03~0.05%	신설	(0.03~0.08%) 징역 1년 이하 벌금 500만 원 이하
0.05~0.1%	징역 6개월 이하 벌금 300만 원 이하	
0.1~0.2%	징역 6개월~1년, 벌금 300만~500만 원	(0.08~0.2%) 징역 1년 이상 2년 이하, 벌금 500만~1,000만 원
0.2% 이상	징역 1~3년, 벌금 500만~1,000만 원	(0.2% 이상) 징역 2년 이상 5년 이하 벌금 1,000만~2,000만 원
2회	신설	(2회 이상) 징역 2년 이상 5년 이하, 벌금 1,000만~2,000만 원
3회 이상	징역 1~3년, 벌금 500만~1,000만 원	
측정 불응	징역 1~3년, 벌금 500만~1,000만 원	징역 1년 이상 5년 이하, 벌금 500만~2,000만 원

「도로교통법」 제148조(2019. 6. 25. 시행)

| 음주운전과 행정적 책임 |

혈중 알코올 농도 수치(%)	단순 음주 및 대물 사고	대인 사고
0.03~0.08% 미만	면허정지(벌점 100점)	면허취소(결격 기간 2년)
0.08~0.2% 미만	면허취소(결격 기간 1년)	
0.2% 이상		
음주 측정 거부		
음주운전 2회 이상	면허취소(결격 기간 2년)	
음주 교통사고 2회 이상	면허취소(결격 기간 3년)	
음주 사망 사고 시	면허취소(결격 기간 5년)	

「도로교통법」 제82조(2019. 6. 25. 시행), 「도로교통법」 시행 규칙(2019. 6. 14. 개정)

| 음주운전으로 사람을 다치게 하거나 죽게 한 때 |

상해 정도	개정 전	개정 후
사람을 다치게 한 때	1~10년 이하 징역 또는 500만 원 이상 3,000만 원 이하의 벌금	1년 이상 15년 이하의 징역 1,000만 원 이상 3,000만 원 이하의 벌금
사람을 죽게 한 때	1년 이상의 유기징역	무기 또는 3년 이상의 징역

「특정범죄 가중처벌 등에 관한 법률」 5조의 11(2018. 12. 18. 시행)

| 음주운전으로 인한 보험료 할증 |

	대상	할증률	기간
법규 위반별 보험료 할증	무면허, 도주	20%	2년
	음주운전 1회	10%	
	음주운전 2회 이상	20%	

| 도주 차량 운전자와 피해자를 유기한 운전자의 가중처벌 |

	할증률	기간
도주	상해에 이르게 한 경우	1년 이상의 유기징역, 500만 원 이상 3,000만 원 이하의 벌금
	사망에 이르게 한 경우	무기 또는 5년 이상의 징역
유기	상해에 이르게 한 경우	3년 이상의 유기징역
	사망에 이르게 한 경우	사형, 무기 또는 5년 이상의 징역

「특정범죄 가중처벌 등에 관한 법률」 5조의 3(2018. 12. 18. 시행)

음주운전과 뺑소니는 교통사고 중에서 가장 죄질이 나쁜 범죄 행위다. 대부분의 교통사고는 과실 사고이지만 음주운전과 뺑소니는 고의에 가깝다고 봐야 한다. 특히 음주운전으로 인한 교통사고는 100퍼센트 고의 사고이므로 형사처벌 대상이 된다. 마지막으로 음주운전과 뺑소니 피해자의 보상 방법을 살펴보자.

음주운전, 뺑소니 사고의 보상

음주운전 사고의 피해자일 때

- 가해 차량이 종합보험에 가입되었다면 민사 합의에는 큰 문제 없다.
- 형사 합의 대상이 된다. 유의할 것은 형사처벌 대상이라고 해서 반드시 형사 합의를 하는 것은 아니라는 점이다. 형사 합의는 구속을 피하기 위한 것인데 음주운전이라도 피해자가 크게 다치지 않은 상황에서는 합의하지 않고 벌금형으로 끝날 수 있다.
- 가해 차량이 책임보험 상태라면 한도 초과분에 대해 피해자 자신의 무보험차상해로 보상받을 수 있다.
- 가해 차량이 무보험 상태라면 정부보장사업으로 보상받은 후 한도 초과 부분을 피해자 자신의 무보험차상해로 보상받을 수 있다.

뺑소니 사고의 피해자일 때

- 정부보장사업으로 보상받아야 한다.
- 정보보장사업의 책임 한도가 초과되면 피해자나 그 가족들

이 가입한 무보험차상해로 보상받아야 한다.

- 나중에 가해자가 붙잡히면 형사 합의를 할 수 있다.
- 붙잡힌 가해자가 종합보험 가입자라면 치료와 합의는 문제 없다.
- 붙잡힌 가해자가 책임보험이나 무보험 상태라면 형사 합의 시 합의금이 공제될 수 있으므로 유의한다.

자동차는 잘 사용하면 아주 편리한 교통수단이지만 사용자의 상태에 따라 언제든지 흉기로 돌변할 수 있다. 누구나 평소에는 음주운전의 심각성을 잘 알고 있을 것이다. 처벌 규정도 강화되었기 때문에 음주운전으로 인한 사고가 줄어들 것이라는 희망도 가져본다. 그런데도 음주운전 단속에 걸린 사람의 40퍼센트 이상이 또다시 음주운전을 한다고 한다. 술을 마시고 운전대를 잡는 사람의 심리는 병적이거나 '이 정도는 괜찮을 거야' 하는 근거 없는 자신감이다. 나의 쾌락을 위해서 마신 술이 남의 가정을 파탄 낼 수 있다. 음주운전은 명백한 고의에 의한 살인 행위이다.

뺑소니 또한 뿌리뽑아야 할 범죄이다. 피해자가 많이 다치거나 죽은 상황이라면 운전자가 너무 놀라 경황이 없을 것이다. 너무 두려운 나머지 달아나고 싶은 마음도 생길 것이다. 그러나 정신을 가다듬고 냉정하게 생각해야 한다. 신속하게 구호했다면 살았을 피해자가 차가운 도로 위에서 유명을 달리할 수도 있다. 우리나라의 뺑소니 검거율은 99퍼센트에 육박한다는 사실을 염두에 두자.

뻉소니의 또 다른 유형은 사고 자체보다 숨겨야 할 잘못이 있는 것이다. 바로 음주운전이나 무면허 운전 등이다.

청주 크림빵 뻉소니 사건에서도 보았듯이 음주운전과 뻉소니 사고는 대부분 함께 나타나는 경우가 많다. 사고 당시에 목격자도 없고 주변에 CCTV도 없다면 붙잡히지 않을 거라고 생각한다. 그 래서 뻉소니 운전자의 자수율은 매우 낮다. 그러나 완전범죄는 없 다는 것을 기억해야 할 것이다.

안타까운
가족 사고

------------→ 가족이 운전하던 단독사고에서 가족은 보상받지 못할까?

지난겨울 아들이 입대하고 노심초사하던 부모님은 신병교육
이 끝나는 날을 손꼽아 기다렸다. 그래야 사랑하는 아들을 잠시나
마 볼 수 있기 때문이었다. 드디어 5주간의 교육이 끝나고 아들과
만나기 위해 온 가족이 차에 올랐다. 아들의 여자 친구도 사랑하는
연인을 만나기 위해 가족들과 동행했다. 항상 물가에 내놓은 아이
같았던 아들이 수료식에서 보니 멋진 군인으로 변해 있었다. 만남
의 시간은 짧았지만 이제는 늠름하게 변한 아들에 대한 믿음이 있
었기에 다음 휴가 때 볼 것을 기약하며 다시 집으로 향했다. 그러
나 그것이 영원한 이별이 될 줄은 아무도 몰랐다.

이제 막 이등병이 된 아들을 격려하고 돌아가던 일가족과 여자 친구를 태운 차는 얼마 가지 못 해 사고가 나고 말았다. 아버지가 몰던 차량이 미끄러지면서 전봇대와 가로수를 들이받은 것이다. 이 사고로 이등병의 엄마, 누나, 여동생, 여자 친구가 그 자리에서 사망하고 아버지는 큰 부상을 당했다.

방금 전 웃으며 헤어진 가족들과 여자 친구의 사고 소식을 들은 이등병의 마음은 감히 상상할 수 없다. 사고 차량에서는 여자 친구에게 썼던 10여 통의 편지가 발견되었다. 신병교육 중 틈틈이 쓴 편지를 여자 친구는 끝내 읽지 못했다.

가족 사고도 방법은 있다

이 사고에서 첫 번째로 생각해야 할 것은 상대방 가해자가 없는 단독사고라는 것이다. 기본적으로 교통사고 손해배상은 타인에게 손해를 끼쳤을 때 그 손해를 보전해주는 것인데, 상대 가해자가 없으니 아무런 보상을 받지 못하는 것일까? 그렇지는 않다.

운전자인 아버지가 종합보험에 가입한 경우

자신이 운전하던 차량이 사고가 나서 아내와 두 딸이 목숨을 잃었다. 그런데 「자동차손해배상보장법」에 따르면 "자동차의 운행으로 다른 사람을 사망하게 하거나 다치게 한 경우"에 배상 책임이 있다고 한다. 아내와 두 딸은 다른 사람이 아닌 가족이니 보상받을 수 없는 것일까? 어떤 사람은 아버지의 종합보험에서는 보상받을 수 없지만 가족이기 때문에 자기신체손해(자손)에서 보상받을 수 있다고 말할 것이다.

자동차보험 약관에 따르면 대인배상1(책임보험)이 보상하는 손해에는 "피보험자가 피보험 자동차의 운행으로 인하여 다른 사람을 죽거나 다치게 한 경우" 보상한다고 명시되어 있다.

그렇다면 아내와 두 딸이 운전자와 상관없는 다른 사람이라는 것을 입증하면 된다. 가족인데 다른 사람이라고 할 수 있을까? 「자동차손해배상보장법」(「자배법」)에 따르면 차량의 운행자, 운전자, 차량 명의자, 운전 보조자를 제외한 모든 사람을 타인으로 본다. 그렇기 때문에 아내와 두 딸은 타인에 해당되어 책임보험 한도까지 보상받을 수 있다.

종합보험은 적용되지 않는 것일까?

종합보험 대인배상2에는 피보험자(여기서는 아버지)와 그 부모, 배우자와 자녀까지 모두 보상하지 않는다고 규정되어 있기 때문에 종합보험 적용을 받을 수 없다. 그렇다면 책임보험 한도를 초과하는 손해는 어떻게 보상받을 수 있을까? 자기신체손해 담보로 보상받아야 한다. 자손으로 보상받을 수 있는 사람을 그 차량의 피보험자와 그 부모, 배우자 및 자녀로 규정해놓고 있기 때문이다.

정리하면 아내와 두 딸은 운전자인 아버지와 가족관계에 있지만 「자배법」에 따라 '타인'으로 인정되어 책임보험과 자손 한도 내에서 치료와 보상을 받을 수 있다.

하지만 변수가 있다. 차량의 명의가 아내로 되어 있다면 아내는 책임보험의 타인에 해당되지 않아 자손만 청구할 수 있다. 또한 평소 아내의 차량 운행 정도나 운전면허증 여부도 「자배법」상 타인인지 논란이 될 수 있다. 타인의 기준은 그 차량의 운행에 대해 지배권을 가지고 있었는지(운행 지배), 그 차량의 운행으로 인한 이익이 있었는지(운행 이익)를 따져서 차량에 대한 영향력 행사로 결정하기 때문이다.

┄┄┄┄┄┄┄┄→ 가족 차에 타고 있던 타인은?

다음은 여자 친구의 보상을 살펴보자. 아들의 여자 친구는 완전한 타인이므로 종합보험으로 모든 보상을 받을 수 있다. 또한 사망 사고이기 때문에 아들의 아버지는 여자 친구의 부모와 형사 합의를 해야 한다. 종합보험에서 한 가지 알아둘 것은 호의동승에 의한 과실을 상계한 나머지 보상금을 받을 수 있다는 것이다.

호의동승이란 말 그대로 돈을 받지 않고 공짜로 태워준 것이다. 운전자의 실수로 같이 타고 있던 사람이 다쳤더라도 그 손해를 조금 분담한다고 생각하면 된다. 약관에는 운전자의 강요에 의해 탄 것인지 서로 의논하여 탄 것인지에 따라 감액을 달리하는 호의동승감액비율표가 있다. 그런데 운전자의 강요나 동승자가 무단으로 동승하는 경우는 별로 없고 대부분 암묵적 합의에 의해 같이 타기 때문에 보통 보상 금액의 20퍼센트를 호의동승 과실로 잡는다.

호의동승 감액을 주장하기 힘든 경우 보험회사는 동승자로서 조심히 운전하도록 도와주어야 할 의무를 게을리했다고 하여 '안전운전촉구불이행'의 과실을 적용하려 할 것이다. 그런데 호의동승 감액은 가족에게는 적용되지 않는다. 다만 같이 탄 가족이 사고를 낸 가족에게 100퍼센트 보상을 원하는 것은 바람직하지 않다고 보아 30퍼센트 정도를 감액한다. 위 사고의 경우에도 가족이란 이유로 감액 대상이 된다. 그러나 책임보험 한도액까지는 모두 받을 수 있다.

┄┄┄┄┄┄┄┄▶ 아버지의 보상과 보험 가입의 중요성

마지막으로 아버지의 보상을 살펴보자. 아버지는 차량 운전자이기 때문에 앞서 말한 「자배법」상 타인이 아니다. 그러므로 아버지가 아무리 많이 다쳤다고 해도 자신이 가입한 자손에서 보상받는다. 자손은 상해등급에 따라 치료비 한도가 있고 후유장해 등급에 따라 정액을 보상하는데 보험 가입 금액이 낮으면 큰 피해를 보게 된다.

아버지의 차량이 책임보험만 가입된 상태라면 더욱 막막하다. 이때는 아내와 두 딸 모두 책임보험 한도액까지만 보상받을 수 있다. 아들의 여자 친구도 책임보험 가입 한도까지만 보상받고, 나머지 손해는 여자 친구의 아버지의 무보험차상해로 지급받거나 소송을 제기할 수 있다. 이렇게 초과된 보험금이 지급되면 여자 친구 아버지의 보험회사는 사고를 낸 남자 친구 아버지를 상대로 구상권을 청구하게 되므로 이중의 고통을 겪을 수밖에 없다. 그뿐만 아니다. 아버지는 아무런 보험 적용도 받지 못한다. 건강보험으로 치료받아야 하고 장해에 대한 보상은 한 푼도 받을 수 없다.

그래서 어떤 경우에도 종합보험이 중요하다. 종합보험을 가입할 때는 자손이 아닌 자상을 가입해야 한다. 극단적인 예를 들었지만 가족 모두 같은 차를 타고 갈 경우에는 안전하게 운전할 수 있도록 서로 도와서 불행한 일이 일어나지 않도록 해야 한다.

단독사고와 내 과실 100퍼센트,
어디서 보상받나?

------------→ **첫 번째 이야기**

어느 화창한 봄날, 자영업으로 바쁜 A씨는 모처럼 시간을 내어 가족들과 수목원 나들이를 가기로 했다. 그동안 바쁘다는 핑계로 딸아이와 제대로 놀아주지도 못했는데, 이제는 다 커서 직장에 다니는 외동딸과 아내를 태우고 가평을 향해 달렸다.

평소에도 꽃과 자연을 좋아하는 아내는 말로만 듣던 수목원을 상상하며 이야기꽃을 피웠다. 2시간이 채 되지 않아 수목원 근처까지 온 A씨는 3분 후면 도착한다는 내비게이션의 안내를 보며 언덕길을 올라갔다. 그런데 무슨 영문인지 차가 갑자기 속력을 내더니 가로수 사이를 뚫고 10미터 아래 낭떠러지로 추락하고 말았다.

차는 형체를 알아보기 힘들 정도로 부서졌고, A씨는 현장에서 사망, 부인은 병원 이송 중 사망했다. 뒷좌석에 타고 있던 딸은 뇌출혈과 목뼈골절, 양쪽 손목의 골절상을 입고 중환자실에 입원했다.

·두 번째 이야기

원래 성격이 급해 평소에도 빨리빨리를 외치던 B씨는 운전도 성격만큼이나 급하게 하여 주변 사람들이 가슴을 졸이곤 했다. 안전거리를 지키지 않고 앞차 뒤에 바짝 붙어서 운전한다거나 조금이라도 빨리 가려고 수시로 차선 변경을 했다. 교차로에서는 자기 앞에서 진행 신호가 끊길세라 더욱 속력을 높였다.

사고 당일에도 B씨는 여전히 급하게 운전하고 있었다. 저 멀리 보이는 교차로에 직진 신호가 켜져 있었고, 조금 천천히 가면 정지 신호로 바뀔 것 같아 더욱 속력을 냈다. 하지만 교차로 앞에서 진행 신호가 정지 신호로 바뀌었고 달려오는 차가 없다고 판단한 B씨는 신호를 위반하고 교차로를 지나가기로 했다. 그러나 B씨는 우측에서 정상 신호로 진행하는 차량을 보지 못하고 사고를 내고 말았다. 신호 위반 사고였다.

2가지 사고의 공통점은 무엇인가? 바로 운전자 과실 100퍼센트 사고라는 것이다.

첫 번째 사고는 다른 차량과 충돌하지 않고 혼자 사고를 낸 경우이고, 두 번째 사고는 전적인 운전자 과실이다. 대인배상1은 「자동차손해배상보장법」상 의무보험이고, 대인배상2는 대인배상1을 초과하여 생긴 손해를 무한대로 보상하는 임의보험이다.

대인배상1·2는 차량의 운행으로 다른 사람을 죽거나 다치게 했을 때 필요한 배상의 성격을 갖고 있다. 하지만 대인배상1·2에 해당하는 사고만 일어난다는 법이 없다. 차량끼리 충돌하지 않아도, 사람을 치지 않아도 여러 가지 원인으로 나 혼자 사고를 내는 비율도 꽤 높다. 또한 신호 위반이나 중앙선 침범 같은 운전자 과실 100퍼센트 사고는 대인배상1·2로 보상받을 수 없다.

자손의 중요성

이런 경우를 대비하기 위해 자동차보험에는 자기신체손해(자손)라는 담보가 있다. 자손은 위의 2가지 사고처럼 단독사고나 내 과실 100퍼센트 사고로 차주나 운전자 자신이 다친 경우에 보상하는 것이다. 운전자 자신뿐만 아니라 부모, 배우자와 자녀도 자손으로 보상받을 수 있다. 여기서 중요한 보상 조건은 자손 사고 보상에 해당하는 피보험자들이 피보험 자동차에 탑승 중이어야 한다는 사실이다. 탑승 중이라는 것은 '탈것에 올라타서 이동을 위한 주행 중인 상태'를 말한다. 자동차의 구성 부분 중 사람이 탈 수 있는 용도로 제작된 부분에 탑승한 상태에서 사고가 나야 보상을 받을 수 있다.

「자동차손해배상보장법」상으로는 가족도 타인

위에 소개한 2가지 유형의 사고는 피보험자가 좌석에 탑승 중 발생한 사고이므로 자손 보상이 가능하다. 그렇다면 첫 번째 사고의 운전자 외에 아내와 딸도 자손으로 보상받을 수 있을까?

운전자인 남편은 불법행위의 당사자이므로 「자배법」상 대인배상1·2에 해당하지 않고 자손으로만 보상이 가능하다. 아내는 「자배법」상 타인에 해당하므로 차량 명의가 아내이고 주로 아내가 운행하지 않는 한 타인으로 인정되어 대인배상1로 보상이 가능하다. 또한 아내의 손해액이 대인배상1을 초과한다면 추가로 자손에서 보상받을 수 있다.

가족 사고에서 동승한 가족의 과실 비율은 보통 30퍼센트 정도이므로 과실로 삭감된 보험금을 자손에서 보상받을 수 있다. 딸 역시 대인배상1과 자손에서 보상받을 수 있다. 그런데 보험회사에서는 아내와 딸도 자손만 된다고 하는 경우도 있는데, 거짓말이다. 잘 모르면 당할 수 있다.

두 번째 운전자의 보상은 어떻게 될까? 차 대 차 사고이지만 본인의 과실이 100퍼센트이므로 상대 보험회사로부터 아무런 보상을 받을 수 없다. 이 운전자 역시 자손으로만 보상받을 수 있다. 그런데 너무 많이 다쳐서 자손 한도를 초과하는 치료비가 발생한다면 어떻게 될까? 이때는 건강보험으로 치료받아야 한다.

→자손은 후유장해 담보가 있다

자손 사고에서 간과하는 것 한 가지가 있다. 자손 사고 피해자 대부분은 부상에 대한 치료를 받는데 상해등급에 따라 치료비 지급 한도가 있다. 그 한도 내에서도 실제 소요된 치료비만 받을 수 있다. 예를 들어 척추골절로 상해 5급을 받았다면 자손 치료 한도가 500만 원이다. 그런데 실제 치료비가 400만 원이 들었다면 400만 원만 지급받을 수 있다.

자손 사고 피해자 대부분은 자신이 잘못했기 때문에 치료비 외에는 보상받지 못한다고 생각하는데 그렇지 않다. 자손은 성격상 배상보험이 아닌 상해보험으로 개인보험처럼 후유장해보험금이 있는데, 장해등급별 보험 가입 한도를 모두 지급한다. 예를 들어 보험 가입 금액 3,000만 원인 자손 피해자가 8급에 해당되는 장해를 청구하면 900만 원의 보험금을 받을 수 있다. 청구 소멸시효는 3년 이므로 장해등급을 받는다면 반드시 청구하자.

→자상 가입은 두말하면 잔소리

한편 사망이나 장해가 발생하는 큰 사고에서 자손에 의한 보상은 제대로 받지 못하는 경우가 많다. 그래서 나온 것이 자손의 특약 형태인 자동차상해(이하 자상)이다. 자상 역시 운행 중 단독사고나 내 과실 100퍼센트 사고일 때 보상받는다는 점에서 자손과 같다. 자손과 자상은 중복 가입할 수 없고 둘 중 하나만 가입할 수 있으며 개인상해보험의 성격이기 때문에 과실을 따지지 않는다.

다시 한 번 정리하면 자손은 다친 부위나 다친 정도에 따라 상해등급을 나누고, 등급별 한도액 내에서 보상이 이루어지며, 장해가 남으면 장해등급별 한도 금액을 모두 지급한다.

자상은 가입 금액 한도 내에서 대인배상 지급 기준에 따라 치료비, 위자료, 휴업손해, 후유장해 등을 모두 보상받을 수 있다. 여기서 중요한 것이 '대인배상 지급 기준에 따라'라는 조항이다. 이것은 단독사고나 내 과실 100퍼센트 사고라도 대인배상1·2처럼 보상받을 수 있다는 말이다. 과실상계도 하지 않는다. 다만 약관 기준으로만 보상받을 수 있다.

위의 두 사례에서 운전자들이 모두 자상을 가입했다면 어땠을까? 지급 기준이긴 하지만 일반 대인 사고와 같은 보상을 받을 수 있다. 자손보다 훨씬 더 많은 보상금을 받는 것이다.

자손과 자상은 1년 보험료가 불과 2~3만 원 차이다. 자상이라는 담보가 있는 줄도 모르는 사람들이 많다. 보험 가입을 할 때는 반드시 자손이 아닌 자상을 가입해야 한다.

묻지도 따지지도 않고
형사처벌을 받는 12대 중과실 사고

오래전 어느 생명보험 회사의 보험 모집 광고에 나온 '묻지도 따지지도 않고'라는 말이 각종 패러디를 생산하면서 크게 유행했다. 보험 가입을 하려고 하면 보험회사가 매우 까다롭게 심사를 한다는 인식이 있었다. 그래서 이 보험회사는 누구나 쉽게 가입할 수 있다는 뜻으로 그와 같은 문구를 생각해냈다. '묻지도 따지지도 않는다', 즉 옳고 그름, 원인이나 결과에 상관없이 말한 사람의 의도대로 해주겠다는 뜻이다.

→ 피할 수 없는 형사처벌, 12대 중과실

사고가 크든 작든, 보험 가입을 했든 안 했든 무조건 형사처벌을 받는 유형의 사고가 있다. 바로 12대 중과실 사고이다. 일반적인 교통사고는 종합보험이 가입되어 있거나 피해자와 합의했다면 형사처벌을 하지 않는다. 교통사고는 대부분 과실 사고이기 때문에 죄질이 불량한 사고를 제외하면 운전 중 사고로 사람이 다쳐도 범죄행위로 간주하지 않는다. 1년에 수십만 건에 달하는 교통사고에 대해 모두 형사처벌을 한다면 전 국민이 범죄자가 될 것이다. 이것이 「교통사고처리특례법」에서 규정하고 있는 내용이다. 그러나 모든 사고가 「교통사고처리특례법」을 적용받는 것은 아니다. 12대 중과실 사고, 사고를 낸 후 도주하거나 피해자를 사고 장소에서 유기한 경우, 음주 측정 요구에 불응한 경우에는 「교통사고처리특례법」의 예외로 하여 무조건 형사처벌을 받는다. 「교통사고처리특례법」 예외 조항의 핵심인 12대 중과실 사고에 대해 살펴보자.

신호 위반

교통신호기뿐만 아니라 경찰공무원의 신호를 위반한 경우, 통행금지나 일시정지와 같은 교통안전표지를 무시하고 운전한 경우까지 포함한다.

중앙선 침범

중앙선이 설치되어 있는 경우 모든 차량은 그 중앙선의 우측으로 통행해야 하며 중앙선을 침범해서는 안 된다. 또한 고속도로를 횡단하거나 유턴, 후진해서도 안 된다.

속도위반

제한속도를 시속 20킬로미터 초과하여 운전한 경우를 말한다.

앞지르기 위반

앞지르기의 방법, 금지 시기와 장소 또는 끼어들기 금지를 위반한 경우를 말한다. 요즘은 터널이나 다리 위의 도로도 앞지르기가 가능한 점선으로 되어 있는 곳도 있다. 그러나 대부분 터널 안이나 다리 위의 도로는 실선 차선으로 앞지르기 금지 구간임을 명심해야 한다.

철길 건널목 통과 방법 위반

모든 차량은 철길 건널목 앞에서 일시정지하고 안전을 확인한 후 통과해야 한다. 건널목의 차단기가 내려져 있거나 내려지려고 하는 경우, 또는 건널목의 경보기가 울리고 있는 동안에 건널목으로 진입하면 안 된다.

횡단보도 보행자 보호 의무 위반

모든 차량의 운전자는 보행자가 횡단보도를 통행하고 있을 때는 정지선에서 일시정지를 해야 한다. 자전거 운전자는 자전거에서 내려 자전거를 끌고 갈 때만 보행자로 인정된다는 점에 주의한다. 또한 운전자는 보행자가 횡단보도가 설치되어 있지 않은 도로를 횡단하고 있을 때도 안전거리를 두고 일시정지를 해야 한다.

무면허 운전

면허가 없거나 중지되어 운전이 금지된 자, 면허정지 중인 자가 사고를 냈을 경우이다.

음주운전

술에 취한 상태에서 운전을 하거나 약물의 영향으로 정상적으로 운전하지 못할 우려가 있는 상태에서 운전한 경우이다.

보도 침범

모든 차량의 운전자는 보도와 차도가 구분된 도로에서는 차도로 통행해야 하는데 이를 위반한 경우를 말한다. 운전자가 도로 외의 곳으로 출입할 때는 보도를 횡단하여 통과할 수 있으나 이때도 횡단하기 직전 일시정지를 하여 좌우측을 살핀 후 보행자의 통행을 방해하지 않아야 한다.

승객 추락 방지 의무 위반

모든 운전자는 운전 중 타고 있는 사람 또는 타고 내리는 사람이 떨어지지 않게 해야 할 의무가 있다.

어린이 보호구역 안전운전 의무 위반

모든 운전자는 어린이 보호구역 내에서 어린이의 안전에 유의하면서 운행해야 한다. 어린이 보호구역은 갑자기 뛰어들 수 있는 어린아이들을 보호하기 위해서 만들어진 구역으로 제한속도가 30킬로미터 이내이다.

화물 고정 조치 위반

모든 운전자는 운전 중 차에 실은 화물이 떨어지지 않도록 덮개를 씌우거나 묶는 등 확실히 고정하는 조치를 하여야 한다. 낙하물 사고는 생명과 직결될 수 있는데도 원인 제공 차량을 찾지 못하면 책임 소재를 묻기 어렵다. 피해자가 조심해서 될 일도 아니므로 화물차 기사들은 운행 전 철저히 차량 점검을 해야 하며, 국가는 사고 예방을 위해 단속의 수위를 높여야 한다.

12대 중과실 사고를 일으킨 경우에는 피해의 정도와 상관없이 형사처벌을 받는다. 부상이 경미할 경우 벌금형으로 처리하지만, 사망이나 중상해에 이를 경우 징역형을 받을 수도 있어 형사 합의가 필요하다. 「교통사고처리특례법」 예외 항목 12가지는 반드시 지켜야 하는 의무 사항이다. 12대 중과실 사고의 피해자 또는 가해자가 될 수도 있으므로 항상 조심해야 한다. 12가지 사항만 잘 지켜도 목숨을 위협할 만한 교통사고가 현저히 줄어들 것이다.

타인 소유의
자동차 운전 중 사고

------------------▶ 남의 차를 운전하다 사고를 내면?

직업의 특성상 명절에 쉴 수 없었던 A씨는 정말 오랜만에 명절 휴가를 얻었다. 부모님이 계시는 대구에 가서 가족들을 만날 생각을 하니 입가에 미소가 흘렀다. 그는 좀 더 안락한 동생의 차를 함께 타고 가면서 오랜만에 어린 시절 이야기, 사는 이야기를 나누며 고향으로 향했다.

새벽에 출발했지만 한참을 달리다 보니 어느새 늘어난 차량들로 정체가 반복되었다. A씨는 동생이 혼자 운전하는 것이 힘들어 보여 자신이 운전하겠다고 했다. 졸음이 쏟아지던 동생은 형과 자리를 바꿔 잠시 눈을 붙였다. A씨는 동생이 졸자 자신도 쏟아지는 졸음을 참으려고 애썼다. 운전할 때 졸리면 눈꺼풀이 엄청나게 무겁다는 것을 경험해본 사람은 알 것이다. 자다 깨다를 반복하던 A씨는 결국 차선 변경하여 들어오는 차와 충돌하고 말았다. 다행히 사람이 많이 다치지는 않았으나 동생의 차량이 크게 망가졌다. 설상가상으로 동생의 차는 소유자 한 사람만 운전할 수 있게 가입된 차량이었다. A씨는 무보험 차량 운전자가 되어 자신의 돈으로 모든 사고 처리를 해야 할까?

B씨는 휴가 때 친구들과 함께 바닷가로 물놀이를 가게 되었다. 여러 지역에서 각자의 차를 타고 한곳에 모인 친구들은 언제 봐도 반가웠다. 일찍 도착해 물놀이를 즐긴 B씨와 친구들은 이번에 새 차를 뽑은 한 친구의 자동차를 타보기로 했다. 최첨단 사양으로 탑재된 고급 외제차였기에 친구들은 서로 시운전을 해보겠다고 나섰다.

친구의 고급차를 운전하게 된 B씨는 자기 차와는 차원이 다른 퍼포먼스에 감탄사를 연발했다. 그런데 야간의 복잡하고 낯선 휴가지에서 친구들과 떠들며 운전하던 B씨는 차선을 잘못 들어서게 되었고 급히 차선 변경을 시도하다 사각지대에서 진행하던 차량과 부딪치고 말았다. 친구의 보험은 1인 한정이었다. 젊음을 불태워보려던 들뜬 마음은 사라지고 눈앞이 캄캄해진 B씨를 어떤 방법으로 구제할 수 있을까?

이와 비슷한 경험을 해본 적이 있는가? 별다른 위험 의식 없이 우리는 다른 사람의 차를 운전하곤 한다.

사고가 나지 않으면 별 문제 없지만 사고가 났을 때는 보상 절차가 복잡해진다. 다른 자동차를 운전하다 사고를 낸 경우와 사고를 당한 경우를 위 사례로 설명해본다.

보험을 알면 방법이 보인다

다른자동차운전담보 특약

말 그대로 내 차가 아닌 다른 자동차를 운전하다 사고를 내도 보장받을 수 있는 것을 말한다. 자동차보험 담보 중에 '다른자동차운전담보 특약'이 있다는 것을 모르는 사람들이 많다. 다른자동차운전담보특약은 무보험차상해뿐 아니라 종합보험과도 상관 있다. 대인배상1·2와 자기신체손해(자손 또는 자상)에 모두 가입하면 무보험차상해를 가입할 수 있고, 무보험차상해 가입자는 자동으로 다른자동차운전담보 특약이 적용되기 때문이다.

다른자동차운전담보 특약에 가입하려면 무보험차상해가 필수지만, 선택 사항인 보험회사도 있으니 주의해야 한다. 자세한 것은 보험증권과 약관을 확인해봐야 한다. 무보험차상해를 가입하면 다른 자동차를 운전해도 된다는 말은 반은 맞고 반은 틀린 것이다.

다른자동차운전담보는 본인의 보험에 무보험차상해가 가입되어 있을 경우 또는 부부 한정 가입이라면 배우자가 다른 자동차를 운전하다 사고를 내도 내 차의 보험으로 상대방의 대인과 대물 사고를 보상해주는 특약이다. 피보험자가 운전한 다른 자동차를 대인배상2와 대물배상에 규정된 일반적인 자동차로 간주하여 보상해준다는 것이다.

무보험차상해가 약관상 지급 기준으로 보상해주는 것이라면 다른자동차운전담보는 법률상 실제 손해를 보상해주는 종합보험과 같다. 그러나 조건이 하나 있다. 피보험자가 운전한 다른 자동차가 최소한 책임보험에 가입된 상태여야 한다. 이유는 책임보험 한도까지는 다른 자동차의 책임보험에서 보상되고 초과 부분의 대인배상2와 대물배상을 내 차의 보험으로 해주는 것이기 때문이다.

그렇다면 다른 자동차를 운전한 사람이 다친 경우는 어떻게 될까? 다른자동차운전담보에 의해 자손(또는 자상)으로 처리할 수 있고, 동승한 다른 자동차의 차주 역시 자손(또는 자상)으로 처리할 수 있다. 이런 경우에도 자손보다 자상이 훨씬 유리하다. 자손은 상해 등급별 한도 내에서 실제 치료비와 장해등급에 해당하는 정액의 장해보험금만 받을 수 있지만, 자상은 실제 손해액에 대해 보상받을 수 있기 때문이다.

여기서 말하는 '다른 자동차'의 범위는 내 차를 제외한 모든 다른 차를 말하는 것이 아니다. 약관에서 말하는 다른 자동차는 '자가용 자동차로서 피보험 자동차와 동일한 차종이며, 부모, 배우자 또는 자녀가 소유하거나 통상적으로 사용하는 자동차가 아닌 것'이다.

가족 중 한 사람의 차로 이동하는 경우에 다른 가족이 운전하려면 가족 한정이나 누구나 운전으로 바꿔야 한다. 변경한 날 운전하다 사고가 나면 적용이 되지 않는다. 최소 하루 전에 변경해야 한다. 또 한 가지 조심해야 할 것은 약관에서 말하는 가족은 제한적이라는 점이다. 자신의 부모, 배우자와 그 부모, 자녀, 사위, 며느리까지 가족에 포함된다. 형제자매는 약관상 가족이 아니므로 주의한다.

다른자동차차량손해 특약

그러나 문제가 하나 있다. 다른자동차운전담보 특약은 다른 자동차를 운전하다가 사고를 냈을 경우 다른 차에 의해 피해를 입은 사람과 차를 보상해주는 것이므로 사고를 낸 차 자체는 보상이 안 된다. 운전하다 사고를 낸 다른 자동차의 수리비가 많이 나와도 고스란히 자비로 부담해야 한다.

이런 경우를 대비하기 위한 것이 '다른자동차차량손해' 특별 약관이다. 내가 남의 차량을 운전하다가 사고를 냈을 때, 그 남의 차량(다른 차량)의 수리비를 내 보험의 '자차'로 보상받을 수 있는 것이다. 무보험차상해에 가입한 경우에 한해 추가로 가입할 수 있다. 보상 한도는 '차량기준가액표'에 따라 정의된 다른 자동차의 차량가액과 2,000만 원 중 적은 금액을 보상받게 되며, 본인의 차종과 동일해야 가능하다(동일차종 : 승용자동차(다인승포함), 경·3종승합자동차, 경·4종화물자동차 간에는 동일한 차종으로 본다).

담보의 적용

첫 번째 사고는 A씨의 동생 차량이 최소한 책임보험에 가입된 상태이고 A씨가 무보험차상해까지 포함한 종합보험 가입자라면 A씨가 운전한 동생의 차에 의해 피해를 입은 차량을 A씨의 다른 자동차운전담보 특약으로 보상할 수 있다. A씨와 동생도 다쳤다면 약관에 따라 A씨 보험의 자손(또는 자상)으로 보상받을 수 있다. 그러나 파손된 동생의 차는 형인 A씨가 다른자동차차량손해 특약에 가입되어 있지 않으면 보험 수리가 불가능하므로 형이 고쳐주어야 한다.

두 번째 사고도 첫 번째 사고와 같은 경우라면 다른 자동차의 피해자와 차량은 다른자동차운전담보로 보상해주면 되고, 운전자 B씨와 차주인 친구는 자손으로 보상받을 수 있다. 그러나 역시 문제는 파손된 친구의 외제차이다. B씨가 다른자동차차량손해 특약을 가입하지 않았다면 수리비는 고스란히 B씨의 몫이 된다. 잘못하면 십년지기가 한순간에 원수가 될 수도 있다.

다른자동차운전담보 특약에서 반드시 기억해야 할 것은 가족의 차는 해당 사항이 없다는 것과 사고를 낸 다른 차량의 파손은 보상하지 않는다는 것이다. 다른자동차차량손해 특약은 무보험차상해에 가입되어 있어도 따로 가입해야 하므로 필요에 따라 선택하면 된다. 보험료가 얼마 되지 않으니 혹시 모를 경우를 대비할 수도 있지만 절대 남의 자동차를 운전하지 않을 거라면 굳이 가입할 필요 없다.

자동차는 재산이다. 다른 사람의 차를 운전할 때는 적절한 보험이 가입되어 있는지를 미리 확인해야 사고를 냈을 때 불이익을 당하지 않는다.

산재보험과
자동차보험

------------------•**자동차보험으로 할까, 산재보험으로 할까?**

자동차를 개인적으로 사용했든 업무적으로 사용했든 상관없이 사고의 인과관계만 성립되면 보상이 가능하다. 그러나 업무 중 교통사고는 산업재해의 업무상 재해와 겹치므로 둘 중 하나를 선택해야 할 경우가 있다.

이때는 사고의 유형이나 피해자의 나이, 과실 비율에 따라 무엇이 피해자에게 더 유리한지 알아봐야 한다. 자동차보험과 산재보험의 가장 큰 차이는 피해자의 과실을 묻느냐 그렇지 않느냐이다. 자동차보험은 형평성을 위해 사고 경위에 따라 과실 비율을 적용하여 치료비와 보상금에서 과실만큼 빼고 지급한다. 반면 산재보험은 피해 근로자의 고의가 아니라면 무조건 보상해주는 '무과실 책임주의' 원칙을 따른다.

이러한 이유로 업무 중 교통사고가 발생하면 산재로 보상받는 것이 유리하다고 생각할 수 있다. 실제로 그런 경우가 많다. 그러나 사고 경위와 피해자가 처한 상황에 따라 다르므로 개별적으로 적용해야 한다.

본인 과실이 많은 경우 산재보험이 더 낫다

교통사고에서는 과실이 있다면 치료비와 보상금에서 모두 과실 비율만큼 공제하기 때문에 피해자의 과실 비율이 높을수록 산재가 유리하다. 예를 들어 내 과실이 70퍼센트인 사고는 70퍼센트만큼 보상금에서 공제하기 때문에 실제로 받는 금액은 훨씬 적다. 그러나 산재보험 처리를 하면 과실을 따지지 않기 때문에 더 많은 보상을 받을 수 있다.

사고의 크기 또는 치료 기간에 따라 선택한다

자동차보험은 사고로 인해 입원 치료한 기간 동안만 평균 임금의 85퍼센트 정도 휴업손해를 인정한다. 그러나 산재보험은 사고 전 3개월치 임금을 합산하여 평균 임금을 책정하고, 그 평균임금의 70퍼센트를 입원 치료든 통원 치료든 상관없이 치료가 종결되는 시점까지 휴업손해를 지급한다.

손목골절로 4개월의 치료 기간이 필요하다면 산재에서는 입원과 통원 기간을 합한 요양 기간 종결 시까지 휴업손해를 인정한다. 반면 자동차보험은 입원 기간 동안만 휴업손해를 인정하는데 실제로 요즘 손목골절로 입원할 수 있는 기간은 특별한 사정이 없는 한 한 달 남짓밖에 되지 않는다.

	산재보험	교통사고
휴업급여 / 휴업손해	10만 원×70%×120일 =840만 원	10만 원×85%×40일 =340만 원
위자료	없음	상해 5급 75만 원
합계	840만 원	415만 원

위의 표는 평균 임금이 10만 원인 피해자가 교통사고로 손목이 골절되어 40일 입원하고 120일간 치료받은 경우의 보상금으로 장해급여와 일실수익은 산정하지 않았다.

사고 당시 나이와 장해 정도에 따라 달라진다

산재보험은 과실도 묻지 않지만 나이도 묻지 않는다. 또한 나이에 관계없이 평균 임금에 장해등급에 해당하는 날짜를 곱해서 장해급여를 산정한다.

67세의 피해자가 교통사고로 고관절에 인공관절 치환술을 한 경우 자동차보험은 2년에 한해서 장해를 인정한다. 그러나 산재는 평균 임금의 495일치인 8급 장해가 가능하기 때문에 산재가 유리하다. 20대 초반의 피해자는 이와는 반대가 된다. 산재에서는 평균 임금의 495일치를 장해급여로 받지만 자동차보험에서는 가동연한까지 영구장해를 받을 수 있으므로 자동차보험이 더 유리하다.

재발 위험이 높거나 합병증이 예상된다면 산재가 유리하다

자동차보험에도 향후 치료비가 있지만 사실상 한번 합의하면 거의 끝난다고 할 수 있다. 그러나 산재는 언제든지 재요양이나 합병증 관리 등의 지원을 받을 수 있다. 또한 재활 프로그램이나 심리 상담, 직장 복귀 지원 프로그램 등이 있다.

자신의 차로 출퇴근하다가 단독사고나 내 과실이 큰 사고가 났을 때 자기신체손해 보험금을 먼저 신청하고 나중에 산재 처리를 하는 것이 유리하다.

2018년 전에는 출퇴근 시 교통사고 산재 인정 기준이 사업주의 지배관리하의 출퇴근 사고만 인정했기 때문에 매우 까다로워 승인이 나지 않는 경우가 많았다. 그런데 2018년부터 자신의 차량뿐만 아니라 도보, 자전거, 대중교통을 이용하더라도 회사 출퇴근을 위한 통상적인 경로와 수단이었다면 산재로 인정받을 수 있다. 자신의 차량으로 사고가 났을 때 자손 담보가 있다면 자손을 먼저 처리하는 것이 피해자에게 유리하다.

이중배상 금지 원칙에 따라 교통사고와 산재는 중복 보상이 되지 않기 때문에 산재에서 받은 부분은 자동차보험에서 공제된다. 자손 약관의 공제 규정에도 '제3자로부터 보상받은 금액을 공제한다'고 명시되어 있다. 산재 보상을 먼저 받은 후 자손 보험금을 청구하면 보상받은 만큼 공제된다. 하지만 2015년 대법원에서는 자손 보험금은 상해보험으로 공제 대상이 아니라고 판결했다. 자손 보험은 개인보험의 성격이고 산재보험은 손해배상의 성격이기 때문에 지급 사유가 다르기 때문이다. 따라서 자손 보험금을 먼저 받고 산재 청구를 하면 자손 보험금이 공제되지 않는다.

산재보험 초과 부분에 대해서 자동차보험 청구가 가능하다

사고로 인한 손해는 적극적 손해, 소극적 손해, 정신적 손해로 나뉜다. 산재와 교통사고는 손해배상의 특성상 동일한 항목을 가지고 있다. 따라서 기본적으로 산재에서 보상받았다면 자동차보험에서는 동일한 사유로 중복 보상을 받을 수 없다.

산재보험의 요양급여, 간병급여, 장의비와 자동차보험(자보)의 치료비, 향후 치료비, 개호비, 장례비, 산재의 휴업급여, 장해급여, 상병보상연금, 유족급여와 자보의 상실수익(휴업손해, 후유장해)은 동일 사유로 보고 서로 공제한다. 즉 휴업급여는 휴업손해와 비교하고, 장해급여는 후유장해 상실수익과 비교해서 초과한 부분이 있다면 자동차보험에서 청구할 수 있다.

산재 보상에는 위자료가 없다

정신적 손해에 따른 위자료는 산재 보상 항목에 없으므로 위자료는 온전히 청구할 수 있다. 그런데 약관상 위자료는 형편없기 때문에 영구장해나 사망의 경우에는 소송을 통해 받아내는 것이 좋다. 이 모든 것은 산재 보상이 모두 끝난 뒤에 하는 것이다. 산재의 초과 부분을 청구하는 것이기 때문이다.

업무 중 교통사고와 산재의 보상 관계를 설명하기 위해 몇 가지 특성을 살펴보았다. 어느 하나만을 처리하는 것이 아니라 2가지를 모두 처리할 수 있기 때문에 무엇을 먼저 처리하는 것이 더 유리한지 파악해야 한다. 업무 중에 교통사고가 나면 대부분 일반적인 처리를 한다. 일반인들이 사고 직후 산재가 유리한지 자동차보험이 유리한지 검토하기는 힘들다. 그러나 산재가 필요한 경우 나중에라도 산재보험을 신청할 수 있다.

| 산재보험과 자동차보험의 보상 항목 비교 |

	산재보험	자동차보험
적극적 손해	요양급여, 간병급여, 장의비	치료비, 향후 치료비, 개호비, 장례비
소극적 손해	휴업급여, 장해급여, 상병보상연금, 유족급여	상실수익 (휴업손해, 후유장해)
정신적 손해	없음	위자료

| 산재보험과 자동차보험의 보상 항목 상세 비교 |

		산재보험		자동차보험	
적극적 손해	요양 급여	실제 치료비. 비급여 지급 안 함. 향후 재요양 가능	치료비	실제 치료비	
	간병 급여	주치의 소견 있으면 가능	향후 치료비	핀 제거, 성형 비용, 약제, 보장구 교체 비용, 재활 비용	

	장의비	• 피해자 평균 임금의 120일분.
		전년 동안 1인당 평균 장의비액
		과 최고·최저 보상 기준 금액
		을 고려하여 매년 고용노동부
		장관이 고시
		• 2019년 기준 고시 금액
		  최고 : 15,554,290원
		  최저 : 11,097,760원
			개호비	• 기왕개호 : 합의 전
				지불했던 간병비
				• 향후개호 : 신체감
				정으로 개호를 인
				정받은 피해자에게
				지급하는 간병비	

			장례비	500만 원	
소극적 손해	휴업 급여	피해 근로자 평균 임금의 약 70 퍼센트를 치료 종결 시까지 지급	상실수익 (휴업손해, 후유장해)	• 휴업손해 : 입원 기 간은 피해자의 실 제 소득이나 연도 별 도시일용노임 의 100%(약관 기 준은 85%) • 후유장해 : 퇴원 후 후유장해 잔존 시 노동력 상실률 과 기간에 따라 보 험금 지급	
	장해 급여	피해 근로자의 장해 정도에 따라 1~14등급으로 차등 지급			
	상병 보상 연금	요양급여를 받는 근로자가 요양 을 시작한 지 2년이 지나도 폐질 1~3등급(산재장해 1~3등급과 동일) 상태인 경우 가족의 생계 를 위해 휴업급여 대신 상병보상 연금을 지급			
	유족 급여	• 유족 일시금과 유족연금 중 선 택 가능 • 일시금은 피해자 평균 임금의 1,300일분			
정신적 손해		없음	위자료	• 사망 위자료 1억 원 기준 • 후유장해 시 1억 원 × 장해율	

모든 것은 근거 싸움,
근거에 죽고 근거에 산다

필요하면
내 돈으로라도 검사하라

교통사고에는 '지불보증'이라는 제도가 있다. 교통사고로 다쳐서 병원에 실려 온 환자에게 가해자 쪽 보험회사가 치료를 받을 수 있도록 보험회사의 이름을 걸고 보증을 해두는 제도이다. 이렇게 되면 병원은 안심하고 환자를 치료한다. 다친 사람이 100퍼센트 가해자가 아니라면 누구든 치료해준다는 보험회사의 보증인 것이다.

산업재해로 치료받는 사람들은 의료수가 중 급여 부분만 근로복지공단에서 지불하기 때문에 비급여 부분은 고스란히 환자의 부담으로 남는다. 그러나 교통사고의 지불보증 제도는 상급병실료 차액 등 특별한 경우를 제외하고는 거의 모두 보험회사에서 지불하기 때문에 내 돈이 거의 들어가지 않는다. 그런데도 논란이 되는 것이 몇 가지 있다.

→ 항상 논란거리인 디스크

우리가 흔히 알고 있는 디스크인 추간판탈출증 진단을 받은 경우이다.

50대 직장인 A씨는 고단한 하루 근무를 마치고 녹초가 되어 차를 몰고 집으로 향했다. 언제나 그랬듯이 퇴근길 정체는 좀처럼 풀릴 기미가 보이지 않았다. 그렇게 거북이걸음으로 20여 분쯤 지나자 앞차들이 서서히 속력을 내기 시작했다. A씨도 속력을 높이며 앞차를 따라갔다. 그러나 또다시 정체가 시작되어 브레이크를 밟는 순간 굉음이 들림과 동시에 A씨는 정신을 잃었다. 정체가 뚫린 줄 알고 가속페달을 밟던 뒤차가 속도를 이기지 못하고 A씨의 후방을 충격한 것이다.

곧 깨어난 A씨는 차에서 내려 사고 차를 보고는 살아 있는 것에 안도의 한숨을 쉬었다. A씨는 정신없이 사고 수습을 하고 가해자 쪽 보험회사로부터 사고접수번호를 받고 병원을 찾았다. 아픈 부위는 X레이를 찍고 밤늦게 집으로 돌아갔다가 다음 날 다시 진료를 보기로 했다. A씨는 밤새 묵직한 통증이 계속되어 아침부터 병원을 찾아 물리치료를 받았다. 그런데 두어 달 동안 열심히 물리치료를 해도 좋아지기는커녕 다리로 통증이 내려오고 근력까지 떨어지는 증상이 나타났다.

참다 못한 A씨는 보험회사에 MRI 촬영을 요구했는데 황당한 대답이 돌아왔다. 나이도 있고 퇴행성으로 인한 디스크이기 때문에 더 이상 지불보증을 해주기 어렵다는 것이었다. 가끔 요통이 있기는 했어도 누구나 한 번쯤 경험할 만한 정도였고, 허리 때문에 병원 진료를 받은 적이 한 번도 없었는데 말이다.

교통사고도 건강보험이 가능하다?

이럴 경우 어떻게 대처해야 할까? 먼저 교통사고도 건강보험으로 치료받을 수 있다는 것을 알아야 한다. 교통사고가 나면 반드시 자동차보험으로 치료받아야 한다고 생각하는데, 꼭 그렇지는 않다.

「국민건강보험법」에는 상해를 입은 사람의 고의 또는 중대 과실로 인하여 사고가 발생한 경우에는 건강보험 적용이 되지 않는다고 규정하고 있다. 고의나 중대한 과실로 사고를 낸 경우가 아니라면 건강보험으로 치료할 수 있다는 뜻이다. 다만 본인 과실 100퍼센트인 사고는 중대 과실에 해당되어 건강보험 처리가 되지 않을 수 있다. 이렇게 건강보험이 적용될지 안 될지 불안한 상황에서는 건강보험으로 치료해주는 것이 맞는지 문의하는 '급여제한 여부 조회서'를 공단으로 보내 답변을 얻은 다음 치료하면 된다.

A씨는 자비로 치료를 받은 후 본인 부담금에 한하여 보험회사에 치료비를 청구하면 된다. 이것을 직불치료비 청구라고 한다.

한 가지 덧붙이자면 건강보험으로 치료할 경우 병원에 교통사고라는 것을 알려야 한다. 알리지 않고 보험회사와 합의하면 건강보험공단에서는 보험회사가 아닌 본인에게 구상권 청구가 들어온다.

사고기여도 소견을 꼭 받아둬라

자기가 비용을 지불하고 찍은 MRI에서 사고와 연관성이 있는 디스크라는 소견이 나왔다면 보험회사에서 당연히 치료비를 줘야 한다. 그러나 A씨의 증상이 더 심해져서 수술을 해야 하고 수술 후 장해라도 남게 된다면 어떻게 해야 할까? 보험회사에서는 치료비는 지급하겠지만 보상금은 나오지 않는다고 할 수 있다.

이럴 때는 가능하면 주치의나 제3의 병원에서 진료를 받고 '사고기여도'에 대한 소견서를 받아놓으면 도움이 된다. 사고기여도는 원래 가지고 있던 질병이 이번 사고로 인해 악화된 부분을 말한다. 사고기여도가 있어야 보상이 좀 더 용이하다.

그런데 MRI 판독을 하면 사고로 인한 디스크인지 퇴행성인지 어느 정도 구분할 수 있기 때문에 교통사고로 인한 디스크라는 진단을 받아도 사고기여도를 제대로 받기가 쉽지 않다. A씨처럼 사고 이전에 허리 통증으로 병원에 간 적이 없는데도 MRI에서는 퇴행성 소견이 나오기 때문이다. 직립보행을 하는 인간은 누구나 나이를 먹으면 퇴행성 디스크가 올 수 있다. 하지만 문제는 이 잣대를 천편일률적으로 적용한다는 것이다. 사고 정황이나 나이, 과거에 치료한 경력이 없다는 사실은 전혀 감안하지 않고 비슷한 기준으로 평가한다.

그렇다면 의사들의 사고기여도 산정은 적절한가? 그것도 의문이다. 의사들마다 사고기여도에 대한 소견이 다르다. 사실 사고기여도가 30퍼센트인지 50퍼센트인지를 정확히 알 수는 없다.

오래전에는 교통사고로 인한 디스크도 고액의 장해보상을 받던 시절이 있었다. 그러나 요즘 교통사고 디스크는 환자 취급조차 해주지 않는 안타까운 실정이다.

퇴행성 논란이 되는 부분을 다친 경우 보험회사 직원에게 먼저 건강보험으로 치료할 수 있는지 물어본다. 어떤 경우는 보험회사 직원이 먼저 건강보험 치료를 권하고 자기부담금에 대해 영수증 처리를 해주겠다고 한다.

보험회사에서 치료비를 지급하지 않겠다고 해서 치료도 받지 못하고 시간만 보낸다면 나중에 발생하는 추가 손해는 고스란히 본인의 몫으로 돌아온다. 교통사고가 났는데 보험회사가 치료비를 지급하지 않겠다고 해도 너무 당황하지 말자. 건강보험으로 치료하고 자기부담금을 보험회사에 청구하면 된다.

급여제한 여부 조회서

진료자의 의료보험 적용 여부에 대하여 건강보험공단에 조회를 요청하기 위해 작성하는 문서이다. 급여제한 여부 조회 제도는 요양기관의 판단으로 급여를 제한하는 경우를 방지하고 건강보험 가입자의 수급권을 보호하고자 실시하는 제도이다. 교통사고, 폭행 사고, 산재 사고, 자해 사고 등 급여제한 사유에 해당할 것으로 판단되어도 요양급여를 시행하고 요양기관은 바로 급여제한 여부 조회서를 공단으로 보내 건강보험 적용 여부를 결정한다. 건강보험공단에 해당 조회서를 보내면 7일 이내에 급여제한 여부 결정에 대한 통지서를 발송한다.

출처 : 네이버 비즈폼 서식 사전

치료 기록을
반드시 남겨라

진료기록 없는 보상은 없다

　교통사고에서 가장 중요한 것은 인명 피해에 대한 구제이다. 파손된 차량이나 물건은 일부를 교체하거나 새로 살 수 있지만 사람의 생명은 그럴 수 없기 때문이다. 교통사고로 사람이 다치면 반드시 치료를 하게 되는데 경과에 따라 보상이 달라진다.

　보험회사는 진단명과 치료 기록을 근거로 사고의 크고 작음을 판단하고 보상 규모를 추산한다. 보험회사의 전산에는 환자에 대한 손해를 추산해놓은 시스템이 있다. 그 내용은 크게 치료비, 휴업손해, 향후 치료비, 일실수익, 위자료로 나뉜다. 이 모든 항목들이 상병명에 따른 치료 결과에 따라 달라진다. 그래서 진료기록은 나중에 분쟁이 발생했을 때나 합의 과정에서 매우 중요한 근거가 된다.

교통사고가 나서 병원 가면 굳이 신경 쓰지 않아도 병원 기록이 남지 않느냐고 반문할 수도 있다. 물론 내가 요구하지 않아도 당연히 진료기록이 생긴다. 그런데 이 진료기록을 좀 더 적극적으로 신경 쓰고 관리할 필요가 있다. 정확하고 효율적인 치료를 하는 것뿐 아니라 보상을 위해서도 진료기록을 꼼꼼히 챙겨야 한다. 몇 가지 예를 통해 진료기록의 중요성을 살펴보자.

사소한 통증이라도 말하고 검사하라

평소 눈코 뜰 새 없이 바쁜 나날을 보내는 A씨는 모처럼 시간을 내서 자전거를 타기로 했다. 편안한 마음과 가벼운 복장으로 자전거를 타고 아파트 정문을 나오던 A씨는 갑작스런 충격으로 중심을 잃고 바닥에 나뒹굴고 말았다. 옆길에서 나오던 소형 트럭이 미처 A씨를 발견하지 못하고 지나가다 자전거 뒷바퀴를 건드린 것이다.

A씨는 사고 수습 후 상대 보험회사에서 준 사고접수번호를 받아 병원을 찾았다. 어디를 다쳤냐는 의사의 질문에 A씨는 허리가 아프고 손바닥이 까졌다고 말했다. 허리와 손바닥 X레이를 찍고 집으로 돌아온 A씨는 다음 날 정상적으로 출근해 업무를 처리했다. 그런데 오후가 되자 다친 부위가 어제보다 더 아파왔다. 게다가 조금 신경 쓰이기는 했지만 괜찮다고 생각해서 의사에게 말하

지 않았던 무릎까지 아팠다.

평소에 다치거나 아파도 그리 대수롭게 생각하지 않던 A씨는 며칠 지나면 괜찮겠지 하고 시간을 보냈다. 그런데 허리 통증이 점점 심해졌다. 다시 병원을 찾은 A씨는 MRI 촬영 결과 허리 디스크 진단을 받았다. 의사한테는 이전에도 아팠지만 진료를 받은 적은 없다고 했다. 허리 디스크 진단을 받고도 병원에 가기 싫어하는 성격 탓에 꾸준히 치료를 받지도 않았다.

살짝 신경이 쓰이던 무릎은 진료조차 보지 않았다. 무릎이 붓기도 하고 뻑뻑해지는 증상도 있었는데 말이다. A씨는 대수롭지 않은 사고로 오래 시간을 끌기가 싫어서 한 달도 되지 않아 보험회사와 합의했다. 그러나 석 달 후 A씨는 무릎에 이상을 느끼고 병원을 다시 찾았다. MRI 검사 결과 의사는 진구성 십자인대 부분파열이란 진단을 내렸다. 진구성이란 '오래된' 또는 '늦게 발견되었다'는 의미다.

┈┈┈┈┈┈┈┈▶ 버스 떠난 뒤에 손 흔들어도 소용없다

사고 당시 초진 기록에도 십자인대에 대한 내용이 없었고 보험회사와 이미 합의까지 끝낸 상태에서 보상이 가능할까? 뭘 좀 아는 사람이라면 '합의 당시 당사자가 전혀 예상하지 못했던 증상이 나타났고, 그 증상으로 인한 후유장해 보상금이 처음 합의한 금액과 현저한 차이가 있다면 다시 보상받을 수 있다'고 생각할 것이다.

또는 향후 치료비는 나중에 지불한다는 내용을 합의서에 쓴 경우에도 다시 치료받을 수 있다.

그러나 현실적으로는 한번 합의하면 다시 치료받기가 쉽지 않다. 더구나 A씨는 무릎에 대한 치료 기록이 전혀 없다. 보험회사는 A씨의 무릎이 사고 이전에 다친 것인지, 사고 때 다친 것인지, 사고 이후 생활하다가 다친 것인지 알 수 없기 때문에 교통사고로 인정하지 않으려 할 것이다.

건강보험 치료 내역을 발급해서 지금까지 무릎으로 치료한 이력이 없다는 사실을 증명한다 한들 믿어줄지 의문이다. 의사에게 석 달 전 사고로 인해 파열되었다는 소견을 받으면 될까? 초진에서 무릎에 대한 어떤 증상도 기재하지 않았는데 당시 사고로 인한 것이라는 소견을 쓰기에는 의사도 부담을 느낄 것이다. 힘들게 소견서를 받아서 제출해도 보험회사가 인정하지 못하겠다고 완강하게 나오면 결국 소송을 해서 다퉈야 한다. 소송에서도 증거가 없으면 이기기가 쉽지 않다.

------------------→ **중환자는 보호자가 세심하게 살펴야 한다**

또 다른 사례를 들어보자. 보행자 교통사고로 뇌 손상을 입은 B씨는 사고 후 열흘간 중환자실에서 사경을 헤매다 겨우 의식을 회복하고 일반병실로 옮겨졌다. 가족들은 처참한 사고에서 목숨을 건진 것만으로도 너무나 감사하게 생각했다. 하루아침에 남편이 중환자로

누워 있게 되자 아내는 간병인에게 남편을 맡기고 생계를 위해 일해야 하는 처지에 놓였다.

아이들까지 돌봐야 하는 아내가 남편을 보러 오는 시간은 퇴근 후 잠시뿐이었다. 그래도 볼 때마다 남편의 상태가 좋아지는 것이 눈에 보이자 아내는 더욱 열심히 일할 수 있는 힘을 얻어서 집으로 돌아갔다. 사고 후 3개월쯤 지난 어느 일요일 오후, 아내는 오랜만에 여유 있게 남편과 함께 시간을 보내고 있었다.

다시 태어나다시피 한 남편과 이런저런 이야기를 나누던 아내는 평소와 다른 남편의 행동과 말에 깜짝 놀랐다. 방금 전에 이야기한 것을 금세 잊어버린다거나 전혀 화낼 상황이 아닌데도 갑자기 화를 내는 것이었다. 남편의 행동들이 낯설었지만 치료 중에 나타나는 일시적 현상이겠지 하면서 내색하지 않았다.

그런데 이런 증상이 지속적으로 나타나기 시작했다. 신경외과 주치의에게 증상을 이야기하니 머리를 다친 사람이 치료 중에 일어날 수 있는 증상이라며 대수롭지 않은 표정을 지었다. 답답한 아내는 가장 가까이에서 지켜보는 간병인에게도 물어보았지만 잘 모르겠다고 대답했다.

수개월이 지난 어느 날 퇴원 수속을 위해 남편과 함께 병실에서 대기할 때 다른 환자가 침상에서 변을 보았다. 아내는 지독한 냄새에 코를 막으며 얼굴을 찡그렸지만, 남편은 아무런 냄새도 나지 않는 듯 태연하게 앉아 있었다. 평소에 남편은 조금만 이상한 냄새가 나도 민감하게 반응했는데 말이다. 아내는 의아한 표정으로 남편에게 물었다. "당신 괜찮아?" 남편은 왜 그러냐는 듯 "뭘?" 하고 되물었다. 아내는 작은 소리로 남편에게 속삭였다. "저쪽 침상 환자가 변을 본 거 같은데 냄새 안 나냐고?" 남편은 코를 킁킁거리더니 이상하다는 듯 말했다. "무슨 냄새가 난다고 그래? 아무 냄새도 안 나는데."

퇴원 수속으로 바쁘게 왔다 갔다 하던 아내는 다음 외래 진료에 와서 이야기해야겠다고 생각했다. 퇴원한 이후로도 남편의 이상한 행동은 계속되었다. 남들이 보기에는 멀쩡한 것 같은데 같이 생활하는 가족들은 사고 전과 후의 차이를 확연히 느낄 수 있었다. 그러나 치료 과정에서 나타나는 일시적 증상이라고만 생각했다.

외래 진료에서 주치의는 X레이를 찍어 이전 상태와 비교하며 좋아졌다는 말만 되풀이하고 약을 처방해주었다. 사고 후에 냄새도 잘 못 맡는 것 같다고 말하자 의사는 일시적으로 그런 현상이 나타날 수도 있으니 기다려보자고 했다. 그렇게 1년의 시간이 흘렀다.

이럴 때 보호자는 어떻게 해야 할까? 머리를 다쳐서 환자 본인이 인지하지 못하거나, 의료진에게도 눈에 띄지 않는 후유 증상이 나타날 때는 가족들이 유심히 살펴보아야 한다. 머리를 다친 환자들의 후유 증상은 다양하게 나타난다. 정신은 멀쩡한데 신체가 불편한 사람도 있고, 사지는 멀쩡한데 정신에 문제가 생기기도 한다. 어떤 경우는 정신과 육체 모두 이상 증상이 나타난다.

신체에 나타나는 후유 증상은 겉으로 나타나지만 정신적인 후유 증상은 눈에 보이지 않는다. 다만 증상이 심해지면 이상한 말이나 행동을 하게 된다. 그런데 뚜렷한 증상이 아니라면 의료진이 파악하기 힘들다. 어떤 부위를 다쳤을 때 어떤 증상이 나타나리라는 연관성은 알고 있지만 의료진이 눈으로 보지 못한 부분은 단정 지어서 말할 수 없다. 입원 중이라면 어떤 식으로든 의료진이 이상 증상을 파악할 수도 있겠지만 퇴원 후에는 어렵다. 계속해서 그 환자만 관찰하고 있을 수는 없기 때문이다.

이때는 보호자의 역할이 매우 중요하다. 사고 전과 비교해 달라진 점을 반드시 이야기해야 한다. 그리고 그 내용을 진료기록에 남겨야 한다. 냄새를 맡지 못하는 것과 같은 이상 증상들을 의사에게 이야기하지 않으면 아무런 기록이 남지 않기 때문에 나중에 손해배상 청구 시 분쟁의 소재가 된다. 치료 근거가 받쳐주지 못하기 때문이다.

그런데 실제로 증상을 계속해서 이야기해도 크게 신경 쓰지 않거나 진료기록에 남기지 않는 의사들도 있다. 이럴 땐 어떻게 해야 할까?

머리를 다쳐 신경외과 치료를 받는 도중 정신과 또는 이비인후과 증세가 나타나면 신경외과 주치의에게 이야기해서 협진을 요청하면 된다. 이것도 여의치 않으면 해당 진료과에 직접 신청한다. 정형외과 의사는 다리가 부러진 환자를 수술하고 회복되면 그 외의 세부적인 재활운동에는 크게 신경 쓰지 않는다. 마찬가지로 신경외과 의사들은 눈에 보이는 뇌 손상을 치료하지만 후유 증상인 정신과 문제까지 자세히 신경 쓰지 않는다. 해당 영역들이 세분화되어 있기 때문에 이상 증상이 있다면 해당 진료과의 진료를 통해 문제를 해결해야 한다.

특히 뇌 손상 후에 나타나는 후각의 소실에 대해서는 많은 환자들이 모르고 넘어가는 경우가 많다. 일반 사람들이 머리를 다친 것과 냄새를 못 맡는 것의 인과관계를 알지 못하기 때문이다. 후각의 소실은 각종 질환 때문에 생길 수도 있고 외부의 충격으로 머리를 다친 후 나타나기도 한다. 후각신경은 아주 얇은 실 같은 형태인데 외부의 충격으로 신경을 직접 다치면 사실상 회복이 어렵다고 한다. 후각의 소실은 외부 충격 후 바로 나타나지만 본인이 말하지 않으면 알 길이 없다.

통증과 같은 불편함이 없고 단지 냄새를 못 맡거나 음식의 맛을 못 느끼는 정도이기 때문에 목숨과 직결된 중한 치료를 하고 있거나 감각이 좀 무딘 사람들은 빨리 발견하기 힘들다. 앞의 사례처럼 뇌 손상으로 생사를 넘나들다 살아난 사람이나 머리와 함께 다른 곳도 많이 다쳐서 장기간 치료를 요하는 경우에는 빨리 발견하기가 더욱 힘들다.

이것은 교통사고뿐만 아니라 개인보험 후유장해에서도 매우 중요한 문제다. 장해의 정도로 따지면 교통사고에서 인정하는 후각 소실 또는 감퇴는 현실적으로 노동력 상실률 3퍼센트밖에 되지 않는다. 하지만 개인보험 후유장해는 장해율 15퍼센트(보험 가입 시기에 따라 다름)이다. 개인의 후유장해 가입 담보에 따라 큰 금액이 될 수도 있다.

실제로 이와 비슷한 사건으로 보험회사와 소송을 벌인 적이 있다. 역시 보험회사는 연구 결과에 따르면 후각 소실은 바로 나타나는 것인데 시간이 지난 다음에 발견한 사실을 문제 삼으며 지급을 거절했다. 1심의 진료기록 감정에서도 외상으로 인한 장해가 인정된다고 했지만 보험회사는 이에 불복해 항소했다. 항소심에서 신체감정까지 한 끝에 후각 소실을 인정받았다. 보험회사는 사소한 꼬투리라도 잡으면 결코 물러서지 않는다. 그래서 암환자가 암 때문에 죽는 것이 아니라 보험회사와 분쟁하다가 죽는다는 말이 나오는 것이다.

남편의 상태에 대해 알지 못했거나 알고 있었지만 진료기록에 남기지 못했다면 어떻게 될까? 보험금 산정 시 분쟁이 되는 것은 불 보듯 뻔한 일이다. 가장 중요한 머리를 다쳤다고 생각하는 본인이나 가족들은 원하는 보험금의 기대치가 높을 것이고, 보험회사는 진료기록에 나타나지 않은 증상에 대해서는 보험금을 주지 않으려 할 것이기 때문이다.

보호자인 아내는 하루라도 빨리 정신과와 이비인후과 진료를 신청해야 한다. 치료하는 것은 물론 정당한 보험금을 받기 위해서다. 실제로 보상 담당자들이 환자 상태가 좋지 않은 것을 알아도 근거가 없어서 고민하는 경우도 있다. 위에 제시한 사례들뿐만 아니라 모든 상해 사고에서 진료기록은 필수다. 영리를 추구하는 보험회사는 절대 근거 없이 보상을 하지 않는다. 사소한 증상이라도 반드시 의료진에게 이야기하여 기록으로 남겨야 한다.

소득 자료를
챙겨라

사고 초기에 정신없이 경찰 조사가 끝나고 고통스런 병원 치료가 어느 정도 익숙해지면 보상으로 눈을 돌려야 할 때다. 부상 부위에 대한 최선의 치료와 사고로 인한 육체적 정신적 피해에 대한 금전적 보상이 교통사고 손해배상의 핵심이다.

교통사고 손해배상은 사고로 인한 보상의 당위성을 입증하는 것으로, 근거가 부족하면 많이 다쳤다고 해도 절대 원하는 보상을 받을 수 없다. 반대로 사고를 입증할 근거가 충분하다면 다친 것에 비해 더 많은 보상을 받을 수 있다.

교통사고 보상 항목 중 위자료는 피해자의 부상이나 장해 정도를 근거로 책정된다. 휴업손해는 사고 당시의 소득과 그 소득이 입

중 가능한 것인지 여부에 따라 달라진다. 상실수익 중 후유장해는 피해자가 치료를 종결한 후 잔존하는 장해의 정도를 잘 입증해야 한다. 개호비(간병비)는 치료 종결 후에도 호전되지 않아 누군가 일정 시간 동안 돌봐줘야 한다는 것이 입증되어야 한다. 향후 치료비는 앞으로 얼마나 더 치료해야 할지, 어떤 방식으로 치료해야 할지 입증해야 지급받을 수 있다.

소득이 많아도 입증해야 인정받는다

위와 같은 보상 항목을 계산하기 위해서는 보상금 산정 요소의 전제 조건이자 핵심 요소를 이해해야 한다. 보상금을 결정하는 4가지 핵심 요소는 나이(가동연한), 과실, 소득, 장해율이다. 그중 나이는 내가 어떻게 할 수 있는 부분이 아니다. 사고 당시 이미 결정되어 있기 때문이다. 그리고 장해율은 치료 후 후유 증상에 따라 의사가 평가하는 것이다.

그렇다면 내가 입증할 수 있는 것은 무엇일까? 바로 과실 비율과 소득이다. 과실 비율은 사고 경위를 정확히 파악하여 나의 억울한 부분을 주장하는 것이고, 소득은 사고 당시의 소득을 입증하는 것이다. 물론 소득도 사고 당시에 이미 결정되는 것이지만 그것을 최대한 인정받을 수 있는가 하는 문제는 별개다.

소득 인정 여부는 사고 당시의 소득이 세금 신고가 되어 입증 가능한 것인지에 따라 달라진다. 급여소득자처럼 정기적이고 객관적 입증이 가능한 소득도 있고, 일용근로자처럼 비정기적이고 입증 불가능한 소득도 있다. 따라서 소득 자료를 어떻게 확보할 것인지가 매우 중요하다.

소득을 인정받는 방법

보험회사는 어떻게 해서든 보상금을 적게 주려고 하기 때문에 소득 인정 범위와 기준도 매우 까다롭다. 나이와 과실 등 보상 조건이 같아도 소득이 많으면 지급해야 할 보상금이 훨씬 많아진다. 그래서 보험회사는 소득 입증 서류를 제출해도 보완 서류를 요구하고 소득이 높을수록 어떻게든 삭감할 핑계를 찾는다. 그렇다면 어떻게 해야 소득 자료를 인정받을 수 있을까?

급여소득자라면 직전 3개월치 급여명세서와 재직증명서로 쉽게 입증할 수 있다. 또는 국세청에서 원천징수영수증을 발급해 제출하면 된다. 사업소득자는 소득금액증명원이 필요하다. 따라서 종합소득세 신고를 적게 하거나 하지 않은 경우에는 소득인정을 받을 수 없다. 그래서 현실적으로 상당수의 사업자들이 소득을 제대로 인정받지 못한다. 먹고살려다 보니 신고를 누락하는데 사고가 나면 문제가 되는 것이다.

소득 입증이 쉽지 않은 직종은 건설 관련 일용직들이다. 건축업에 종사하는 사람들 중 기술자는 하루 일당이 상당히 높다. 하지만 직업의 특성상 항상 일정 시간 동안 일하는 것이 아니므로 급여

소득자처럼 명확한 소득을 입증하기 어렵다. 이때는 노임대장과 통장내역을 제출하여 주장할 수 있다. 하지만 보험회사 입장에서는 그 당시의 수입이 가동연한까지 계속 이어질 것이라고 생각할 수는 없다. 해당 공사를 완공할 때까지는 당시 수입을 인정할 수 있으나 그 이후는 어떻게 될지 모르기 때문에 기술자가 아닌 보통 인부의 평균 수입 정도만 인정하려 한다.

또한 피해자가 실제로 해당 직종에 종사하고 있었는지, 해당 직종의 기술자가 맞는지도 입증해야 한다. 보통 인부인데 일당을 높이기 위해 기술자라고 할 수도 있기 때문이다. 매년 1월과 9월에 대한건설협회에서 발표하는 시중노임단가에서 개별직종노임단가표를 보면 피해자의 전공 직종별 일당을 알 수 있다. 2019년 1월 기준에 따르면 건축목공 일당은 20만 925원이고, 보통 인부의 일당은 12만 5,427원이다. 따라서 피해자가 건축목공 기술자가 맞다면 보유하고 있는 목공 장비나 동료들을 증인으로 내세운 인우보증서를 작성하는 것도 필요하다.

원천징수를 하지 않은 영세업체나 현금을 받은 경우 이를 입증하는 사문서는 신빙성이 떨어지기 때문에 인정받기 어렵다.

사업자나 상용직으로 종사하며 해당 직종에 오랜 경력이 있으나 수입 입증이 모호한 경우 통계소득을 주장할 수 있다. 통계소득은 1년에 한 번 고용노동부에서 발표하는 '고용 형태별 근로실태조사보고서'에서 같은 직종의 근속 기간 차이, 남녀 차이에 따른 평균 소득을 분석한 것이다.

통계소득은 실제로 소득 입증 자료가 미비한 경우 고용 형태별 근로실태 조사보고서에 나오는 것과 동일한 직종에 종사하고 있고 사고 현재까지 계속해서 소득활동을 하고 있어야 적용할 수 있다.

이런저런 방법으로도 입증할 수 없다면 도시일용노임을 적용받아야 한다. 도시일용노임이란 특별한 기능이 없어도, 사고 당시 무직 상태였어도 신체가 건강한 사람이라면 언제든지 벌 수 있을 것으로 예상되는 일정 수준의 소득을 말한다. 도시일용노임은 남녀 모두 동일하게 적용되고, 사고 당시 실제 소득이 더 낮아도 적용된다.

언제나 계속되는 싸움,
과거 병력

- - - - - - - - - - - -→ 우리 몸의 3대 소모품을 다치면 항상 논란이 된다

금요일 오후, 주말부부인 A씨는 한 주의 근무를 마치고 이제는 친구처럼 지내는 아내와 저녁 식사를 함께 하기 위해 집으로 가고 있었다. 다음 달이면 정년퇴임을 하는 A씨는 퇴임 후 아내와 함께 텃밭도 일구고 같이 여행도 하리라 생각하고 즐거운 마음으로 회사에 다녔다.

그런데 이날은 사고가 날 운명이었던 것 같다. A씨는 톨게이트를 빠져나오자마자 사고 차량을 발견하고 급제동을 걸었지만 뒤따라오던 차량이 A씨를 추돌하고 말았다. 갑작스런 충격에도 핸들을 놓지 않았던 A씨는 사고 후 어깨에 통증을 느끼기 시작했

다. 신고를 받고 출동한 119구급차를 타고 병원에 가서 기본적인 X레이 검사를 했는데 다행히 큰 이상이 없었다.

그러나 그날 밤 잠을 자려고 누웠는데 기분 나쁜 통증이 찾아왔다. 평소에 느끼지 못했던 통증이었다. 다음 날 다시 병원에 가서 MRI 검사를 해보니 회전근개파열이라는 진단이 나왔다. 회전근개는 어깨를 둘러싼 4개의 근육들을 말하는데, 그중 하나 이상이 파열되어 통증을 일으킨 것이다. 전문의 소견에 따라 수술을 받은 A씨는 몇 달 후 보험회사 직원에게, 회전근개는 질병력이 크기 때문에 보상은 질병 부분을 빼고 50퍼센트만 주겠다는 말을 들었다.

이제까지 어깨는커녕 다른 곳도 아픈 적이 없었던 A씨는 너무 황당했다. 하지만 보험회사는 진단서상 질병인 M코드를 받았고, 퇴행성 질환이 생길 나이이기 때문에 대부분 그렇게 처리한다고 했다. A씨는 이 상황을 어떻게 이해하고 대처해야 할까?

자동차에는 수많은 부품들이 있다. 폐차 때까지 고장 나지 않는 부품도 있고, 주기적으로 바꿔주어야 하는 부품도 있다. 계속 사용하면 닳는 부품을 소모품이라고 한다. 이와 마찬가지로 우리 몸에도 일종의 소모품이 있다. 보상과 관련된 우리 몸의 3대 소모품은 어깨의 회전근개, 목이나 허리 디스크, 무릎 연골이다.

이 3대 소모품은 나이를 먹을수록, 많이 쓸수록 닳는다. 대부분의 골절은 사고로 인한 상해가 100퍼센트 인정되지만 이 부위를 다치면 질병이냐 상해이냐 하는 분쟁이 생긴다. 나이가 많을수록 이 논란은 더 심해진다. 이미 닳아서 퇴행성질환이 진행되었다고 보기 때문이다. 사고 이전에 이 부분에 문제가 생겨서 병원 진료를 받은 적이 없다 하더라도 보상해주지 않으려고 한다.

이렇게 퇴행성질환뿐만 아니라 과거의 상해, 질병 이력을 기왕증 또는 기왕력이라고 부른다. 보험회사가 이번 사고로 나타난 것이 아니라 원래 가지고 있던 질병이라 여기고 치료나 보상을 해주지 않으려고 한다면 어떻게 해야 할까?

• 상해기여도 소견을 잘 받아야 한다

위의 사례는 어디서 보상 근거를 찾을 수 있을까? 이때는 검사를 통해 과거 병력과 사고기여도를 산정해봐야 한다.

과거 병력이나 퇴행성의 정도, 사고기여도를 정확히 비율로 나누기는 쉽지 않다. 사고기여도는 사고와 해당 병변의 인과관계를 바탕으로 산정한다. 예를 들어 디스크는 사고가 충돌(반대 방향 진행 차량끼리 충격)인지, 추돌(동일 방향 진행 차량끼리 뒤에서 충격)인지, 보행자 사고인지, 사고 순간 신체 변화와 영상기록(MRI)의 신호 강도 변화를 파악하고 진료 의사의 소견을 바탕으로 진단한다.

그렇게 해서 사고기여도가 정해지면 나머지는 과거 병력 즉 기왕증이 되는 것이다. 그러나 문제는 사고기여도가 의사의 소견으로 산정된다는 부분에 있다. 물론 영상기록을 판독하고 사고 상황에 대한 환자의 진술을 통해 객관적으로 소견을 내리지만 그 누구도 정확하게 질병이 몇 퍼센트, 사고기여도가 몇 퍼센트라고 할 수는 없다. 그동안 축적된 수많은 의학적 데이터들과 실제 손해배상에서 적용되는 측정의 테두리 내에서 정해질 뿐이다.

그렇다 보니 예전에는 70퍼센트로 산정되던 사고기여도가 요즘은 30퍼센트 정도밖에 되지 않는다. 물론 사고 충격의 정도가 사람마다 다르지만 보통 추세가 그렇다.

보상과 연결해서 설명하면 쉽게 이해할 수 있다. 오래전에는 디스크도 높은 사고기여도와 영구장해를 인정받아 상당한 보험금을 수령했다. 하지만 오늘날 디스크로 영구장해는 꿈도 못 꿀 뿐만 아니라 사고기여도도 낮아서 속칭 '개털 사고'가 되었다.

이렇게 디스크로 인한 장해는 법원에서도 사고기여도를 50퍼센트 이내로 인정하고 그 기간도 3년 이내가 많다. 보험회사는 디스크를 상해로 인정하지 않기 때문에 보험금도 매우 적게 주려고 한다. 이런 추세이다 보니 사고 전에는 아픈 적이 없는데 사고 후 디스크가 된 사람들, 특히 젊은 사람들이 종종 피해를 본다.

보험회사는 차량의 파손 정도나 환자의 나이, 진료기록 등으로 사고기여도를 판단한다. 일단 차량 파손이 심하지 않으면 사고에 의한 디스크를 인정하지 않는다. 의학적으로도 그 정도 충격(차량이 경미하게 파손되는 정도의 충격)으로 디스크가 파열된다고 보지 않는다.

하지만 환자의 입장은 다르다. 지금까지 병원을 가기는커녕 통증을 느낀 적도 없기 때문이다. 그런데도 현재 추세를 기준으로 하기 때문에 환자와 보험회사 간에 견해 차이로 분쟁이 생기는 것이다. 완전한 질병으로 보아 치료조차 해주지 않는 경우도 있고, 치료는 해주더라도 보상은 해주지 않는 경우도 있다. 억울하면 소송하라는 것인데, 현실적으로 그 정도의 사건을 가지고 소송하기 힘들다는 것을 보험회사는 이미 잘 알고 있다.

자동차 사고가 나서 전구가 깨지거나 와이퍼브러시가 부러졌다면 대물보상에서 새것으로 교체해준다. 사고 전 전구를 언제 교체했는지, 와이퍼는 언제 갈아 끼웠는지를 따져서 그 수명이 다 됐을 때 사고가 난 것이라고 판단해 보상을 해주지 않는 경우는 없다.

그런데 자동차보다 훨씬 소중한 신체 상해는 논란이 된다. 퇴행성질환이 있다고 하더라도 사고가 나지 않았다면 아프지도 않아 모르고 지냈을 수도 있는 것 아니겠는가. 여러 이해관계가 있겠지만 아무리 질병력이 있더라도 사고로 인해 심각해진 부분이 있다면 당연히 보상받아야 한다.

보험회사에서 기왕증을 이유로 보험금을 주지 않으려 한다면 본인의 상해 정도와 교통사고의 인과관계를 잘 입증해야 한다. 사고가 났는데 하필이면 소모품으로 보는 디스크나 회전근개, 무릎 연골을 다쳤다면 다음의 방법을 참고해보자.

일단 충분히 치료한 다음 보험회사에 이야기한다. 보험회사가 질병이기 때문에 지불보증으로 치료해줄 수 없다고 하면 건강보험으로라도 치료하고 담당자와 협의하여 건강보험의 자기부담금을 보험회사로부터 지급받는다. 전체 치료비 중에 질병력이 훨씬 크다면 그 질병력에 대한 부분을 보험회사가 지불하지 않으려 하기 때문에 차라리 건강보험으로 처리하고 자기부담금을 보험회사로부터 받는 것이 더 낫다.

주치의에게 사고기여도에 대한 소견을 받아놓는다. 의사의 성향이 저마다 달라서 같은 병명을 가지고도 다른 소견을 내릴 수 있다. 또 논란에 휘말리기 싫어서 소견 자체를 써주지 않는 의사도 있다. 이럴 때는 제3의 병원으로 가서 진료를 보는 방법도 있다.

기왕이면 피해자 입장을 잘 이해해주는 의사의 소견을 받는 것이 좋다. 사고기여도가 높다고 하여 보험사가 모두 인정하는 것은 아니지만 보험회사는 자문료를 주고서라도 자신들에게 유리한 소견을 받으려고 하기 때문에 피해자는 피해자대로 적극적인 방법을 구해볼 필요가 있다.

진단서를 보면 진단명을 적은 우측에 그 진단에 대한 코드가 나온다. 의학적 검사상 급성파열이 아니라면 대부분 진단명에 상해 코드인 S가 아닌 질병 코드인 M이 적힌다. 그렇다고 이 진단이 전적으로 질병이라는 것을 의미하지는 않는다. 사고로 인해 가중된 부분도 분명 있기 때문에 사고기여도 소견을 잘 받아놓으면 차후 보험회사와 합의할 때 유용하게 쓰일 수 있다.

무엇보다 치료를 꾸준히 받는 것이 매우 중요하다. 진료기록이 많다는 것은 그만큼 환자의 상태가 좋지 않았다는 것을 증명하기 때문에 보험회사 입장에서도 별것 아닌 환자로 분류할 수 없다. 내가 정말로 아픈지를 정확히 알 수 없는 보험회사는 진료기록이나 치료 횟수를 기준으로 삼기 때문이다.

보험회사의 말은
절반만 믿어라

철석같이 믿었던 사람에게 사기를 당한 적이 있는가? 여러 개 사면 싸게 주겠다는 장사꾼의 현란한 말솜씨에 넘어가 물건을 샀는데 옆 가게에 갔더니 그보다 더 싸게 팔고 있는 것을 보고 기분이 상한 적이 있는가?

작년 겨울 강원도의 한 수산시장 난전에서 말린 생선을 산 적이 있다. 한 가게에 들렀는데 3마리에 2만 원이라며 자기네 가게가 제일 싸고 품질도 좋다고 했다. 결정적으로 자신들은 3대째 한자리에서 건어물을 팔고 있다는 말에 의심 없이 기분 좋게 물건을 샀다.

그런데 그 가게에서 대각선으로 10여 미터쯤 떨어진 다른 가게에서 내가 산 것과 같은 품질의 건어물을 팔고 있었다. 가격을 물어보니 4마리에 2만 원이라고 했다. 돈이 문제가 아니라 사람의 믿음을 역이용했다는 사실에 더욱 기분이 나빴다. 그 사람은 평생 그렇게 장사를 해왔을 것이고, 괜히 다른 곳에서 물건 값을 물어본 내 잘못이라고 생각하며 시장을 나왔다.

속이려는 자와 당하지 않으려는 자의 싸움은 끊임없다. 아무리 믿을 만한 사람도 자신의 이익이 걸린 결정적인 순간에 돌변할 수 있다. 보통 중요한 일이 있을 때 얼굴 보고 이야기하자는 말을 한다. 전화로는 충분히 말하기 힘들 뿐 아니라 얼굴을 보고 말해야 상대의 말과 표정 속에 숨어 있는 특유의 뉘앙스를 살펴서 그 사람을 믿을 수 있는지 판단하려는 것이다. 그러나 사기꾼은 절대 자신의 본심을 드러내지 않는다. 또 사기꾼이라도 그 순간은 진실을 말하기도 한다.

보험회사는 내 마음 같지 않다

보험회사와 피해자의 싸움도 보험금을 주지 않으려는 자와 보험금을 받으려는 자의 진흙탕 싸움이다. 영리를 추구하는 회사들 간의 싸움은 그러려니 한다. 그러나 보험회사는 정보의 비대칭성을 이용해 피해자에게 불이익을 주므로 사람들의 신뢰도는 갈수록 떨어지고 있다. 그렇다 하더라도 보험회사는 눈 하나 깜빡하지 않는다. 아무리 욕해도 사회구조상 보험을 가입할 수밖에 없기 때문이다.

보험회사는 과연 고객 편일까? 고객을 생각하는 보험회사 직원은 있어도 고객을 생각하는 보험회사는 없다. 고객이 낸 보험료로 회사를 운영하지만 고객에게 그 돈을 다시 돌려주고 싶지는 않은 것이다. 물론 문제의 고객들도 많다. 보험의 허점을 이용해 사기행각을 벌이는 보험 사기꾼들은 같은 사고를 당했을 때 동일한 보험금을 지급받을 목적으로 보험료를 갹출하는 보험의 기본 취지를 위협한다.

하지만 대다수는 선량한 보험 가입자들이다. 사고의 경중에 따라 합당한 보험금을 받는 것이 당연한데도 보험회사는 갖은 핑계를 대며 주지 않으려고 한다. 실제로 거대 보험회사의 권력을 등에 업고 전문가 분위기를 풍기며 논리적으로 말하면 대부분의 사람들이 받아들일 수밖에 없다. 보험회사 입장에서는 맞는 말일 수 있지만 고객 입장에서는 아닐 수 있다. 하지만 보험회사 직원들을 비난할 생각은 없다. 그들은 자신들의 일을 열심히 하는 것뿐이다. 비난하기보다는 차라리 정당한 권리를 찾기 위한 대항력을 기르는 것이 낫다.

그럼 이제 보험회사의 문제가 무엇인지 하나씩 알아보자.

⟶보험회사의 말은 절반만 믿어야 하는 대표적인 사례

경상 사고 초기에 빨리 합의하려는 시도

사고 초기에 보험회사 직원이 찾아와서 지금 합의하면 진료비와 각종 검사비, 향후 치료비까지 합쳐서 모두 받을 수 있지만 병원비가 점점 늘어나면 나중에 지급받는 보험금이 줄어든다는 말을 한다. 하지만 이것은 사실과 다르다. 사고로 인해 발생한 치료비를 전문용어로 적극적 손해, 사고로 일을 하지 못하는 기간만큼 받는 휴업손해를 소극적 손해라고 한다. 또한 위자료는 정신적 손해이다.

적극적 손해인 치료비와 소극적 손해인 휴업손해, 정신적 손해인 위자료는 별개이다. 치료비가 늘어날수록 지급받을 보험금이 줄어든다는 것도 앞뒤가 맞지 않는 말이다. 치료비가 늘어난다는 것은 그만큼 많이 다쳤다는 뜻이다. 상해가 심할수록 후유증 확률이 높기 때문에 오히려 보험금이 더 많아진다.

합의금을 더 줄 수 없다

사고 초기에 빠른 합의 시도와 더불어 속칭 '간 보기'가 시작된다. 맨 처음에는 터무니없는 금액을 제시하고, 거절하면 다음에 찾아와 조금 더 올린 금액을 이야기한다. 그러다 상대가 만만치 않다고 생각되면 금액은 더 올라간다. 합의금도 사람을 봐가면서 준다는 것이다. 그러므로 보험회사 직원의 말을 쉽게 받아들여서는 안 된다.

보험회사 직원이 찾아와서 얼마를 원하냐고 물어보면 도리어 얼마를 줄 거냐고 반문하라. 잘 모르는 피해자가 제시한 금액이 실제로 받을 수 있는 금액보다 적어도 보험회사는 피해자가 말한 금액보다 더 주려고 하지 않는다. 제시한 합의금 액수가 현실과 맞지 않으면 그냥 돌려보내자.

이런 일은 경상 사고 합의 때만 일어나는 것이 아니다. 중상 사고로 후유장해가 남았을 때도 처음에는 말도 안 되는 금액을 제시한다. 피해자가 덥석 물면 게임은 끝난다. 거절하면 조금씩 합의금이 올라간다. 처음에는 한시장해 3년을 이야기하다가 며칠 뒤에는 5년이 되고 나중에는 영구장해가 되는 식이다.

처음에는 한시장해를 제시했는데 나중에 영구장해를 받았다고 해서 밀고 당기기가 주효한 것은 아니다. 보험회사가 이미 영구장해로 추산해놓은 보험금을 받은 것일 수도 있다. 거대 보험회사가 아무 근거도 없이 보험금을 더 주는 일은 없다. 그렇기 때문에 보험회사의 지급상한선 기준을 파악해보는 것도 좋다. 기왕이면 객관적 근거를 가지고 밀고 당기기를 하며 시간을 끌어야 한다. 객관적인 근거는 보험회사가 보험금을 지급해야 할 당위성을 만들어주고, 시간을 끄는 것은 보험회사를 피곤하게 만드는 전략이다.

요즘은 예전과 달리 피해자도 합의에 대한 정보들을 많이 알고 있다. 하지만 여전히 보험금을 심하게 후려치는 보험회사의 행태가 일어나고 있다. 그래도 양심적인 보험회사 직원들은 큰 사고를 당한 피해자에게 줘야 하는 만큼은 주자는 마인드를 가지고 있다. 내가 피해자 또는 그 가족이라면 이 합의금으로 될까 하는 반문을 하면서 피해자를 대한다. 보험회사에 대한 좋은 이미지를 가지고 있다면, 고객을 위하는 척하는 광고가 아니라 이런 직원들의 노력 때문일 것이다.

지급할 수 없는 항목이다

교통사고로 발생한 치료비라면 원칙적으로 모두 보상해야 한다. 그러나 성형이나 고가의 도수치료, 교정수술 같은 비급여 치료비는 보상할 수 없는 항목이라고 말한다. 특히 기왕증과 관련된 사고라면 인과관계가 불투명해서 더욱 논란이 된다. 이럴 때는 지급하지 않는 이유에 대해 근거를 제시하라고 해야 한다. 보험회사의 내부 지침일 수 있기 때문이다. 또한 회복을 위한 치료가 비급여 치료밖에 없다면 소견서를 받아서 제출하면 된다.

상급병실료가 문제되는 경우도 꽤 있다. 보험 약관에는 7일까지만 상급병실 사용을 인정하고 7일이 넘으면 기준 병실 입원료와 상급병실 입원료의 차액을 지급하지 않는다고 되어 있다. 하지만 감염 우려가 있어 격리 치료가 필요하다거나 기타 의료진의 판단에 따라 반드시 상급병실을 사용해야 하는 경우라면 인정받을 수 있다. 이러한 적극적 손해는 약관에서 보상하지 않는다고 해도 소송에서 인정받는 경우가 많다. 하지만 소송을 할 때는 실익을 잘 따져보아야 할 것이다. 손해배상 청구 소송과 같이 하면 괜찮지만 못 받은 치료비만 가지고 소송하려면 치료비가 소송실익 이상이어야 한다. 잘못하면 배보다 배꼽이 더 커질 수도 있다.

예전에는 간병비도 보험회사가 주지 않는 대표적인 항목이었으나 자동차보험 약관이 개정되면서 상해등급에 따라 최장 60일 한도 내에서 지급받을 수 있다. 개정 전에는 식물인간 상태의 환자와 사지완전마비 환자에게만 간병비를 지급했다. 그러나 이것도 현실적이지 않은 부분이 있다. 실제로 60일 이상 간병이 필요한 경우라면 소송을 통해 지급받을 수 있다.

의료 자문 결과에 따르면 장해가 없다

장해(노동력 상실)가 예상될 정도의 후유증이 나타나면 보험회사는 의료 자문을 하려고 한다. 소송에서는 객관적인 신체감정을 통해 장해를 판단하겠지만 그렇지 못한 경우 보험회사는 의료 자문을 통해 장해의 객관성을 입증하려고 한다. 문제는 대부분의 의료 자문이 환자의 얼굴 한번 보지 않고 서류만 가지고 판단한다는 것이다.

더구나 대부분의 의료 자문은 보험회사가 의뢰한다. 과연 객관적인지 의문이 가는 부분이다. 절단 사고처럼 눈으로 식별이 가능한 경우는 큰 문제가 없지만 관절의 강직이나 척추의 장해 등 대부분의 장해들은 보는 시각에 따라 소견이 다를 수 있다. 그에 따라 노동력 상실의 정도도 달라진다. 보험회사로부터 자문을 의뢰받은 의료진의 판단이 과연 객관적일까?

보험회사는 자문 결과를 가지고 지급해야 할 보험금을 줄이거나 주지 않으려고 한다. 하지만 이것은 보험회사의 일방적인 주장일 뿐이다. 이럴 때 피해자는 후유장해가 남아 있다는 것을 입증해야 한다. 주치의 또는 제3의 병원에서 장해 진단을 받을 수도 있다. 이런 방법으로 서로의 온도 차를 조율한다. 그래도 부당하다고 생각하면 소송에서 최종적으로 다퉈야 한다.

그러나 이것은 어디까지나 의료 자문 동의를 했을 경우에 해당하는 일이다. 원하지 않는다면 의료 자문에 동의하지 않아도 된다. 그런데 대부분의 피해자들은 보험회사 직원이 개인정보처리 동의서를 받을 때 의료 자문 동의를 함께 구하면 응해준다. 동의를 해줘야 객관적인 보험금 산정이 가능하다고 이야기하기 때문이다. 보험회사 내부적으로는 의료 자문 동의서를 따로 받지 않으면 감점 사항이다. 그래서 서명을 해주면 돌아오는 것은 형편없는 보험금이다.

이런 문제 때문에 똑똑한 피해자들은 보험회사가 요구하는 '개인정보처리 동의서'나 '진료기록 열람, 동의서'에는 절대 서명하면 안 된다고 한다. 맞는 말일까? 물론 개인의 재량이니 서명해도 되고 안 해도 된다. 애초에 소송을 생각하고 있다면 자료를 넘겨줄 필요가 없다. 하지만 말 그대로 합의해야 할 사건에서 보험회사의 요구를 거절한다면 보상 절차가 진행되기 힘들다. 피해자가 어떤 상해를 입었는지, 그 정도는 어떤지, 수술은 어떻게 했는지 등을 확인할 수 있는 진료기록이나 영상기록들이 있어야 손해를 파악하고 합의금을 산출할 수 있다. 그런 자료를 주지 않고 내 주장만 펼치면 처리 절차가 아예 이루어지지 않는다.

의료 자문 동의를 하지는 않더라도 진단서나 진료기록은 보여주는 것이 좋다. 다만 사고 초기부터 요구하는 것을 모두 들어줄 필요는 없다. 그 자료를 토대로 보험회사가 제시한 합의금이 내 상태나 판례에 비춰 부당하다고 생각되면 합리적으로 반박하는 것이 더 중요하다. 제시된 합의금이 현실적 보상 금액과 상당한 차이가 있을 때는 소송을 진행하면 된다.

소송했을 때 피해자가 넘겨준 기록으로 피해자에게 불리한 의료 진단이 나오면 문제가 되지 않느냐고 하는데, 크게 걱정하지 않아도 된다. 소송에서는 신체감정 결과로 판단하기 때문이다.

지금까지 정보의 비대칭으로 우위에 서려는 보험회사의 갑질에 대해 살펴보았다. 이외에도 다양한 상황에서 보험회사는 진짜인지 아닌지 헷갈리는 말들을 하기 때문에 기본 습성을 잘 파악해두는 것이 좋다. 아울러 피해자도 무조건 밀고 당기기를 하거나 떼를 쓰거나 보험회사의 요청을 거절하려 들지 말고 협조해줄 것은 해주고 객관적인 증거를 가지고 보상의 근거를 마련해야 한다.

통증은 보상이
안 되나요?

　오랜만에 회사 업무로 바쁜 아들이 내려온다는 반가운 소식에 어머니는 마음이 들떠 행복한 고민에 빠졌다. 멀리 떨어져 있거나 자주 보지 못하는 자식들이 온다고 할 때 어머니들이 생각하는 공통적인 생각은 바로 '어떤 맛있는 음식을 해줄까' 하는 것이다. 어머니는 즐거운 마음으로 시장에 가서 아들이 좋아하는 반찬거리를 한가득 사서 들고 집 앞 이면도로에 접어들고 있었다. 차가 동시에 교차해서 지나가기에는 비교적 좁은 도로였다.

　하필이면 장을 보고 집으로 향하는 어머니 옆에서 맞닥뜨린 두 차량이 서로 지나가려고 갓길을 침범하면서 사고가 일어나고 말았다. 옆에 지나가는 차량과 부딪치지 않으려고 우측으로 차를 붙이면서 때마침 사고 지점을 지나가던 어머니를 충격한 것이다. 빠른 속도는 아니었기에 그리 큰 사고는 아니었다.

그런데 양손에 반찬거리를 가득 들고 있던 어머니는 두 손으로 움켜잡은 장바구니를 놓치지 않으려다 팔 한번 짚어보지 못하고 고꾸라졌다. 그래도 다행히 특별한 외상은 없었다. 혹시 몰라 병원에서 진료를 받고 X레이도 찍어보았지만 큰 이상은 없었다. 아들이 도착했을까 봐 마음이 쓰였던 어머니는 서둘러 집으로 돌아왔다.

허리가 뻐근하고 약간 어지러운 증상이 있었지만 아들이 좋아하는 음식을 만드느라 크게 신경 쓰지 못했다. 어머니가 차려준 맛있는 음식으로 오랜만에 만난 가족들은 행복한 시간을 보냈다. 그런데 문제는 그날 밤이었다.

뻐근하던 허리는 돌아누울 수조차 없을 정도로 아팠고 심한 두통에 속이 메스껍기까지 했다. 급히 응급실을 찾은 어머니는 허리 염좌와 뇌진탕 진단을 받았고, 증상이 심해 입원까지 해야 했다. 계속되는 어지러움으로 인해 아들 배웅도 병원에서 할 수밖에 없었다.

이후에도 어머니는 증상이 심해졌다 나아졌다 반복하며 한 달 가까이 병원 신세를 져야 했다. 그런데 퇴원한 후에도 간헐적으로 어지러움과 메스꺼운 증상은 계속되었고 저녁이 되면 허리 통증이 더욱 심했다. 3개월 이상 지속되는 증상으로 몸이 지칠 대로 지친 어머니는 어떻게 보상을 받아야 할까?

교통사고가 나면 사고 후유증이 따라온다. 사고가 크든 작든, 부상 정도가 심하든 아니든 후유증은 동반된다. 심한 부상으로 수술을 하고 누가 봐도 후유증이 예상되는 상황이라면 차라리 덜 억울할 것이다. 그런데 진단은 나오지 않는데(또는 경미) 몸은 계속 아프면 제대로 호소할 수도 없다. 사고를 당한 지 몇 개월이 지나서 후유 증상이 나타나는 경우도 있다.

교통사고의 충격은 직접 타박상도 있지만 차량을 피하려다 생기는 비접촉 간접 타박상도 많다. 몸이 갑자기 정상적인 운동 범위를 벗어났다 돌아오는 경우 근육과 인대가 손상된다. 잘 보이지 않는 손상들을 제대로 치료하지 않으면 시간이 지날수록 만성통증으로 변한다.

이렇게 되면 보험회사는 별다른 진단도 없이 치료만 한다고 색안경을 끼고 볼 것이다. 심하면 보험금을 편취하려는 나일론 환자로 범죄 리스트에 올릴지도 모른다. 시간이 지날수록 가족도 꾀병으로 의심한다면 더욱 억울할 일이다.

실제로 경미한 사고로 오랫동안 고생하거나 사고 후 CRPS(복합부위통증증후군)로 발전한 환자들의 이야기를 들어보면 그런 경우가 종종 있다. 사고의 경중과 상관없이 통증이 잔존하는 것은 엄연한 사실이다. 그렇다면 교통사고 후유증으로 의심되는 증상들은 어떤 것들이 있을까? 다음은 일반적인 사고에서 환자들이 호소하는 후유증 증상들이다.

- 손상 부위에 지속적인 통증이 느껴진다.
- 속이 울렁거리고 어지럽다.
- 두통이 계속된다.
- 밤에 통증이 더 심하다.
- 몸이 처지고 무력감이 든다.
- 몸의 근육들이 뻣뻣하게 뭉치고 전에 없던 피로를 느낀다.
- 지나가는 차를 보면 무섭다는 생각이 든다(심리적 과민반응).

→ 통증은 보상 대상이 아니다

큰 상해를 입었을 때는 비교할 수 없는 후유 증상이 나타난다. 문제는 위와 같은 증상들은 측정할 수 없다는 것이다. 사고 정황을 따져보아 타당하면 치료비를 받는 데 큰 문제가 되지 않는다. 그러나 보상금을 지급받는 데는 큰 문제가 된다. 진단은 경미한데 계속 아프다고만 하면 보험회사 입장에서도 난감한 일이다.

손해배상은 불법행위 사실이 인정되고 그 불법행위로 인해 예측 가능하고 측정 가능한 후유 증상이 있어야 그것을 손해로 인정하고 금전으로 지급하는 것이다. 진단명이 받쳐주지 않는 통증은 인정되지 않는다. 근거가 부족하기 때문이다.

병원에는 통증점수표라는 것이 있다. 통증의 정도를 0에서 10단계까지 나누어 본인이 해당된다고 생각하는 점수에 체크하는 것이다. 아무리 의료진이라 해도 통증의 정도를 정확히 알 수는 없기에 이러한 표를 가지고 문진을 한다.

이렇듯 통증은 예상할 수는 있지만, 정확히 측정할 수는 없기 때문에 보상 대상이 되지 않는다. 별다른 진단도 없고 검사에서도 이상이 나오지 않으면 정신 또는 심리적인 원인에 의한 것이라고 의심받기도 한다. 억울하고 답답하지만 현실이다.

장해가 남을 정도의 중상 사고에서는 이런 다툼이 많지 않다. 진단명이 명확하고 그 진단은 얼마든지 후유증을 가져올 수 있다는 통상적인 수치가 정립되어 있기 때문이다. 중상 사고의 보상도 후유 증상에 대한 장해와 장해 기간을 따지는 것이지 통증의 유무를 따지는 것이 아니다. 통증은 장해의 대상이 아니라는 점을 염두에 둬야 한다.

⟶ 상상할 수 없는 고통, CRPS

한 가지 짚고 넘어가야 할 것이 바로 CRPS이다. 아직은 생소한 용어이지만 매스컴에 자주 언급되는 통증의 끝판왕이라고 할 수 있다. CRPS는 복합부위통증증후군(Complex Regional Pain Syndrome)의 약자이다. CRPS는 직접적인 신경 손상이 없는 제1형(CRPS type 1)과 말초신경이 손상된 제2형(CRPS type 2)으로 나뉜다.

CRPS는 '차라리 죽는 게 낫다'고 할 정도로 극심한 고통을 동반한다. 외상이나 수술로 발생하기도 하지만 염좌와 같은 대수롭지 않은 증상으로 발생할 수도 있다. 그래서 외상으로 인한 CRPS가

심각한 문제로 대두되기 전에는 꾀병처럼 취급되기도 했다. CRPS 환자들이 점점 많아지고 있지만 아직 뚜렷한 치료법도 없다. 진단을 위한 검사들이 있지만 명확한 것도 아니어서 국제통증학회의 임상적 기준과 검사 결과를 종합하여 진단을 내린다.

CRPS도 상식적으로 보면 이해되지 않는 부분이다. 어떻게 그렇게 살짝 다쳤는데 그런 심각한 증상이 나타날 수 있는가 하는 의문을 가질 수 있다. 그러나 사고로 인한 통증의 발현은 엄연한 사실이다. 그래도 요즘은 CRPS로 진단이 확정된 경우 소송에서도 CRPS장해를 인정하기도 한다. 다행한 일이지만 쉽지는 않다.

그러나 CRPS 외의 여러 다양한 통증이나 후유 증상들은 여전히 보상에서 제외되고 있다. 그렇다면 보이지 않는 통증은 어떻게 보상받아야 할까?

명확한 답은 없다. 우선 열심히 치료를 받아야 한다. 병원에서 치료를 받아도 나아지지 않는다고 해서 포기하면 안 된다. 적극적으로 치료하면서 진료기록을 남겨야 한다. 가만히 있으면 아무도 알아주지 않는다. 꾸준히 진료기록을 남겨놓으면 진단명이 없더라도 보상의 근거가 될 수 있다. 그러면 통상적으로 지급하는 경상합의금 대신 위로금을 조금 더 받을 수 있다.

주변 사람들의 말에
부화뇌동하지 마라

경미한 사고를 당한 사람이라면 처음 해보는 사고 수습에 쩔쩔매게 마련이다. 그래도 어찌어찌 사고 처리를 하고 병원 진료를 받는다. 반면 중상 사고로 자신의 의지와 상관없이 병원에 실려온 사람들은 고통 속에서 응급치료를 하고 수술을 한다. 이들은 죽을 만큼 심한 통증이 어느 정도 가라앉을 때쯤 겨우 정신을 차린다.

이렇게 정신을 차리면 이 정도 다친 게 그나마 다행이라는 안도와 감사의 마음이 솟구친다. 가족들과의 관계가 더욱 돈독해지고 사방에서 지인들이 병문안을 온다. 병원에서 만난 같은 처지의 환우들을 사귀고 서로의 상병에 대해 안부를 묻고 때로는 자신의 사고 무용담을 이야기하며 시간을 보낸다.

그렇게 병원 생활이 일상이 되어갈 때쯤 다른 환자들에게 보험회사 직원들이 다녀가는 모습이 보인다. 보험회사 직원이 다녀간 뒤 환자들의 표정은 각양각색이다. 그러나 대체로 황당한 얼굴을 하거나 육두문자를 내뱉는 경우가 많다. 그때가 되면 나의 보상 문제도 현실로 다가오고 있음을 느낀다.

똑같이 다쳤다고 해도 보상은 천차만별

어느 재활병원에서 실제로 있었던 일화를 하나 소개한다. 같은 병실을 쓰는 A씨와 B씨는 병원에서 알게 된 사이다. 다친 부위도 발목으로 비슷해 자기만의 재활 방법이나 서로의 고충을 이야기하며 친구처럼 지냈다. 다만 A씨가 3개월 먼저 다쳤기 때문에 회복이 더 빨랐다. 어느 날 A씨에게 보험회사 직원이 들락거리기 시작하더니 며칠 되지 않아 합의서에 서명을 했다. 합의금은 향후 치료비를 포함해 6,000만 원이었다. 퇴원하는 날 A씨와 B씨는 석별의 정을 나누며 꼭 다시 연락하자고 약속했다. A씨가 퇴원하고 난 후 같은 병실을 쓰던 C씨가 B씨에게 "당신도 A씨와 비슷하게 다쳤으니 6,000만 원 정도는 받겠네"라며 희망을 주었다. 다친 것은 슬픈 일이지만 그래도 고생한 만큼 보상금을 받을 수 있다고 생각하니 병원 생활이 즐거웠다.

그로부터 3개월 후 B씨에게도 보험회사 직원이 찾아와 합의를 제시했다. 그런데 한 달이 지나고, 두 달이 지나도 B씨와 보험회사의 간격이 좁혀지지 않았다. 보험회사 직원과 이야기할 때마다 냉랭한 기운만 감돌 뿐이었다. 무엇 때문일까? 보험회사는 B씨에게 2,000만 원 이상은 힘들다고 말했다. 비슷한 부위를 다치고 치료 기간도 비슷한데 보험금 차이가 왜 3배 가까이 나는 것일까?

⟶ 개인마다 보상 조건이 다르다

B씨가 모르는 것이 하나 있다. 교통사고로 인한 손해배상에서 합의금, 즉 보험금은 사고가 발생한 시점에 피해자의 나이와 과실, 소득과 노동력 상실률에 따라 엄청나게 달라질 수 있다는 것이다. 사고 당시 피해자의 수입을 노동력이 상실된 정도와 기간만큼 보전해주는 것이 교통사고 보험금이다. 보험금 차이가 많이 나는 이유를 구체적으로 알아보자.

A씨의 월 평균 수입은 B씨의 1.5배 수준이다

피해자의 한 달 월급 수준은 보험금 액수에 결정적인 영향을 미친다. A씨의 월급은 400만 원으로 자영업을 하는 B씨에 비해 적었지만 B씨는 국세청 신고 금액이 적어 도시일용노임을 적용받을 수밖에 없었다.

도시일용노임은 만 19세에서 65세 사이의 건강한 사람은 누구라도 한 달 동안 열심히 일하면 벌 수 있는 최소한의 임금으로, 1년에 두 번 정부에서 발표한다. 사고 당시 실제로 일을 하지 않았더라도 적용되며, 사고 당시 도시일용노임보다 적은 금액을 받았더라도 도시일용노임을 적용할 수 있다. 법원에서는 공사직종 보통인부 노임단가를 도시일용노임 기준으로 삼고 있고, 자동차보험사들은 공사직종과 제조부문 노임을 더한 후 2로 나눈 금액을 도시일용노임으로 인정하므로 금액에 차이가 생긴다.

다친 부위가 비슷한 듯 다르다

피해자들은 같은 부위에 깁스를 하고 있으면 같은 부위를 다쳤다고 생각하는데 다를 수도 있다. 실제로 A씨는 발목관절을 다쳤고, B씨는 발목관절에서 조금 올라간 부위를 다쳤기 때문에 A씨의 노동력 상실률이 B씨보다 높았다.

A씨는 관절이 심하게 손상되었고, B씨는 그 정도가 양호하다

장해 기간을 따졌을 때 관절면이 많이 손상된 A씨는 영구적으로 노동력이 상실되었고, B씨는 일정 기간(한시장해) 동안만 노동력이 상실되었다.

A씨의 과실은 10퍼센트이고, B씨의 과실은 30퍼센트다

내 과실만큼 보험금과 치료비에서도 깎인다.

A씨는 B씨보다 세 살 더 어리다

사고 당시 나이는 노력해서 바꿀 수 있는 것이 아니지만 매우 중요하다. 같은 영구장해의 조건이라면 나이가 어린 피해자가 받을 수 있는 보험금이 훨씬 더 크다.

근거 없는 이야기에는 귀를 막자

간단히 정리해보았지만 이렇게 다양한 변수들이 있다. 보상에 대해 잘 모르거나 얄팍하게 아는 사람들은 주변의 그럴듯한 말에 금방 귀가 팔랑거린다. '누구는 얼마를 받았다더라, 별로 안 다쳤는데 엄청 많은 보험금을 탔다더라, 보험금을 너무 조금 받은 것 같다' 등 병원에 있다 보면 온갖 이야기가 들린다.

이런 말을 들으면 나의 현재 상태를 객관적으로 판단하기 어렵다. 내 경우와 상관없는 남들 이야기만 듣고 '나도 가능하겠지' 하는 핑크빛 상상을 한다. 말 전하기 좋아하는 사람들은 어설프게 알고 있는 내용을 밑도 끝도 없이 설파하는 경향이 있다. 확인되지 않은 사실도 확실한 것으로 만들고, 거짓말도 사실로 둔갑시킨다.

주변 사람들의 말에 동요하지 말고 묵묵히 치료하면서 공부하길 바란다. 전문가의 조언을 구하는 것도 좋다. 전문가도 잘 선택해야 한다. 정직하게 상황에 맞춰 조언하는 사람도 있지만, 수임에 눈이 멀어 받을 수 없는 금액을 받아주겠다고 하는 사람들도 있다. 그런 부류의 사람들은 수임하고 나서 말을 바꾸는 경우가 많다. 귀 막고 열심히 재활하며 치료 근거를 차곡차곡 쌓기를 바란다.

진단 기간보다
진단명이 중요하다

어딘가를 다쳐서 병원에 가면 진료를 보고 검사를 진행한 다음 어디가 다쳤다는 정확한 진단명과 함께 치료 기간을 명시한 진단주수가 나온다. 그런데 자신의 진단명을 정확히 모르는 사람들이 많다. 진단명을 물어보면 '저기 다리 쪽 어딘 거 같은데'라고 말한다.

그에 비해 진단주수는 비교적 잘 기억하며 몇 주가 나올 정도로 많이 다쳤다고 이야기한다. 다친 날로부터 몇 주 동안 치료를 해야 낫는다는 것을 알려주는 진단주수는 기간이 길수록 중한 상해라고 할 수 있다.

　그런데 교통사고에서는 진단주수가 길게 나왔다고 해서 보상이 많을 것이라고 단순하게 생각할 수 없다. 예를 들어 무릎절단으로 10주의 진단을 받은 피해자와 골반골절로 12주의 진단을 받은 피해자 중에 누구의 보상이 더 클까? 조건이 같다면 무릎절단 환자의 보상이 훨씬 크다. 또한 무릎절단에 이르게 한 가해자는 형사처벌을 받는다.

　교통사고로 비장을 적출한 피해자의 진단주수는 6주이고, 발목인대파열 피해자의 진단주수는 8주일 경우는 어떨까? 마찬가지로 비장을 적출한 피해자의 보상이 훨씬 크다.

　진단주수는 상해의 치료 기간을 말하는데 뼈가 잘 붙고 살이 잘 아물었다고 해도 후유증과는 별개의 문제이다. 진단주수가 짧아도 후유장해를 판단하는 노동력 상실률은 훨씬 클 수 있다. 진단명은 어디를 다쳤는지 구체적으로 알고 향후에 생길지도 모를 후유장해를 예상할 수 있다는 점에서 중요하다. 진단주수 역시 그 진단으로 치료해야 하는 최소한의 기간을 알려주므로, 치료 기간이 길수록 후유장해가 생길 확률이 높다는 것을 암시한다. 이렇게 진단명과 진단주수 모두 중요하지만 보험금에 영향을 미치는 것은 진단주수보다 진단명이다.

의사들은 상해별 진단 지침에 따라 진단주수를 결정한다. 진단
주수는 최소한의 치료 기간을 뜻하는데, 초기에 6주의 진단이 나
왔다고 해도 그때까지 치료되지 않으면 당연히 추가 진단이 나올
것이다. 따라서 실제적인 치료에서 진단주수는 큰 의미가 없다.

그런데 진단주수가 반드시 필요한 경우가 한 번 있다. 바로 경
찰서에 제출할 진단서를 발급받을 때다. 경찰은 사고의 유형과 피
해자의 상해 정도를 보고 형사처벌의 유무를 결정한다. 이때는 병
원에서 발급한 초진의 진단주수가 적힌 초진진단서가 반드시 필요
하다.

특히 가해자가 12대 중과실 사고를 냈을 때 초진의 진단주수는
형사 합의 건인지 아닌지에 대한 기준이 된다. 이를테면 12대 중과
실 사고이면서 피해자의 상해 정도가 크면 구속 가능성이 높아지
므로 형사 합의를 하는 것이 처벌의 수위를 낮추는 방법이다. 따라
서 가해자가 형사 합의를 하려고 할 것이다.

그렇지만 위에 설명한 것처럼 진단주수가 짧아도 뇌나 장기 등
치명적이거나 불구 또는 불치의 후유증을 남길 정도의 상해라면
형사처벌을 받을 수 있다.

──────────→ 여러 곳을 다쳤다면 진단주수를 합산할까?

어떤 사람이 발목을 다쳐서 8주 진단이 나오고 허리를 다쳐서

12주, 갈비뼈를 다쳐서 4주가 나왔다고 하자. 초진이 중요하다고 했으니 3가지 진단을 모두 합쳐서 24주 진단이 되는 것일까? 그렇지 않다. 다친 부위가 여러 군데라도 진단주수가 가장 많이 나온 한 가지 진단만 효력이 있다. 가끔 제출한 진단서 외에 누락된 새로운 진단서가 있는데 다시 제출해야 하는지 문의하는 사람들이 있다.

새로운 진단서의 진단주수가 제출한 것보다 길면 제출하고, 그렇지 않으면 하지 않아도 된다. 또 치료를 하다 보니 처음 진단보다 치료 기간이 길어져 추가 진단이 나올 때가 있다. 이때 추가 진단을 제출해야 하는지 고민하는데, 추가 진단은 별 필요 없다. 형사 합의에 필요한 것은 진단주수가 가장 길게 나온 초진진단서라는 것을 기억하자.

초진 결과와 실제 회복 기관은 무관하다

진단서에는 진단명과 함께 치료하는 데 걸리는 기간을 전치 몇 주라고 표기한다. 그런데 진단주수만큼 시간이 지나면 완쾌된다고 생각하는 사람들이 꽤 많다.

손목골절로 '향후 6주간의 치료를 요함'이라는 진단이 나왔다고 해서 6주 후면 괜찮아질 것이라고 생각한다. 그래서 수술하고 한 달도 되지 않아 번갯불에 콩 구워 먹듯 합의한다. 과연 6주가 지나면 완치될까? 대부분은 그렇지 않다. 위에서 말했듯이 이것은 초진일 뿐이다. 보통 손목골절 부상 후 6주가 지나면 겨우 깁스를 풀고 재활에 들어가는 시기다. 이때쯤 되면 손목이 굳어버린다. 팔의 근육도 사라지고 살은 흐물거린다.

나도 교통사고로 다친 상해 부위 중 발꿈치뼈의 분쇄골절도 있었는데 수술 후 한 달 만에 깁스를 풀어보니 종아리 근육은 온데간데없고 다리털만 잡초처럼 무성했다. 때인지 각질인지 모를 물질들을 벗겨내고 보니 날씬한 여자 다리 같았다. 다친 다리와 멀쩡한 다리의 굵기를 맞추는 데 수년이 걸렸다.

그뿐인가. 걷기 시작하면 피가 쏠리면서 검붉어진 다리가 터질 것 같았고 식은땀이 흐를 정도의 통증이 몰려왔다. 도수치료도 하고 주사도 맞아봤지만 외상성관절염으로 인한 통증 때문에 굳은 관절이 풀리지 않았다.

초진은 7~8주 나온 것 같은데 7개월이 지나도 걸음을 제대로 걷지 못할 정도로 강직과 통증이 심했다. 그런데 이 상황에서 깁스를 풀고 보험회사가 제시한 푼돈에 합의했다면 정말 억울하지 않았을까?

초진에서 진단한 기간이 지나면 완쾌될 거라는 생각은 버리길 바란다. 초진은 망가진 신체를 예전 모양처럼 맞춰놓는 최소한의 치료 기간일 뿐이다. 이 기간이 끝나면 열심히 재활해야 한다. 그래야 보상의 근거도 확실해지고 몸도 회복할 수 있다.

보상은 어떻게
이루어지는가?

보험금을 좌우하는 나이와 일할 수 있는 정년

우리나라 인구문제의 가장 큰 화두는 저출산과 고령화이다. 신생아 수는 점점 줄어들고 노령인구는 점점 늘어나고 있다. 유엔의 고령화사회 분류 기준에 따르면 한 나라의 전체 인구 중 65세 이상 인구 비율이 7퍼센트 이상이면 고령화사회, 14퍼센트 이상이면 고령사회, 20퍼센트 이상이면 초고령사회라고 한다.

2000년대부터 시작된 우리나라의 고령화 추세는 2019년 고령인구 14.4퍼센트로 고령사회에 접어들었다. 우리나라의 평균수명은 남자가 80세, 여자가 85세이다. 보통 60세까지 경제활동을 한다면 죽을 때까지 20~25년의 공백이 생긴다. 이 때문에 노후 준비가 미흡하거나 노후 준비에 문제가 없더라도 활동적인 노인들은 정년퇴임 후에도 쉬지 않고 다른 일자리를 찾는다. 평생을 일에 시달리며 살아온 노인들이지만 정년퇴임을 해도 '놀면 뭐 하나'라는 마음으로 악착같이 일한다.

사람들은 보통 언제부터 경제활동을 시작했을까? 모든 것이 어려웠던 시절에는 생계를 위해 중학생 나이에 이미 학업 대신 생업에 뛰어드는 경우가 많았다. 요즘은 대부분 고등학교 또는 대학을 졸업하고 본격적인 경제활동을 시작한다.

몇 살까지 정년으로 인정받을 수 있을까?

종합해보면 사람은 태어나서 약 40~50년의 경제활동 기간을 가진다. 그런데 이 기간 중 사고가 발생한다면 어떻게 될까? 사고 당시의 경제활동에 비춰 보상을 해주고 후유증에 대해서는 최소한 그 사람이 일할 수 있는 정년까지는 보장해주어야 한다. 교통사고가 났을 때 일할 수 있는 기간을 결정하는 것은 매우 중요하다. 그 기간에 따라 보험금 차이가 크기 때문이다. 이렇게 한 사람이 일해서 소득을 얻을 수 있는 최후의 기간을 가동연한이라고 하는데, 일할 수 있는 정년이라고 보면 된다.

그런데 고령화사회가 되면서 정년의 의미가 없어지고 평생 다니던 직장을 그만둬도 또 다른 직장을 찾아 일해야 한다. 그런데 법 개정은 사회 변화를 따라가지 못하고 가동연한 60세를 고수하고 있다. 의사, 목사, 변호사 등의 직업을 가진 사람들은 65~70세까지 가동연한을 인정해 서민들의 법 감정을 자극해왔다. 물론 직종에 따라 가동연한이 다르게 인정될 수 있지만 실질적으로 60세 이후에도 이전과 같은 수입을 올리고 있는데도 60세를 정년이라고 판단해버리는 것에 대한 불만이다.

2019년 2월 21일 대법원은 국민 평균 연령의 증가, 경제 규모의 확장, 법정 정년 연장 및 실질 은퇴 연령의 상향, 개정 「고용보험법」 및 「국민연금법」의 내용 등을 종합해 "육체노동의 경험칙상 가동연한을 만 60세로 보던 종전 견해를 더 이상 유지하기 어렵다"고 판단해 가동연한을 만 65세로 연장하는 내용의 판결을 내렸다.

요즘 실제로 60~70세는 한창 일할 수 있는 나이이기도 하다. 시골에 가보면 80세가 훌쩍 넘은 어르신들도 정정하게 농사일을 한다. 그런데도 교통사고가 나면 일할 수 있는 연한을 60세까지밖

| 가동연한 상향 조정에 대한 대법원 판결 |

대법원 2019. 2. 21. 선고 2018다248909 전원합의체 판결

【판결요지】

대법원은 1989. 12. 26. 선고한 88다카16867 전원합의체 판결(이하 '종전 전원합의체 판결'이라 한다)에서 일반 육체노동을 하는 사람 또는 육체노동을 주로 생계활동을 하는 사람(이하 '육체노동'이라 한다)의 가동연한을 경험칙상 만 55세라고 본 기존 견해를 폐기하였다. 그 후부터 현재에 이르기까지 육체노동의 가동연한을 경험칙상 만 60세로 보아야 한다는 견해를 유지하여 왔다.

그런데 우리나라의 사회적·경제적 구조와 생활 여건이 급속하게 향상·발전하고 법제도가 정비·개선됨에 따라 종전 전원합의체 판결 당시 위 경험칙의 기초가 되었던 제반 사정들이 아래와 같이 현저히 변하였기 때문에 위와 같은 견해는 더 이상 유지하기 어렵게 되었다. 이제는 특별한 사정이 없는 한 만 60세를 넘어 만 65세까지도 가동할 수 있다고 보는 것이 경험칙에 합당하다.

출처 : 대법원 종합법률정보 판례

에 인정해주지 않으니 얼마나 억울한 일인가?

실무에 종사하는 사람들은 이미 예전부터 위 판례의 내용을 인지하고 있었다. 실제로 영구장해가 남는 사고였는데 나이가 많다는 이유로 일실수익을 보장받지 못하는 경우가 얼마나 많은지 모른다. 또 60세가 넘어서 사망했다는 이유로 일실수익뿐만 아니라 위자료까지 삭감되는 경우도 많다.

그런데 이번 대법원 판결 뒤에는 안타까운 사고가 있었다. 2015년 당시 불과 네 살이던 자녀를 수영장에서 잃은 부모가 수영장 운영업체를 상대로 낸 소송이 그 시작이었다. 원심은 업체가 위험한 곳에는 아동이 접근하지 못하도록 하는 등 안전을 위한 주의 의무를 다하지 않은 책임이 있다고 인정했지만 아이의 가동연한 문제 때문에 대법원까지 가게 된 사건이다. 아이의 부모는 평균수명의 연장으로 100세 시대를 앞두고 있는데, 가동연한을 만 60세까지 인정하면 실제 손해를 보상받지 못한다고 주장했다. 그러나 당시 1심과 2심은 1989년 대법원 판례인 60세만 되풀이했다.

이것은 육체노동자들이 좀 더 현실적인 손해배상을 받을 수 있는 길을 마련해준 현실적인 판례이다. 부모는 한순간의 사고로 생때같은 아이를 잃고 평생 고통 속에 살아가야 하지만, 용기를 내어 해묵은 판례를 바꿔놓았다. 승소했기에 아이 생각이 더욱 사무치겠지만 결코 헛된 죽음은 아닐 것이다.

　한편 보험회사는 이번 판결로 초비상 상태가 되었다. 당장 지급해야 할 보험금이 대폭 늘어났기 때문이다. 호시탐탐 보험료 인상 계기를 찾던 보험회사들은 이 사건 이후로 보험료를 올리고 있다. 또한 보험회사들은 대법원 판례와 형평성을 맞추기 위해 2019년 5월 1일부터 기존의 가동연한 60세를 65세로 변경하는 내용으로 약관을 개정했다.

　피해자가 소송을 하면 가동연한 65세에 대한 보험금을 지급하고 소송하지 않으면 약관상 보험금을 지급하던 보험회사의 관행이 좀 더 피해자의 현실에 맞게 변경된 것은 다행이다.

　5월 1일 개정된 자동차보험 약관 일부 개정안을 살펴보자.

| 자동차보험 표준약관 취업 가능 기간 개정 |

구분		현행	개정(2019. 05. 01)
사망, 후유장애	상실수익액	취업 가능 기간 60세	취업 가능 기간 65세
	사망 위자료	60세 미만 : 8,000만 원 60세 이상 : 5,000만 원	65세 미만 : 8,000만 원 65세 이상 : 5,000만 원
부상	휴업손해액	취업 가능 기간 60세	취업 가능 기간 65세

　휴업손해와 일실수익을 산정하는 데 필요한의 취업 가능 월수 개정 내용은 다음과 같다.

　교통사고 손해배상금 산정 시 핵심 요소인 나이, 소득, 과실, 장해율 4가지 중 나이는 사고 당시 이미 확정되어 있는 것이기 때문

구분		개정(2019. 05. 01)	
피해자의 나이	취업 가능 월수	피해자의 나이	취업 가능 월수
56세부터 59세 미만	48월	62세부터 67세 미만	36월
59세부터 67세 미만	36월	67세부터 76세 미만	24월
67세부터 76세 미만	24월	76세 이상	12월
76세 이상	12월		

에 어쩔 수 없다. 중요한 것은 가동연한이 약관 기준, 소송 기준 할 것 없이 60세에서 65세로 현실적 기대에 맞게 변경되었다는 것이다. 가동연한은 성인이 되는 만 20세부터 평균 65세까지 인정되고 사고 당시 피해자의 직업에 따라 그 기간은 달라질 수 있다.

남자의 경우 군 복무 기간은 가동연한에 포함되지 않는다. 미성년자의 경우 장해가 남는다고 해도 영구장해가 아닌 한시장해라면 20세가 되기 전 모두 상쇄되고 휴업손해도 받을 수 없으므로 충분한 시간을 가지고 치료에 신경 쓰는 것이 좋다.

사고 당시 소득,
얼마까지 인정해줄까?

────────→ 신고되지 않은 소득은 인정받기 어렵다

　어릴 때부터 친하게 지내던 두 친구가 저녁을 먹고 같이 택시를 타고 집으로 돌아가던 중 신호를 위반한 덤프트럭과 충돌해 모두 사망하고 말았다. 한 명은 직업이 고등학교 교사였고 다른 한 명은 자영업자였다. 사고 당시 고등학교 교사의 월급은 400만 원이었고, 자영업을 하던 친구의 소득은 월 평균 800만 원이었지만 세금 신고가 제대로 되지 않은 상태였다. 두 친구의 나이가 40대 중반인 경우 누가 더 많은 보상을 받게 될까?

　기본적으로 교육공무원의 정년은 62세다. 또한 공무원은 기본 급여와 상여금, 수당이 모두 인정된다. 자영업자인 친구는 세금 신고를 제대로 하지 않아 사고 당시 도시일용노임보다 적은 월급이었다. 이럴 경우 아무리 월 800만 원을 벌었다 하더라도 인정되지 않는다. 소득 인정은 세금 신고를 바탕으로 결정되기 때문이다.

공무원이나 직장인의 월급은 곧 소득으로 인정받을 수 있으나 자영업자는 매출액에서 각종 경비와 세금을 공제하고 남은 것이 본인의 실제 소득이다. 부가세를 많이 신고했다고 해도 실제 소득 신고가 적다면 인정받을 수 없다.

다만 사망한 자영업자와 같은 일을 하는 사람이 같은 기간에 얼마를 버는지에 대한 평균을 낸 통계소득은 인정받을 수 있다. 하지만 이것도 자영업자 친구가 특출나게 돈을 잘 벌었던 것이고, 같은 직종의 통계소득은 도시일용노임에 못 미치는 수준이라면 실제 소득을 인정받기 힘들다. 사고 당시 본인의 노동력으로 얼마 정도의 소득을 올리고 있었는지도 중요하지만 실제로 그 소득을 입증할 수 있는지에 따라 보상금은 큰 차이가 난다.

고등학교 교사는 62세까지는 호봉에 의한 월급을 인정받고 62세 이후에는 도시일용노임으로 보상받는다. 자영업자 친구는 통계소득을 적용하더라도 도시일용노임에 못 미치는 수준이므로 65세 정년까지 도시일용노임으로 계산할 수밖에 없을 것이다. 현실에서는 자영업자 친구가 훨씬 돈을 많이 벌었지만 보상은 고등학교 교사가 더 많이 받는다.

자영업자는 현실적으로 세금 신고가 제대로 된 경우가 거의 없다. 평소에는 상관없지만 교통사고가 났을 때 문제가 되는 것이다.

아무리 많이 벌었다 하더라도 입증할 수 없는 소득은 아무런 의미가 없다.

교통사고 보상을 위한 소득 산정에서 문제가 되는 또 다른 사례는 일용직 노동자들이다. 업무의 특성상 비가 오면 일을 못 하거나 일이 끊기면 쉬기도 하기 때문에 한 달에 얼마를 번다는 통계가 정확하지 않다. 또한 동시에 여러 현장을 다니며 일하기도 하고 일당을 현금으로 받는 경우도 많기 때문에 소득 증빙이 쉽지 않다. 이럴 경우에는 상반기와 하반기로 나눠 1년에 두 번 개정되는 개별 직종노임단가표에 따라 시중노임단가를 적용한다. 예를 들어 사고 당시 피해자의 직업이 철근공이었다면 노임단가표에서 철근공의 평균 노임을 찾아 적용하면 된다.

평균 노임이기 때문에 경우에 따라 실제 일당과 차이가 날 수도 있지만 확실한 임금대장과 통장내역이 없다면 이 방법으로 인정받을 수밖에 없다.

보험회사는 세후소득, 법원은 세전소득을 인정한다

한편 보험회사는 인정되는 소득이라 해도 문제를 삼는다. 세금을 제하고 난 세후소득을 인정하려 하기 때문이다. 그런데 법원에서는 세전소득을 인정한다. 따라서 세후소득이 아닌 세전소득을 기준으로 보상받아야 할 것이다.

┄┄┄┄┄┄┄┄► 보험회사와 법원은 도시일용노임 기준도 다르다

도시일용노임에 대해 자세히 알아보자. 도시일용노임은 교통 사고 최저 보상 기준 금액으로 건강에 이상이 없고 사지가 멀쩡한 일반인이 일을 해서 벌 수 있는 최소한의 금액이다. 사회적 임금 수준의 변동에 따라 조금씩 올라간다. 그런데 이 도시일용노임도 보험회사 약관 기준과 법원의 소송 기준이 다르다.

보험회사는 대한건설협회의 공사 직종 노임단가와 중소기업 제조 부문 노임단가를 합한 후 2로 나눈 금액을 도시일용노임 일 당으로 인정하고 있다. 한 달 25일을 기준으로 하여 2019년 상반 기 현재 월 246만 8,087원이다. 하지만 법원은 대한건설협회 공사 직종 보통 인부 일당으로 한 달 22일 근무 기준 월 275만 9394원 을 인정한다. 어디서나 보험금을 덜 주려는 보험회사의 꼼수가 보 인다.

농사를 짓던 사람이 교통사고를 당했을 경우 적용할 수 있는 농 촌일용노임도 있다. 도시일용노임과 다르게 남성과 여성의 임금 차이가 큰데, 2018년 4/4분기를 기준으로 남성은 월 290만 원, 여 성은 200만 원 정도이다. 여성은 도시일용노임보다 적은 수준이므 로 참고하기 바란다. 농촌일용노임은 사고 당시 농촌에 거주하며 농사일을 하던 사람에게 적용된다. 대규모의 농사를 짓는 경우 농 촌일용노임보다 '고용 형태별 근로실태 조사보고서'에 나오는 통계 소득의 농업 숙련자 평균 소득을 주장하는 것이 유리할 것이다.

교통사고 보상금에 대한 상담을 하면 실제로 "엄청 많이 버는데 세금 신고가 되어 있지 않아요", "사고 당시 일을 하지 않고 있었어요", "아르바이트라 소득이 얼마 되지 않아요", "대학생인데 소득 인정을 안 해주나요?", "건물주인데 임대업으로 먹고살고 있어요" 등의 이야기를 많이 듣는다. 그래서 대표 직종들의 소득 증빙 방법을 정리해보았다.

급여소득자

세법에 의한 관계증빙서로 입증이 가능하기 때문에 급여소득자의 수입은 곧 인정 소득이 된다. 소득 산정 기간은 사고 발생 직전 또는 사망 직전 3개월의 급여로 한다. 산정 방법은 약관 기준으로는 제세액을 공제한 세후소득(net), 법원에서는 세전소득(gross)을 인정한다.

사업소득자

수입이 많다고 해서 모두 소득으로 인정해주지 않고 매출액, 즉 증명된 수입액에서 각종 필요경비를 뺀 금액을 실제 소득으로 인정한다. 실제 소득 신고가 적다면 통계소득을 적용한다. 사업자등록증이 있고 세금 신고는 하지 않았더라도 장부와 전표 등을 근거로 실질소득을 입증할 수 있다면 통계소득 적용이 가능할 것이다.

현실소득액 증명이 곤란한 자, 무직자

도시일용노임(2019년 1월 약관 기준 246만 8,087원, 소송 기준 275만 9,394원)을 적용한다. 개인사업자라도 사업등록증이 없고, 세금 신고한 금액이 도시일용노임에 미치지 못한다면 도시일용노임 적용을 받는다. 도시일용노임은 20세에서 65세까지 언제든지 일을 하면 소득을 얻을 수 있는 건강한 사람에게 인정되므로 사고 당시 무직자라 할지라도 적용이 가능하다. 가정주부, 만 20세 이상 대학생 등은 실질적 소득이 없어도 도시일용노임을 적용받을 수 있다.

부동산 임대사업자

임대료는 노동력에 의한 소득이 아니라고 보아 도시일용노임을 적용받는다.

도시일용노임보다 적은 임금을 받는 자

도시일용노임을 적용받는다.

직업에 따른 소득의 인정 기준과 입증 방법을 살펴보았다. 교통사고의 보상은 모든 것이 입증 싸움이다. 입증할 수 있느냐 없느냐에 따라 결과는 엄청난 차이를 보인다. 사고 발생 시 세금 신고가 되어 있지 않아 실질소득을 인정받지 못하는 것은 어쩔 수 없다. 사고 후에 다시 제대로 신고하더라도 인정받지 못한다. 그렇다면 그 외에 입증할 수 있는 근거들을 찾아야 한다.

과실, 내 보상금이
반토막 날 수도 있다

아이들은 도대체 왜 틈만 나면 자주 싸울까? 아이들을 키우는 부모들은 한 번쯤 그 이유를 곰곰이 생각해봤을 것이다. 30초 전까지만 해도 사이좋게 놀던 아이들이 갑자기 소리를 지르며 싸운다. 여러 가지 이유가 있겠지만 알고 보면 서로 누가 더 잘못했는지가 가장 큰 쟁점이다.

"누나가 이렇게 했어요", "동생이 저렇게 했어요"라며 상대가 더 잘못했다는 것을 인정받으려고 한다. 성인도 마찬가지다. 누가 더 잘못했는가 하는 문제가 싸움의 시작이다.

⋯⋯⋯⋯⋯⋯→ 누가 더 잘못했을까?

교통사고가 났을 때도 합리적인 보상을 위해 누가 더 잘못했는지를 따질 수밖에 없다. 이렇게 잘못한 정도를 과실이라고 한다. 다시 말하면 과실은 당연히 지켜야 할 의무를 제대로 지키지 않았거나 해서는 안 될 일을 한 사람에게 부과되는 책임이다.

예를 들어 운전자는 전방 주시 의무, 신호와 속도를 잘 지킬 의무, 안전거리를 유지할 의무, 방향과 목적에 맞게 차선을 지킬 의무 등이 있다. 그리고 불법행위를 하는 상대를 주의할 최소한의 의무도 있다. 보행자도 신호를 잘 지키고 보행자 신호가 켜졌더라도 한 번 더 주위를 살피면서 횡단할 의무가 있다.

그래서 과실은 가해자와 피해자를 구분해서 이해할 필요가 있다. 통상 가해자의 과실은 해야 할 의무를 다하지 않은 강력한 과실의 개념이고, 피해자의 과실은 자신을 보호하여 불이익을 방지할 주의를 게을리한 것을 말한다. 즉, 피해자의 과실은 부주의의 의미다.

따라서 과실은 사고 당시 정황이 어땠는지, 사고 당사자들이 어떻게 행동했는지에 따라 다르게 책정된다. 불법행위로 인한 사고로 손해가 발생했을 때 가해자가 그 손해를 배상해야 하는 것은 당연하다. 피해자에게도 잘못이 있다면 손해배상금 산정 시 이에 대한 책임을 묻는데 이것을 과실상계라고 한다.

과실상계는 손해의 공평한 분담을 위한 것이고, 사고의 발생과 손해의 확대에 피해자의 부주의도 영향을 미쳤다면 이를 감안하여 가해자의 책임을 제한하고 배상액을 감경해주는 제도이다.

보험회사의 부당한 과실 비율 관행

과실과 관련해서 보험회사들이 좋아하는 말이 있다. "바퀴가 구를 때 100퍼센트 과실은 없다." 블랙박스가 많지 않던 시절에는 자신에게 아무런 잘못이 없는데도 보험회사의 논리에 따라 울며 겨자 먹기 식으로 과실을 떠안은 사건이 얼마나 많았는지 모른다. 보험회사는 어떻게든 양쪽 모두에게 책임을 물어야 나중에 보험료를 인상할 수 있기 때문에 도저히 피할 수 없는 불가항력적인 상황에서도 피해자의 과실을 적용했다. 확실한 증거가 없는 상황에서 "옆 차가 갑자기 들어오는 것까지 어떻게 피하느냐"고 항변을 해도 공허한 메아리였다. "통상적으로 그렇게 해왔기 때문"이라고 하면 더 이상 할 말이 없다.

그러나 요즘 블랙박스가 보편화되면서 억울한 일들이 많이 사라지고 있다. 피해자들도 증거를 가지고 강력하게 대응하는 분위기가 조성되었다. 따라서 손해보험협회는 이런 불만을 받아들여 2019년 5월 30일 자로 억울하게 과실이 잡히는 사례들을 일부 개정하여 과실비율표를 새로 작성하게 되었다.

피해자가 과실을 다투는 이유는 과실상계 때문이다. 잘못한 정도에 따라 보상금뿐 아니라 치료비까지 깎이므로 사고 당시의 정황을 확보하고 블랙박스 등의 증거 자료를 잘 활용해서 과실을 없애거나 줄이려고 노력하는 것이다.

과실 비율이 높으면 보상에 치명적이다

어느 날 밤 한적한 도로의 횡단보도에서 보행자가 차에 치이는 교통사고가 일어났다. 빨간불에서 무단횡단을 하다가 사고가 난 것으로 결론이 났고, 보행자의 과실은 70퍼센트였다. 그런데 보행자는 의식불명이고 주변에 목격자나 CCTV도 없는 상황에서 사실은 차가 신호 위반을 해서 보행자를 치었다면 어떻게 될까?

목격자 없이 피해자가 사망하거나 의식불명이 된 사고에서 실제로 일어날 수 있는 일이다. 의식불명으로 중환자실에 있으면서 발생되는 비용, 중환자실을 나와서도 24시간 간병인을 써야 하는 비용, 앞으로의 치료비까지 합치면 엄청난 비용이 발생한다. 그뿐인가? 피해자가 젊은 사람이라면 매우 큰 손해배상금이 발생한다.

그런데 과실이 70퍼센트가 되면 어떨까? 보상금이 10억 원이라고 해도 피해자의 과실분을 제하면 3억 원밖에 되지 않는다. 더구나 치료비에서도 과실상계를 하기 때문에 치료비가 1억 원 정도 나왔다면 그중 7,000만 원을 보상금에서 다시 상계한다. 이 보상금으로 죽을 때까지 치료나 제대로 할 수 있을까? 그나마 다행인 것은 상대 운전자가 종합보험 가입자인 경우 치료는 계속 받을 수 있다는 것이다.

교통사고에서 과실 비율이 얼마나 중요한지 이해했을 것이다.

초동 대처는 보상금의 단위를 바꿀 만큼 중요하다. 초동 대처라는 것은 결국 누가 얼마나 유리한 증거를 가지고 과실을 줄여나가는가 하는 것이다.

요즘 횡단보도 사고로 사람이 죽거나 크게 다쳐도 무단횡단으로 인한 사고라면 운전자에게 죄를 묻지 않는 경우가 있다. 운전자가 사고 당시 할 수 있는 전방 주시 의무를 다하고 규정 속도를 준수하는 등 방어 운전 의무를 다하고 있는데 갑자기 무단횡단을 하는 보행자를 도저히 피하지 못할 상황이었다면 오히려 보행자가 차량의 진행을 전혀 확인하지 않은 채 무단횡단하여 사고가 난 것으로 본다. 그런데 항상 그런 것은 아니다. 운전자도 전방 주시 의무와 무단횡단을 하는 보행자를 보호해야 할 의무가 있다고 보고 과실을 책정한다.

어이없는 무단횡단 사고들이 너무 많아서 운전자 입장에서 억울한 상황들이 계속되자 무단횡단으로 사고가 나면 전적으로 무단횡단자의 과실로 봐야 한다는 여론이 커지고 있다. 「도로교통법」에 따라 법을 지키며 정상 운행을 했는데 상대의 무단횡단으로 중상해나 사망 사고가 나면 내가 잘못한 것도 없이 형사처벌을 받고 형사 합의까지 해야 한다. 또 벌금과 벌점을 받고 보험수가까지 오르니 너무나 큰 손해이다.

그러나 기본적으로 법이라는 것은 사람 중심이기 때문에 대인 사고의 경우 좀 더 엄격하게 차량 과실을 잡는다. 무단횡단을 하는 보행자를 치어도 무죄라면 심각한 부작용이 생길 수 있을 것이다.

예를 들어 어린아이들이 갑자기 무단횡단을 한다거나 걸음이 불편한 노약자들이 보행 신호에서 횡단보도를 끝까지 가지 못했을 때도 차량으로 밀어버리는 끔찍한 일들이 발생할 수 있다.

물론 무단횡단은 하지 않아야 한다. 그러나 모든 사람들이 상식적이고 이성적인 것은 아니다. 순간적인 판단 실수로 의도하지 않게 무단횡단을 하는 경우도 있다. 수만 가지 상황이 있겠지만 차보다는 사람이 먼저다.

절충안을 찾는다면 무단횡단 사고가 났을 경우 무단횡단자의 과실 비율을 더 높게 잡고, 치료만 해주고 운전자의 보험수가 상승이나 벌금 같은 불이익은 없애는 방법을 생각해볼 수 있다. 물론 현실적으로 쉽지 않은 일이다.

과실은 누가 결정할까?

손해보험협회에서 개정한 과실비율표가 있는데, 이는 대부분 기존 소송 판결 사례 데이터에 따른 것이라고 보면 된다. 이를 토대로 보험사는 자기들에게 좀 더 유리하게 과실책정을 하고 피해자는 각종 증거를 수집해 피해자에게 유리한 과실을 주장하는 것이다.

그런데 사고는 여러 가지 변수에 의해서 발생하기 때문에 과실비율을 천편일률적으로 적용할 수는 없다. 어떤 사람들은 교통사고 조사관이 과실을 결정한다고 생각하는데 그렇지 않다. 사고조사관들은 가해자와 피해자만 가릴 뿐이다. 손해사정사나 변호사가 말하는 과실도 마찬가지다. 수많은 유사한 사건을 통해 '그럴 것이다'라고 예측하는 것이다.

결국 그 사건의 정확한 과실비율은 소송에서 판사가 정하는 것이 가장 정확하다고 봐야 한다. 따라서 과실비율에 대해 억울한 부분이 있다면 최종적으로 소송까지 가야 한다.

장해와 상실수익,
불구자가 되어야 장해를 인정받나요?

---------------→ 장해와 장애, 무엇이 맞는 표현일까?

상해로 인해 수술 등의 치료를 받고 난 후에도 남아 있는 정신 및 육체의 결손 상태를 장해라고 한다. 치료 후에도 남는 증상이라 해서 후유장해라고도 한다. 사람들이 궁금해하는 것 중 하나는 장해와 장애의 차이점이다.

사고 상담 중에도 가끔 이런 질문을 받는다. 어떨 때는 장애 진단이라고 하고 어떨 때는 장해 진단이라고 하니 헷갈리는 듯하다. 그런데 왜 혼용하는 것일까?

여러 가지 이유가 있으나 '장해'라는 용어는 자동차보험으로 인한 배상의 필요성이 대두될 때 일본 책을 참고하면서 사용하게 된

것으로 보인다. '장애' 역시 1981년 장애인복지가 본격적으로 시작되면서, 일본에서 사용하는 '장해'라는 용어를 '장애'로 바꾼 것이다. 둘 다 신체기관에 문제가 생겨 제 기능을 하지 못하거나 정신에 결함이 있는 상태라는 점은 같다. 그러나 굳이 분류하자면 사회복지 쪽에서는 '장애'를 사용하고, 그 외에는 '장해'를 사용하고 있다. 사회복지 이외의 곳이란 주로 교통사고나 산업재해, 각종 보험 분야이다. 이 분야에서 '장해'라는 단어를 쓰는 것을 보면 상해나 질병을 원인으로 하는 금전적 보상, 배상 실무에서는 모두 '장해'를 쓴다고 보면 된다. 결국 보상, 배상에서 말하는 것은 선천적이 아닌 보험기간 내의 후천적 장해를 말하는 것이다.

장해와 노동력 상실

교통사고에서 말하는 장해란 치료가 종료된 이후에도 정신적, 육체적 훼손 상태가 영구적으로 남아서 생기는 노동력의 상실을 말한다. 영구적이란 계속 치료해도 더 이상 호전되기 힘든 상태를 말한다.

그렇다면 교통사고에서는 영구적인 장해만 인정받을 수 있을까? 그렇지 않다. 치료 후 장해가 남았지만 3년, 5년, 7년 후에는 지금보다 좋아지거나 없어지리라고 예상되는 경우에는 그 기간에 해당하는 한시장해를 인정한다. 장해의 정도는 주로 퍼센트(%)로 표기하며 장해율이라고 한다. 교통사고에서 장해율은 노동력 상실률과 같은 말이다.

예를 들어 한 달에 200만 원 벌던 사람이 교통사고로 인한 장해로 10퍼센트의 영구장해가 남았다면 한 달에 그 10퍼센트만큼의 노동력이 상실되어 180만 원 정도만 벌 수 있다고 보아 다치기 전에 정상적으로 벌던 200만 원과의 차액인 20만 원을 상실수익으로 인정한다. 사고로 상실된 소득을 장해의 정도와 기간에 따라 보존해주는 것을 상실수익이라고 한다.

부상의 정도는 노동력의 상실과 매우 밀접한 관련이 있다. 사고가 나면 「자동차손해배상보장법」(「자배법」)에 따라 1급에서 14급까지 환자의 상해등급이 나누어지는데 상위 등급에 해당될수록 치료 후 장해가 남을 가능성, 즉 노동력이 상실 또는 감소될 가능성이 높다.

•약관 기준과 소송 기준의 장해 적용 차이

국내에서 통용되는 장해평가법은 여러 가지가 있겠지만 교통사고에서는 맥브라이드(MCbride)식 평가법으로 피해자의 장해를 측정한다. 맥브라이드는 미국의 정형외과 의사 이름에서 따왔으며 1936년 직업과 장해 부위에 따라 노동력 상실을 달리 평가하여 백분율로 세분화한 것이다.

오래전 미국에서 만들어진 것이므로 우리나라 현실과 동떨어진 부분이 많고, 현대 의학기술을 제대로 반영하지 못하는 단점 때문에 우리나라는 수정 보완해서 사용하고 있으나 여전히 비현실적인 부분이 있다.

자동차 사고의 배상 기준은 자동차보험 지급 기준(약관 기준)과 소송 기준이 다르다. 약관 기준은 입원 상태에서는 100퍼센트 노동력 상실을 인정하여 월급의 85퍼센트를 휴업손해로 인정한다. 이후의 통원 기간에 대해서는 교통비 명목의 기타 손해배상금이 있으며 장해 진단을 받으면 진단일을 기준으로 노동력 상실을 인정하고 있다.

그러나 법원은 입원 기간 중에는 100퍼센트의 노동력 상실을 인정하고 퇴원 이후부터는 상실수익액이 인정된다. 따라서 장해 진단서 발급 시점이 퇴원 1년 후라고 하더라도 이전 퇴원 시점부터 상실수익이 인정된다.

---------------→ 장해율과 장해 기간의 중요성

상실수익액은 장해율과 장해 기간에 따라 보상금 항목 중 가장 큰 비중을 차지하는데, 장해율이 높으면 상실수익액도 많아진다. 장해를 제대로 인정받느냐 못 받느냐에 따라 보상금은 엄청난 차이가 난다.

예를 들어 도시일용노임을 받는 40대 성인이 발목 장해 14퍼센트를 받았다고 하자. 한시장해 3년을 받았다고 하면 상실수익액이 1,300만 원, 한시장해 5년이면 2,060만 원, 영구장해라면 7,400만

원 정도의 상실수익이 발생한다. 장해율도 중요하지만 장해 기간은 더욱 중요하다.

그러나 요즘 상당 부분의 관절 장해는 한시장해 진단이 나온다. 관절침범이 심하여 외상성 관절염이 생기는 상해도 한시장해로 진단되는 경우가 많아 피해자에 대한 정당한 보상이 이루어지지 않고 있는 실정이다.

관절침범으로 인한 후유장해는 호전될 수 있을지언정 완치되기는 힘들다고 봤을 때 영구장해를 인정해야 하는데도 움직일 수 있다면 한시장해를 적용하는 경우가 많다. 노동력의 상실은 단순히 장해 평가법에 따라 운동 각도로만 볼 수는 없고 상해의 정도, 관절침범의 정도, 해당 업무에 얼마나 지장이 있는지에 따라 평가해야 한다.

또한 디스크나 회전근개와 같이 기왕증의 영향을 많이 받는 상해는 장해에 대한 논란이 많다. 사고 이전부터 가지고 있던 질병이기 때문에 보상해줄 수 없다는 것이다.

장해란 말을 매우 부담스러워하며 장해 적용을 받지 않으려는 피해자들도 있다. 특히 젊은 사람들이 많은데, 주된 이유는 장해 진단을 받으면 자신이 불구자라고 생각되기 때문이라는 것이다. 그러나 전혀 그렇게 생각할 필요 없다. 교통사고에서 말하는 장해는 금전적 보상을 위해 노동력 상실의 정도를 장해율로 나타낸 것일 뿐이다.

교통사고 후 내 신체의 손해를 보상받기 위해 노동력 상실의 정도를 측정하는 것은 당연하므로 전혀 부담스러워할 필요 없다. 이렇게 생각하는 피해자들은 대부분 교통사고 장해와 국가장애(동사무소 장애)를 동일시하는데 2가지는 엄연히 다르다.

물론 장해가 심한 경우 국가장애도 남을 수 있지만 이쯤 된다면 나라에서 제공하는 작은 혜택이라도 받는 것이 낫다. 교통사고의 장해는 내 손해를 노동력 손실로 환산한 것이므로 굳이 불구의 개념으로 바라볼 필요는 없다.

휴업손해 100퍼센트
받는 법

하루가 짧을 정도로 바쁜 남자가 있었다. 사고 당일에도 평소와 같이 야근을 하고 집으로 돌아오는 길에 교통사고가 나서 그만 다리를 다치고 말았다. 의사는 입원해야 한다는 소견을 냈지만, 처리해야 할 일이 너무 많았던 남자는 반깁스만 하고 집으로 돌아갔다.

하지만 처음 며칠은 너무 아파 회사에 출근하기조차 힘들어 병가를 냈다. 그리고 며칠 후 깁스를 한 채 출근해서 다시 일을 시작했다.

이런 경우 휴업손해를 인정받을 수 있을까?

•휴업손해의 조건

교통사고로 인해 하던 일을 하지 못하게 될 경우 그 손해를 실질적으로 보상해주는 것을 휴업손해 보상이라고 한다. 치료 기간 동안 소득을 올릴 수 있었으리라 예상하고 그 사고로 인해 소득이 감소되었다고 판단하는 것이다. 휴업손해라고 하면 단순히 사고로 일을 하지 못하게 되었을 때 일당을 보상해주는 것으로 알고 있다. 정확히 말하면 사고로 인해 입원한 피해자에게만 휴업손해가 발생한다.

휴업손해는 사고 당시 피해자의 월 소득을 일당으로 환산해 지급하는데, 입원한 상태에서만 100퍼센트의 노동력 상실이 있다고 보아 휴업손해를 지급한다. 그렇기 때문에 출근을 하지 못하더라도 통원을 하면 휴업손해를 인정받지 못한다. 입원하지 않았더라도 사실상 통원 기간 중 일을 할 수 없는 상태였다면 당연히 휴업손해를 인정받아야 된다고 생각할 수 있는데 현실은 그렇지 않다. 통원 기간 중 휴업손해 인정 여부는 상해의 심각성이나 불가피한 통원, 영구 장해 등으로 상당한 노동력 상실이 인정되는 경우 가능할 수 있겠으나 지극히 예외적인 사항이다.

이런 이유로 경미한 사고가 나도 입원하려는 사람들이 많다. 몸이 아파서 일하기 힘든 지경인데 입원하지 않으면 휴업손해도 없고 보험회사는 쥐꼬리만 한 합의금을 제시하니 웬만하면 입원하는 것이 낫다고 생각한다. 산업재해에서는 치료 기간 중 실제로 일을 하지 않았다는 전제하에 통원 기간까지 휴업손해를 인정하므로 좀 더 현실적이라 할 수 있다.

휴업손해가 인정되지 않는 두 번째 경우는 가동연한이 지난 피해자가 사고 당시 실제로 일을 하지 않았을 때이다. 실제로는 일을 할 수 있지만 손해배상에서 말하는 가동연한이 지난 것이다. 그러나 사고 당시 일을 하고 있었고, 사고 때문에 수입이 감소했다는 것을 증명하면 휴업손해를 인정받을 수 있다.

세 번째는 미성년자의 경우이다. 실제로 취업할 수 있는 나이인 만 19세 이전의 미성년자는 입원으로 인한 소득의 감소가 없는 것으로 보아 휴업손해를 인정하지 않는다.

무직자의 휴업손해 인정, 평가설과 차액설

네 번째는 논란이 되는 사고 당시 무직자에 대한 휴업손해 인정 여부다. 보험회사에서는 사고 당시 무직자는 수입의 감소가 없는 것으로 보고 휴업손해를 인정하지 않으려 한다. 사고 당시 일을 하지 않았기 때문에 입원을 해도 손해가 없다고 판단하는 것이다. 그러나 법원에서는 무직자라도 휴업손해를 인정하고 있다. 무직자도 건강한 상태라면 언제든지 일을 해서 최소한 도시일용노임 정도는 벌 수 있다고 보고, 입원 기간 동안 그 노동력이 상실되었다고 보는 것이다. 이를 전문용어로 평가설이라고 한다.

평가설이란 일정 소득을 올릴 수 있는 노동력을 가진 사람이 사고 당시 수입 여부와 상관없이 손해 발생으로 인해 노동력이 상실되었다고 보고 휴업손해를 인정하는 것을 말한다.

반면 보험회사가 무직자에 대한 수입 감소를 인정하지 않으려는 것은 차액설에 근거한 것이다. 예를 들어 월 300만 원을 벌던 사람이 사고로 입원해 그 돈을 못 벌게 되었을 때 그 차액을 보상해준다는 것이다. 사고로 인해 실제로 소득의 상실이 있어야 보상해주는데, 무직자는 소득이 없으니 애초에 손해 자체가 없는 것으로 보고 휴업손해를 인정하지 않으려는 것이다.

보험회사가 차액설을 주장하는 또 다른 부분은 입원 기간 중 정상적으로 월급을 받았을 때 보험회사로부터 휴업손해를 받을 수 있는지 여부이다. 연봉이 높고 안정적인 직장에 다니는 회사원이나 공무원들은 사고로 인한 치료 기간 중에도 정상적으로 월급이 나온다. 이럴 때 보험회사는 차액설을 내세워 입원 기간 동안 정상적으로 회사에서 월급을 받았으니 손해가 없으므로 보상할 수 없다고 한다.

요즘 일반 보험회사들은 소송을 하면 인정받을 수 있다는 것을 알기 때문에 처음부터 인정해준다. 그러나 각종 공제회사들은 손해가 없다고 보고 인정하지 않으려 한다. 공제의 비상식과 비합리, 도를 넘은 행태가 어제오늘 일은 아니지만 요즘은 막무가내라는 느낌마저 든다.

공제회사 담당자들은 자기들이 제시한 합의금에 스스로 실소를 금치 못한다. 자신들이 생각하기에도 말도 안 되는 합의금이지만 어쩔 수 없다는 것이다. 그저 딴 나라 집단이라고 해도 과언이 아니다. 공제를 관할하는 국토교통부에 민원을 넣어도 소용없는 듯하다. 이런 공제회사는 바로 소송을 제기하는 것이 정신 건강에 이롭다고 봐야 할 것이다.

•휴업손해의 인정 비율

휴업손해는 실제로 장해가 있는지 여부와는 상관없이 입원기간중 장해율을 100%로 인정하여 사고당시 피해자의 소득기준으로 보상해준다. 약관상 피해자의 월 급여를 30일로 나눈 1일 평균 임금의 85퍼센트로 산정한다. 쉽게 말해 일당이 10만 원이라면 휴업손해는 하루 8만 5,000원만 인정해준다.

나머지 15퍼센트는 왜 주지 않는 것일까? 이유는 사고가 안 났더라도 소득을 얻기 위해 이동하는 과정의 교통비, 점심값 등이 지출될 것이므로 이 부분을 제하고 주는 것이다. 이와는 달리 법원은 100%의 휴업손해를 인정하고 있다. 그것도 세금 공제 전 기준으로 말이다. 휴업손해를 100퍼센트 인정받고 싶다면 소송하면 된다. 이렇게 대부분의 경우 소송기준이 유리한건 사실이다.

그런데 장해가 없거나 약한 경우 등 소송실익 별로 없는데 휴업손해 100퍼센트 받으려고 소송하다가는 배보다 배꼽이 더 커지므로 유의해야 한다.

내 과실이 더 큰 사고도
치료받을 수 있을까?

------------→**100퍼센트 과실이 아니면 치료받을 수 있다**

　술에 취해 고속도로를 걸어가던 사람이 이를 미처 발견하지 못한 차에 치였다. 허리와 머리를 다친 피해자는 영구장해를 인정받아 보험금은 2억 원 정도 책정되었고, 치료비는 5,000만 원 나왔다. 그런데 고속도로에 이유 없이 진입한 피해자의 과실은 기본 80퍼센트다.

　이 피해자가 받을 수 있는 보상금은 얼마나 될까? 보험금은 총 2억 원이지만 과실이 80퍼센트나 되기 때문에 4,000만 원밖에 받을 수 없다. 그렇다고 4,000만 원을 온전히 받을 수 있을까? 그렇지 않다. 보상금뿐만 아니라 치료비에서도 과실상계를 한다.

치료비가 5,000만 원 나왔으니 피해자의 과실분인 4,000만 원은 자신이 부담해야 하지만 보험회사에서 대신 내준 것이다. 따라서 최종 보상금 책정 시 치료비에 대한 과실상계도 이루어져야 한다. 이렇게 되면 과실상계 후 남은 4,000만 원도 다 못 받게 된다. 이처럼 교통사고는 과실에 따라 보상금을 한 푼도 받지 못할 수도 있다.

피해자의 과실이 90퍼센트라면 어떻게 될까? 오히려 보험회사에 비용을 물어줘야 한다. 하지만 그렇게까지 하지는 않는다. 보상금은 지급하지 않더라도 치료는 받을 수 있도록 해준다. 사람의 목숨이 가장 중요하므로 과실 비율로 인해 치료조차 받을 수 없게 하지는 않는다. 가해자의 과실이 10퍼센트만 있어도 치료는 받을 수 있다.

그러나 모든 경우에 그런 것은 아니다. 보험회사가 운전자의 과실을 일부라도 인정했을 때 가능하다. 과실은 어떤 관점에서 보느냐에 따라 달라질 수 있다. 야간에 시야가 가려 운전자가 도저히 발견하지 못할 상황이었다거나, 이유 없는 무단횡단으로 본다면 치료조차 해주지 않는 면책처리(보험회사의 지급 의무 없음)를 할 수도 있다. 소송을 통해 해답을 찾을 수도 있지만 과실이 압도적으로 큰 상황에서 소송이 오히려 불리할 수 있다. 이런 상황에서는 치료를 받을 수 있는 것만으로 다행이라고 생각해야 한다.

모든 경우도 자동차 운전자가 종합보험에 가입되었을 때 가능한 일이다. 종합보험의 대인배상2는 신체 사고를 무한으로 보상한다. 사고가 났는데 상대 운전자가 무보험차(책임보험 포함)라면 의무 보험 한도까지밖에 보상받을 수 없다.

자기신체손해 담보의 중요성

차 대 차 사고에서 운전자의 과실이 80퍼센트라고 가정해보자. 80퍼센트 과실이 있는 운전자가 심하게 다쳐서 5,000만 원의 치료비가 발생했고 치료 후에 영구장해도 예상되어 2억 원의 보상금이 산정되었다. 이 경우도 과실상계를 하고 나면 운전자는 치료만 받을 수 있다.

그런데 운전자가 가입한 자기신체손해(자손) 담보를 통해 과실로 사라진 80퍼센트를 받을 수 있다. 자손은 배상이 아닌 상해보험의 성격을 가진 담보로 운전자 과실 100퍼센트 사고나 쌍방 과실 사고에서 실제 손해액만큼 보상이 되지 않을 경우 추가로 받을 수 있는 보험금이다.

만약 자손보험금 한도가 초과했다면 그 한도 내에서만 보상받을 수 있다. 따라서 자손 담보는 클수록 좋다. 그런데 만약 이 상황에서 자손이 아닌 자상(자동차상해)을 가입했다면 증권상 한도 내에서 과실상계 없이 약관기준으로 보상받을 수 있다.

고무줄 같은
교통사고 위자료

교통사고로 척추가 부러지는 중상을 입어 수술을 받고 6개월간 요양한 50대 A씨에게 보험회사는 1억 원의 보상금을 제시했다. 이를 거절한 A씨는 소송을 진행했고, 법원은 A씨에게 1억 4,000만 원을 배상하라는 판결을 내렸다.

┈┈┈┈┈┈┈┈→ 법원과는 큰 차이를 보이는 약관상 위자료

보험회사와 법원 모두 A씨의 상태를 고려해 영구장해를 인정했는데 어떤 부분에서 금액 차이가 나는 것일까? 도시일용노임에 따른 상실수익액의 차이, 이자공제계수의 차이, 휴업손해 전액 인정의 차이 등이 있지만 단일 항목으로는 위자료가 가장 크다.

교통사고에서 위자료란 정신적 고통을 금전으로 보상해주는 것을 말한다. 법원에서는 사망 시 1억 원의 위자료를 기준으로 삼고 있으나 자동차보험 약관은 임의의 위자료를 책정하므로 큰 차이가 나는 것이다. 사람이 다치거나 사망한 상황에서 어떤 금액도 위로가 될 수 없겠지만, 현실적이고 공정한 위자료 책정을 위해 일정한 기준 금액을 제시하는 것이다. 법원은 피해자의 사망 자체와 상해 부위 정도, 후유증 정도, 피해자의 연령과 직업, 피해자의 과실 등을 참작하여 위자료를 산정한다.

법원은 국민소득과 물가 수준을 반영하여 2015년 3월 1일부터 사망 시 1억 원의 위자료를 기준 금액으로 책정하고 있다. 이것은 정해진 금액이 아닌 참고 사항으로 사고의 성격과 피해자의 연령에 따라 가감할 수 있다. 사실 나이의 많고 적음을 떠나 사람의 목숨값은 본질적으로 같다. 하지만 재판부는 고령자에게 약간 적은 금액을, 어린아이에게 좀 더 큰 금액을 인정한다.

위자료의 기준은 법원에 따라서도 차이가 날 수 있다. 지방에 있는 법원은 통상 기준보다 더 적은 금액을 산정한다. 따라서 교통사고 전담 재판부가 있는 서울지방법원에서 소송하는 것이 유리하다. 법원의 구체적인 위자료 적용 기준을 보면 사망 시 1억 원을 기준으로, 후유장해 시 1억 원에 장해율을 곱하여 위자료를 책정한다. 또한 영구장해가 아닌 한시장해일 때는 정상적으로 장해율을 산정하고 나서 한시장해에 해당되는 퍼센티지를 곱해서 책정한다.

척추골절 32% 한시장해 3년 위자료 = 1억 원 × 32% × 30% = 960만 원

사망 위자료는 약관 기준과 소송 기준이 비슷하지만 장해 위자료는 큰 차이가 난다. 약관은 나이에 따라 사망 위자료가 다르고, 노동력 상실율에 따른 장해 위자료, 상해등급에 따른 상해 위자료가 모두 다르다. 기준이 왜 이렇게 복잡할까? 한마디로 보험금 덜 주려고 머리를 짜냈다고 보면 될 것이다. 그렇다면 각 항목에 따른 약관 기준 위자료를 살펴보자.

| 법원 위자료 기준 |

사망	1억 원 기준, 연령, 과실 등에 따라 다르게 적용
장해	1억 원 × 장해율(%), 장해 기간, 과실에 따라 감산 적용

| 표준약관의 사망 위자료 |

사망 당시 피해자의 나이가 65세 미만인 경우	8,000만 원
사망 당시 피해자의 나이가 65세 이상인 경우	5,000만 원

| 표준약관의 노동력 상실률이 50% 이상인 경우 장해 위자료 |

피해자의 노동력 상실률이 50% 이상인 경우	
후유장해 판정 당시 나이가 65세 미만	4,500만 원 × 노동력 상실률 × 85%
후유장해 판정 당시 나이가 65세 이상	4,000만 원 × 노동력 상실률 × 85%
피해자의 노동력 상실률이 50% 이상이고 약관에 따른 가정간호비 지급 대상인 경우	
후유장해 판정 당시 나이가 65세 미만	8,000만 원 × 노동력 상실률 × 85%
후유장해 판정 당시 나이가 65세 이상	5,000만 원 × 노동력 상실률 × 85%

| 표준약관의 노동력 상실률이 50% 미만인 경우 장해 위자료 |

노동력 상실률(%)	인정액(만 원)
45% 이상 50% 미만	400
35% 이상 45% 미만	240
27% 이상 35% 미만	200
20% 이상 27% 미만	160
14% 이상 20% 미만	120
9% 이상 14% 미만	100
5% 이상 9% 미만	80
0% 초과 5% 미만	50

| 표준약관의 상해등급별 부상 위자료 |

상해등급	인정액(만 원)	상해등급	인정액(만 원)
1	200	8	30
2	176	9	25
3	152	10	20
4	128	11	20
5	75	12	15
6	50	13	15
7	40	14	15

보험회사의 꼼수가 돋보이는 약관상 위자료

약관 기준 위자료는 소송 기준 위자료와 달리 매우 복잡하다. 노동력 상실에 따라 위자료를 세분화했지만 어떻게든 삭감하려는 의도가 엿보인다. 또한 목숨값도 나이에 따라 차별하는 비인간적인 책정이다.

소송 기준과 약관 기준의 위자료를 비교해보면 A씨의 보험금이 왜 차이가 나는지 알 수 있다. 척추골절에 대한 후유장해가 32퍼센트이고 영구장해이기 때문에 법원은 3,200만 원의 위자료를 책정했다. 보험회사는 노동력 상실률 50퍼센트 미만을 적용해 27퍼센트 이상 35퍼센트 미만의 장해 위자료인 200만 원을 주겠다고 한 것이다. 단순 계산으로 봐도 엄청난 차이다. 물론 장해가 확실한 경우 보험회사도 소송 기준 위자료에 근접한 금액을 인정하지만 소송 기준과는 차이가 난다.

약관 기준 위자료는 장해 위자료와 상해 위자료를 구분한다. 상해 위자료는 다친 부위에 따라 「자동차손해배상보장법」에서 정한 상해등급으로 책정한다. 장해가 남지 않는 염좌나 타박상 같은 사고도 약간의 위자료가 발생할 수 있다. 또한 장해가 남는 사고라도 장해 위자료와 상해 위자료 중에 큰 것을 지급한다.

예를 들어 상해 5급에 해당되는 발목골절을 입은 피해자가 치료 후 14퍼센트의 장해를 인정받는다면 상해 5급에 해당하는 75만 원이 아닌 장해 위자료에 해당하는 120만 원을 지급받는다.

위자료는 사실 돈으로 환산하기 힘든 부분이다. 그러나 금전으로 배상하기 위해 「자동차손해배상보장법」에서 일정한 규칙을 정한 것이다. 법원에서는 목숨값에 대한 위자료를 시대에 맞게 어느 정도 반영하고 있지만 보험회사는 자신들만의 방식으로 위자료를 책정하기 때문에 차이가 발생하는 것이다.

왜 형사 합의금은
민사에서 공제되는가?

- - - - - - - - - - - - -▶ **가해자의 형사책임**

　교통사고 가해자에게는 형사적, 민사적, 행정적 책임이 따른다. 행정적 책임은 국가와 가해자가 처리할 일이고, 가해자는 피해자에게 민사적 책임과 형사적 책임을 져야 한다. 거의 대부분의 교통사고는 보험에 가입된 상태에서 발생하므로 특별한 경우를 제외하고는 민사적 책임은 보험회사에서 대신한다. 따라서 가해자는 형사적 책임만 지면 된다. 형사적 책임은 형사처벌을 말하는 것이다. 교통사고에 대한 형사처벌을 이해하기 위해서는 교통사고의 성격부터 알아야 한다.

　교통사고는 차의 교통으로 인하여 사람을 다치게 하거나 물건을 파손하는 것을 말하는데 대부분 운전 중 실수나 부주의로 발생한다. 그렇기 때문에 고의가 아닌 과실 사고다. 따라서 일반적인 형사 사건과는 본질적으로 다르다. 과실 사고를 내면 형사처벌을 받아야 하지만, 사고로 인한 피해를 빨리 회복하고 국민들의 편의와 유익을 위해 종합보험 가입자에 한해 형사처벌을 면해주고 있다. 그러나 모든 사고에 적용되는 것은 아니다. 사망 사고, 12대 중과실 사고, 구호 조치를 하지 않고 도주하거나 피해자를 다른 곳에 유기한 경우, 중상해 사고는 형사처벌을 피하기 힘들다(다만 중상해 사고는 반의사불벌죄로 규정하여 피해자와 합의하면 검찰에서 공소 제기를 하지 않는다). 형사처벌을 면할 수 없는 사고를 냈을 때 가해자가 피해자에게 금전을 지급하고 처벌 수위를 낮추려고 하는 것을 형사 합의라고 한다.

그런데 문제는 보험회사나 법원이 민사 합의 시에 형사 합의금을 공제하려고 한다는 것이다. 형사 합의와 민사 합의는 별개인데도 가해자가 피해자에게 금전을 지급했다면 민사상 합의금의 일부를 선지급한 것으로 간주하여 피해자에게 지급할 보험금에서 형사 합의금을 공제한다. 따라서 형사 합의를 할 때 매우 신중하게 내용을 작성해야 한다.

형사 합의 작성 시 조심해야 할 사항

형사 합의금이 '법률상 손해배상금의 일부'임을 명시하고 형사 합의서와 함께 채권양도 통지서를 작성하여 보험회사에 제출해야 한다. 원래 합의금이란 가해자가 직접 배상해야 할 것을 보험회사가 대신해주는 것이다. 따라서 가해자가 피해자에게 돈을 주고 나서 보험회사를 상대로 자신의 돈을 달라고 청구할 수 있다. 이렇게 되면 나중에 민사 합의 시 보험회사는 피해자가 받은 돈을 공제하고 나머지만 주려고 할 것이다. 피해자 입장에서는 합의를 해주었지만 아무런 이익을 얻지 못하게 된다. 그래서 가해자가 보험회사를 상대로 요청할 수 있는 보험금 청구권을 피해자에게 양도하는 채권양도 통지를 통해 형사 합의금을 공제당하지 않을 근거를 마련하는 것이다. 다시 말해 채권양도통지는 형사합의금이 민사합의 시 공제당하지 않도록 하기 위한 최선의 방법이다.

그런데 소송을 하기 전에는 이런 방법도 괜찮지만 소송을 하면 2분의 1이나 3분의 1을 공제하려 한다. 형사상 위로금과 민사상 손해배상은 별개로 봐야 하지만 법원에서는 보험금의 일부로 보는 듯하다.

또 하나 중요한 것은 정부보장사업이나 무보험차상해 시 형사 합의의 문제다. 결론부터 말하면 책임보험이나 무보험차상해 시에는 형사 합의금이 의미 없다. 얼마를 받더라도 모두 공제당하기 때문이다. 그래도 책임보험에서는 위와 같은 방법으로 싸워볼 수 있다. 책임보험을 초과해 무보험차상해로 처리했다면 무조건 공제된다. 자동차보험 약관에는 무보험차상해 공제액에 대해 "피보험자가 배상 의무자로부터 이미 지급받은 손해배상액"이라는 조항이 명시되어 있다. 돈까지 받고 가해자의 처벌불원을 써주었지만 현실적으로 가해자의 처벌은 약해지고, 형사 합의금은 전액 공제되는 경우가 생길 수 있다. 한 가지 방법이 있다면 형사 합의의 내용은 '형사상 순수한 위로금'이라고 쓰고, 보험회사에서 공제할 경우 가해자에게 공제된 금액만큼 다시 받는다는 조항을 넣는 것이다.

형사처벌의 수위는 어떻게 결정될까?

피해자의 부상 정도와 과실 비율, 가해자의 죄질, 피해자와 합의 여부에 따라 벌금형을 받을 수도 있고 구속될 수도 있다. 가해자는 피해자에게 합의금을 주더라도 구속을 면하거나 형사처벌 수위를 낮추려고 할 것이다. 그래서 가해자는 피해자에게 금전적으로 속죄하고 피해자는 그 돈을 받고 처벌을 원치 않는다는 표시를 하면 형사처벌 수위가 낮아진다.

형사 합의를 하지 않으면 어떻게 될까?

사실 형사 합의는 강제 사항도 아니고 의무도 아니다. 그렇기 때문에 죄질이 나쁜 '배 째라' 식의 가해자나 형편이 너무 어려운 가해자를 만나면 형사 합의를 하지 못할 수도 있다. 현실적이지 않은 무리한 합의금을 요구하면 가해자가 공탁을 걸 수도 있다. 물론 형사 합의 시도도 하지 않고 터무니없는 금액의 공탁금을 걸었다면 공탁금 회수 동의서와 함께 더 엄하게 처벌해달라는 진정서를 제출할 수도 있다. 그렇게 되면 다시 형사 합의를 해야 하거나 처벌을 받을 수 있다. 그러나 현실적으로 형사 합의는 강제성이 없고 가해자는 합의 없이 형을 살거나 벌금을 낼 수도 있기 때문에 적정선에서 합의하는 경우가 많다. 사람이 죽거나 다쳤는데 합의의 적정선이라는 것은 있을 수 없지만 통상 피해자의 진단 1주당 50만~100만 원 이내, 사망 시에는 3,000만 원 정도로 본다. 음주운전이나 뺑소니로 인한 사망 같은 죄질이 중한 사고는 3,000만 원 이상으로 봐야 할 것이다.

형사 합의는 누구와 해야 할까?

가해자가 자신의 처벌수위를 낮추려고 피해자에게 금전적으로 사죄하는 것이므로 당연히 가해자와 피해자가 합의해야 한다. 만약 가해자가 구속 상태라면 가해자의 가족들과 할 수 있다.

운전자와 차주가 다른 경우 차주에게도 형사책임을 물을 수 있느냐고 물어보는 사람들이 가끔 있다. 실제로 운행하다 사고를 낸 사람은 운전자이므로 운전자에게만 형사책임이 있다. 차주에게는 민사적 책임이 있을 뿐이다. 종합보험인 경우에는 보험사가 민사적 책임을 진다. 만약 책임보험만 가입된 상태에서 책임보험을 초과하는 손해가 발생했다면 차주도 민사상 손해배상책임을 져야 한다. 피해자가 사망했다면 유족 중 한 명이 대표로 합의할 수 있다. 그런데 가해자가 사망한 경우에는 피해자에게는 억울한 일이지만, 처벌 대상이 되지 않으므로 형사합의를 할 수 없다.

내 몸값은
얼마인가?

돈으로 치유될 수 없는
상처, 후유장해

--------------------▶ **완치되지 않는 후유증**

살아오면서 몸에 상처 한 번 입지 않은 사람은 없을 것이다. 어
릴 때는 어딘가에 부딪치고 넘어지면서 상처가 나는 일이 일상 다
반사다. 어른이 되어서 내 몸이 소중하다는 것을 알게 되면 나름대
로 조심하지만 의도하지 않게 크고 작은 상처를 입는 일은 흔하다.

정도의 차이는 있지만 우리 모두는 항상 위험에 노출되어 살아
간다. 그중 일상에서 가장 밀접한 것이 교통사고의 위험이다. 자칫
목숨과 직결될 수 있기 때문이다. 자동차의 편리함은 설명할 필요
도 없지만 그 편리한 기계가 흉기가 되어 나를 해칠 수 있다.

교통사고를 직접 당해본 사람은 알겠지만 지금까지 경험해보

지 못한 강력한 충격이다. 경상 사고라 해도 온몸을 패대기치는 듯한 충격을 경험한다. 중상 사고의 충격은 너무 커서 순간 기절하거나 아픔을 느끼지 못하기도 한다. 나 역시 사고 순간의 충격은 10년이 훨씬 지난 지금도 잊혀지지 않는다.

구조대에 근무하는 지인의 말에 따르면 사고 당시의 충격은 사람이 상상할 수 없을 정도라고 한다. 대시보드에 놓여 있던 명함이 사람의 허벅지에 꽂히는 경우도 있다.

이 정도의 사고를 당하면 육체적 고통을 떠나서 정신적 트라우마가 생긴다. 사고 순간이 자꾸만 머릿속에 떠오르고, 심한 경우 모든 차가 나를 덮칠 것 같은 공포에 휩싸인다. 사고를 당해보지 않은 사람은 쉽게 이해하기 힘든 일이다. 정상인이 우울증 환자를 이해하지 못하는 것처럼 말이다. 사고로 인한 정신적 위자료의 명목으로 보험금을 받는다 하더라도 실제로 그 고통을 온전히 보상할 수는 없다.

후유증에 대한 금전적 보상, 상실수익

이러한 손해를 보전하기 위해 교통사고 보험금의 가장 중요한 항목이라 할 수 있는 후유장해 보험금이 있다. 후유장해는 사고로 인한 신체의 노동력 상실을 금전으로 환산하기 때문에 장해를 입은 피해자에 대한 구체적인 보상책이 된다. 운동을 하다가 어느 한 곳을 삐끗하여 인대가 늘어나도 수개월을 고생하는데, 교통사고의 후유증은 상상 그 이상이다. 이미 사고가 난 것을 되돌릴 수는 없으니, 장해를 잘 받아서 그나마 금전적인 보상이라도 충분히 받아야 한다.

후유장해 보상금은 보상 항목 중에서 가장 큰 금액을 차지하기 때문에 보험회사가 가장 까다롭게 구는 항목이다. 보험회사는 보상팀별로 목표실적이 있는데 보험금이 많이 나가면 그만큼 실적이 깎인다. 어떻게든 실적을 맞춰야 하고 후유장해는 어떻게 접근하느냐에 따라 삭감의 여지가 많으므로 보험회사는 될 수 있으면 지급하지 않거나 적게 책정하려는 것이다.

우여곡절 끝에 보상금을 받았다 하더라도 과연 그 금액에 만족할 수 있을까? 「자동차손해배상보장법」에서 정한 기준에 따라 법의 테두리 안에서 합의했지만 사실상 만족할 만한 금액은 없을 것이다.

사고가 나기 전의 건강한 내 몸을 생각하면 더욱 분통이 터진다. 더 이상 그 시절로 돌아갈 수 없다는 현실에 직면하면 분노를 넘어 자괴감이 밀려온다. 더구나 계속되는 고통은 온전히 내 몫이다. 나도 교통사고가 나기 전에는 운동을 매우 좋아하는 제법 건강한 몸의 소유자였다. 그러나 사고 후 몇 년 동안은 동네 뒷산에 올라가는 것조차 힘겨웠다. 그때보다는 좋아진 지금도 조금 과한 운동은 하지 못한다. 이런 상태에서 장해 보험금을 받는다 한들 무슨 소용이 있을까? 그런데도 사람의 몸값을 자신들의 실적을 위해 삭감하려는 보험회사는 본인이나 가족이 사고를 경험해봐야 생각이 달라질지도 모르겠다.

사고를 당해본 사람들이 이야기하는 만고불변의 진리가 하나 있다. "다치면 나만 손해다." 정말 그렇다. 더구나 사고로 인해 직업을 포기해야 하는 사람, 나이가 많다는 이유로 보험금을 얼마 받지 못하는 사람은 더욱 그렇다. 아무리 보상금을 많이 받는다고 해도 손해다.

그러나 현실은 쉽게 변하지 않는다. 후유장해가 남을 상황이라면 넋두리는 접어두고 장해를 잘 받기 위해 모든 노력을 기울여야 한다.

보상보다 중요한 것은 몸을 회복하는 것이다. 장해가 남는다면 돈으로도 치유될 수 없는 상처를 입게 된다. 그래도 보상을 많이 받으면 신체적, 정신적 고통을 조금이나마 덜 수 있을 것이다.

장해 진단은 언제,
누구한테 받는가?

┄┄┄┄┄┄┄┄┄► **장해 진단 시점은 언제인가?**

　장해는 사고로 인한 정신적, 육체적 훼손 상태를 말한다. 그 훼손 상태를 의학적으로 인정받아 보험회사로부터 지급받는 돈을 상실수익이라고 한다.

　그렇다면 언제 장해 진단을 받는 것일까? 회복되기 전 치료 중에 받아야 더 유리하게 나올 수 있을까? 그렇지 않다. 충분한 치료 후에도 후유 증상이 남아 있어야 장해 진단을 받을 수 있다. 또 후유 증상의 잔존 기간이 길어야 하며 후유 증상으로 인한 노동력의 상실이 확인되어야 한다.

　구체적인 장해 진단 시점은 언제일까? 개인보험에서는 보통 사고일로부터 180일까지를 기본적인 치료 기간으로 보고, 그 이후에 장해진단서를 받을 수 있다. 자동차보험의 후유장해도 큰 틀을 벗어나지는 않는다. 그러나 후유장해의 진단 시점은 수상(부상을 입은) 부위와 치료 정도에 따라 조금씩 다르다.

정형외과에서는 수술을 하지 않았을 경우 수상일(부상을 입은 날)로부터 6개월, 수술했을 경우 수술일로부터 6개월을 장해 진단 시점으로 본다. 수술 후 3개월 동안 요양했지만 문제가 생겨 재수술이 필요한 경우라면 재수술을 받은 날로부터 다시 6개월이 지나야 한다. 최소한 수술 후 6개월은 지나야 증상의 고착 여부를 알 수 있고, 그 고착 상태를 장해로 인정하는 것이다.

또한 관절의 운동장해는 관절에 박혀 있는 나사가 운동에 지장을 주는 상태라고 판단되면 핀 제거 수술 후에 장해 진단을 받아야 한다. 이와 달리 신체의 일부분이 절단된 장해는 절단된 순간 이미 영구적인 장해가 되었으므로 곧바로 장해 진단을 받을 수 있다.

머리를 다쳐 신경이 손상되었다면 보통 사고일로부터 1년 정도 지난 시점에 장해 진단을 받을 수 있고, 정신과 장해 진단은 전문의에 따라 18개월 또는 2년 정도 지나야 증세가 고정되었다고 보아 장해 진단을 내주기도 한다. 신경 손상은 정도에 따라 1년 안에 활발한 회복이 이루어지고 이후로도 조금씩 회복되지만 매우 더디다고 한다. 그래서 후각신경 손상에 의한 후각장해도 부상을 입은 날로부터 1년 정도 지난 시점에서 평가한다.

　예를 들어 정형외과적 장해는 주로 관절의 움직임이 사고 전과 비교하여 얼마나 제한되었는지를 측정한다. 고니어미터(Goniometer)라는 관절각도기를 이용하여 다친 관절의 운동 범위를 측정한 다음, 장해 부위에 따라 장해율을, 장해 정도에 따라 장해 기간을 판단한다. 관절운동이 제한되는 원인은 관절 자체의 손상으로 인한 강직일 수도 있고, 주변 연부조직의 변화 때문일 수도 있다.

　또한 신경 손상, 통증, 긴장으로 인해 관절운동이 제한될 수도 있다. 긴장이라는 것은 낯선 것에 대한 부담감, 즉 이 검사 하나로 보상금이 결정될 수 있다는 부담감을 말한다. 장해 진단이 보상금 단위에 큰 영향을 끼칠 수 있다 보니 일부 피해자들은 관절 각도 측정 시 힘을 주거나 제대로 움직이지 않는 경우가 있다. 이를 바로잡기 위해 검사자의 수동적인 운동 측정을 통해 장해를 평가한다.

　신경 손상으로 인한 마비 환자는 근전도나 신경전도 검사, 근력 또는 일상적인 동작 가능 여부 등을 테스트해서 장해를 측정한다. 정신과적 장해는 환자를 관찰하고 각종 심리 검사와 보호자 면담을 통해 진단한다.

→ **장해 진단은 누구한테 받아야 할까?**

　증상이 고정되어 더 이상 호전되지 않는다고 판단되거나 언제

호전될지 예측할 수 없는 경우 장해 진단을 받아 보상을 청구할 수 있다. 합의 단계에서 장해 진단은 보통 치료해준 주치의에게 받거나 제3의 의사에게 받는 경우가 대부분이다.

장해 진단을 내주지 않는 주치의들도 있다. 자신이 수술하고 치료한 환자가 장해를 입는다면 제대로 치료하지 못했다는 것을 반증하는 것이라고 생각하는 듯하다. 또한 보험회사가 귀찮게 할까 봐 장해 진단을 내주지 않는 의사들도 있다.

장해 진단은 자신을 직접 치료하지 않은 다른 전문의에게 받아도 상관없다. 전문가에게 사건을 맡긴 경우에는 대부분 제3의 병원에서 장해 진단을 받는다. 보험회사가 자신들에게 유리한 감정을 주장하듯이 전문가들도 환자에게 좀 더 유리한 소견을 내주는 전문의를 찾는 것이다. 장해를 바라보는 전문의의 소견은 비슷하면서도 다를 수 있기 때문이다. 환자를 수술하고 치료한 의사가 아니기 때문에 어쩌면 더 객관적인 시각에서 진단을 내릴 수도 있다.

┄┄┄┄┄┄┄┄→ 장해를 인정하고 싶지 않은 보험회사

그러나 현실이 어떻든 간에 보험회사는 자신들이 생각하는 장해율보다 높게 나오는 것을 인정하지 않으려 한다. 주치의에게 받으면 치료 과정에서 편의를 봐준 것 아니냐는 의심의 눈초리를 보낸다. 제3의 병원에서 받으면 보험회사 직원이 함께 가지 않았고 환자의 대리인이 도와준 것이므로 인정할 수 없다고 한다. 이래저

래 보험회사의 입맛에 맞지 않으면 장해를 인정하지 않는다.

보험회사는 피해자가 발급받은 장해를 보통 2분의 1이나 3분의 2 정도만 인정하기 때문에 항상 분쟁이 발생한다. 이럴 경우 보험회사는 제3의 전문의에게 가서 환자와 보험회사 직원이 동시에 진료를 보는 동시감정을 하자고 한다. 하지만 보험회사의 마수가 어디까지 뻗쳐 있는지 모르기 때문에 객관적인 제3의 전문의라고 해서 모두 신뢰할 수는 없다.

이렇게 서로 신뢰하지 못하는 상황에서는 시간과 비용을 들여 진단을 받는 것이 의미가 없을 수 있다. 차라리 보험회사가 책정한 금액이 어느 정도인지 파악한 후 내 상태와 차이가 크고 협상의 여지도 없다면 소송을 준비하는 것이 낫다.

·→ 실익이 많다면 소송도 불사하라

소송을 하면 법원에서 환자의 장해를 평가할 의사를 정해준다. 법원이 정해준 병원의 의사에게 장해 진단을 받는 것을 신체감정이라고 한다. 신체감정도 사실 어떤 감정의를 만나느냐에 따라 결과가 달라질 수 있지만 환자 편도 보험회사 편도 아니기에 그나마 공정하고 객관적이다.

그렇다면 신체감정 절차는 어떻게 될까? 소장을 접수하고 신체감정촉탁 신청을 한 후 신체감정 예납비용을 미리 납부하면 법원에서 대학병원을 지정해준다. 이때 예납비용을 납부하지 않으면 신체감정을 실시하지 않을 수 있으니 주의해야 한다. 신체감정을 신청할 때는 진료기록 사본(응급실 기록지, 초진기록, 경과기록, 수술기록, 판독지 등)과 영상 촬영 CD, 진단 소견서 등을 함께 제출하는 것이 좋다. 그래야 피해자의 장해가 이번 사고로 발생한 것인지, 기왕증이 있는지 등을 파악하는 것은 물론 신체감정을 할지 말지도 결정할 수 있다.

날짜가 잡히면 지정된 기일에 해당 병원에 내원하여 진료와 함께 신체감정을 받으면 된다. 감정의는 다른 환자의 진료를 보면서 신체감정도 하기 때문에 피해자를 진료할 시간이 충분하지 않을 수 있다. 그러므로 피해자와 보호자는 병력과 장해 상태를 조리 있게 설명해야 한다. 치료 과정이나 내역, 장해 상태 등을 서류로 작성하여 감정의에게 전달해도 된다.

이렇게 진료를 받고 나면 필요한 검사를 한다. 당일에 할 수 없는 것이 많기 때문에 다음 내원 일정을 잡아야 하는 경우도 있다.

신체감정 비용은 정형외과는 50만 원 정도, 정신과는 600만~700만 원이다. 건강보험이 적용되지 않기 때문이다. 신체감정 비용은 소송 비용에 해당되므로 재판 확정 후 「민사소송법」에 따른 '소송비용액확정' 절차를 거쳐 돌려받을 수 있다. 하지만 전부 승소를 했을 경우에 해당한다.

교통사고 소송에서 전부 승소는 거의 없으므로 소송에서 이긴 비율만큼 청구할 수 있다. 예를 들어 1억 원을 청구했는데 8,000만 원만 인정되었다면 법원은 소송 비용 중 80퍼센트를 제하고 보험회사에서 부담하라고 선고한다. 반대로 1억 원을 청구했는데 3,000만 원만 인정되었다면 모든 소송 비용 중 70퍼센트를 피해자 쪽에서 부담해야 한다. 이때는 상대방 변호사 비용 중 일부를 부담해야 할 수도 있다. 또한 소송 비용은 경우에 따라 절반씩 부담하기도 하고 각자 부담하는 경우도 있다.

신체감정이 끝나면 감정의는 결과를 작성해서 법원으로 보낸다. 빠르면 두 달 안에 도착하지만 늦으면 6개월 이상 걸리기도 하니 조급하게 생각하지 않는 것이 좋다. 그 외에 법원이 신체감정을 진행할 병원을 지정할 때도 시간이 지연될 수 있다. 대학병원들이 신체감정 자체를 거부하는 경우도 많기 때문이다. 또한 법원에서 지정한 병원의 객관성과 공정성이 의심될 만한 객관적 이유가 있다면 변경해달라고 요청할 수도 있다.

조금 복잡하지만 소송에서 판결을 받는 것이 가장 공정하고 객관적이다. 그러나 누울 자리를 보고 다리를 뻗어야 한다. 장해가 예상되지 않는데도 신체감정을 한다면 오히려 불이익을 받게 된다.

나는 얼마를
받을 수 있을까?

교통사고로 부상을 입고 입원한 피해자들이 가장 궁금해하는 2가지는 무엇일까?

첫째, 언제쯤 다 나을 수 있을까?

둘째, 보험금을 얼마나 받을 수 있을까?

사고가 나면 다친 부위에 대한 진단명과 치료 기간이 나온다. 물론 상해 정도에 따라 치료 기간이 길어지기도 하지만 어느 정도 예상 가능하다. 부상을 회복하기 위한 적극적인 치료는 기본적인 삶을 누리는 데 반드시 필요하므로 보험금보다 훨씬 중요하다.

그러나 어느 정도 회복이 되면 보험금이 궁금해지게 마련이다.

신체뿐만 아니라 경제적 회복도 매우 중요하기 때문이다. 교통사고 보험금은 사고로 인해 피해를 입은 만큼 보상해주는 것이다.

일단 교통사고가 나면 아무리 보험금을 많이 받아도 손해다. 중상을 입었다면 시간이 지나서 몸이 회복된다 해도 사고 이전의 상태로 돌아가기가 쉽지 않다. 하지만 보험금을 흡족하게 받으면 조금은 위안이 될 것이다.

--------------→ **예상 보험금은 예상일 뿐이다**

교통사고 보상금을 계산하는 방법은 간단하다. 누구나 조금만 공부하면 알 수 있다. 보험금 계산 공식은 다음과 같다.

자신의 소득 × 라이프니츠계수(약관)

또는 호프만계수(소송) × 장해율 − 과실

하지만 대입한 수치에 따라 달라지므로 참고만 해야 한다. 사고 초기에 정확한 보상금을 알 수는 없고 진단명을 보고 경험에 비추어 예상해 보는 것이다.

보상금 계산은 대입하는 조건에 따라 엄청나게 다른 결과가 나온다. 보상금을 결정짓는 4대 요소인 나이, 소득, 과실, 장해를 기초로 7대 보상항목인 치료비, 위자료, 휴업손해, 상실수익, 향후치료비, 개호비, 장례비를 산정할 수 있다.

자 이제 내 몸값이 얼마인지 예상보험금을 알아보기로 하자. 계산은 어떤 수치를 대입하느냐에 따라 많은 차이가 날 수 있으며, 실제로 보상금을 결정짓는 4대 기초항목이 사실과 다르다면 이 계산은 숫자놀이에 불과하다. 또한 상황에 따른 많은 변수가 있다는 것도 기억하기 바란다. 산정 기준은 약관기준이 아닌 소송기준이며 과실이 있다면 그 과실만큼 상계하게 된다.

1. 치료비

치료비는 원칙적으로 피해자에게 주지 않고 병원으로 보낸다. 하지만 사고와 관련하여 내가 지불한 직불치료비는 보험사에 청구하면 된다. 보상금 계산에서 쓰일 일은 없지만 과실이 있을 때는 치료비에서도 과실비율만큼 상계하게 되므로 총치료비가 얼마인지 알고 있어야 한다. 예를 들어 총치료비가 10,000,000원이고 내 과실이 20퍼센트일 때 2,000,000원을 실제 보상금에서 상계한다.

2. 위자료

$$100,000,000 \times 장해율(\%) - [1 - (과실비율 \times 60\%)]\%$$

법원은 교통사고 사망의 위자료를 1억 원으로 책정하고 있으며 후유장해 시 1억 원×장해비율(%)로 위자료를 계산한다. 또한 위자료에서 과실상계는 모든 과실을 상계하지 않고 과실의 10분의 6만큼만 상계한다. 그런데 이는 개별사건마다 재판부의 재량에 따라 달라질 수 있는 부분이다.

3. 휴업손해

① 월 급여 ÷ 30 × 휴업일수 − 과실(%)

② 일당 × 휴업일수 − 과실(%)

4. 장해상실수익

인정된 월 소득 × 장해율(%) × 호프만(H)계수 − 과실(%)

장해율은 신체 각 부분의 후유장해를 맥브라이드식으로 나타낸 것이다. 장해가 한 부위이면 그대로 쓰면 되지만 두 가지 부위이상일 때는 무조건 합산하지 않고 병합의 방식으로 장해율을 측정한다. 법원에서는 단리이자 공제방식인 호프만계수를 사용하고 보험사약관에서는 복리이자 공제방식인 라이프니츠계수를 사용한다.

예를 들어 단일부위 족관절의 장해 14퍼센트 하면 14퍼센트를 그대로 적용하면 된다.

'족관절의 장해 14%(A) + 척추의 장해 32%(B)'라면 단순히 '14 + 32 = 46%'의 장해를 인정하는 것이 아니고 병합장해 계산식에 대입해야 한다.

병합장해 산식 :

$A + (100 − A) × B = 14\% + (100\text{-}14\%) × 32\% = 41.52\%$

5. 향후 치료비

핀제거 비용, 성형비용, 약제비용, 각종 보장구 비용 등이다. 정확한 향후 치료비를 알려면 각 해당 진료과에서 향후치료비 추정서를 발급 받아야 한다.

6. 개호비

일 125,427(19년상반기 도시일용노임) × 365 ÷ 12 = 3,815,071원(월)

3,815,071원(월) × 개호인 수(1인, 0.5인 등) × 개호기간에 대한 호프만계수 − 과실(%)

하루 1인 개호비는 도시일용노임의 일당과 같다. 개호인의 수는 환자가 전신마비인지 하반신마비인지, 편마비인지에 따라 달라진다. 과실이나 기왕증이 있다면 비율만큼 감액한다. 개호가 필요할 정도의 환자들은 정상인과 같은 여명을 보장할 수 없으므로 환자의 상태에 따라 여명이 달라진다. 보통 법원 신체감정에서 신체감정의가 측정한다.

7. 장례비

5,000,000원

2017년 3월 자동차보험 약관상 장례비가 500만 원으로 변경되었고, 법원도 보통 500만 원 정도를 인정한다.

받고 싶은 금액과 받을 수 있는 금액은 다르다. 희망하는 금액이 머리에 박혀서 떠나지 않는 것은 어쩔 수 없지만 최악의 경우도 늘 염두에 두어야 한다. 물론 줘야 할 돈도 어떻게든 주지 않으려는 보험회사를 상대로 최대한 받아내려고 노력해야 한다. 하지만 보상금은 객관적 근거가 있어야 가능하기 때문에 숫자 놀음을 하기 전에 보상 근거부터 찾아야 한다.

예상 보험금 산정 조건

진단명과 상해 정도를 정확히 파악할 것

진단명에 따라 예상 보험금을 산정하는 것이므로 어떤 진단을 받았는지를 파악하는 것이 중요하다.

치료 경과에 따른 신체의 회복 정도를 잘 파악하고 장해율과 장해 기간을 산정할 것

교통사고의 노동력 상실률(편의상 장해율이라고 한다)은 장해 정도에 따라 크게 달라진다. 예를 들어 같은 손가락 골절이라도 거의 안 움직이는 사람, 조금 더 움직이는 사람, 더 많이 움직이는 사람이 있다. 이렇게 장해 정도에 따라 장해율은 크게 달라진다. 또한 손가락이 거의 안 움직이는 사람이 잘 움직이는 사람보다 장해의 잔존 기간이 더 길다.

사고 원인에 따라 달라지는 과실 비율을 이해할 것

앞서 말했듯이 교통사고의 초동 대처는 과실과 직결되는 부분이다. 처음에 잘못 대처해서 피해자가 가해자로 바뀌면 기본 과실이 많아질 수밖에 없다. 또한 과실은 보험회사와 다투는 것이므로 과실을 줄이기 위한 근거를 찾아야 한다.

내 수입이 입증 가능한 소득인지 확인할 것

보험금이 책정되는 데 있어서 매우 중요한 요소이다. 내가 한 달에 1억 원을 번다고 한들 입증하지 못하면 인정받지 못한다. 따라서 모든 입증 가능한 서류를 준비해 가능성을 높여야 한다.

향후 치료비가 얼마나 들어갈지 체크할 것

완치되기 전에 합의를 보는 경우 향후에 들어갈 치료비도 보상금에 포함되는데 특히 개호(간병)가 필요한 사람은 꼼꼼하게 계산해야 한다. 사지마비나 하반신 마비 환자는 죽을 때까지 각종 보장구와 교체 비용이 많이 들기 때문에 세심하게 체크해야 한다. 향후 치료비에는 성형수술이나 핀 제거 수술, 각종 약제, 물리치료, 간병비 등이 포함된다.

지금 산정한 금액은 최종 장해 진단 시점에서 얼마든지 바뀔 수 있다는 것을 생각할 것

보상금을 많이 받고 싶어 하는 것은 당연하지만 보험회사는 다친 것 이상으로 지급하지 않는 것은 물론 다친 만큼도 주지 않으려 한다. 허황된 장해율로 계산하지 말고 실제 남을 수 있는 장해율로 계산하는 것이 좋다.

물론 가장 정확한 것은 소송에서 판결하는 금액이다. 따라서 예상 보험금 자체가 무의미할 수도 있다. 그러나 이를 통해 전체적인 보상 가이드라인을 만들 수 있다. 예상 보험금 산정은 소송 실익을 파악하는 데 필요하다. 단지 받고 싶은 보험금만 생각하다 나중에 그 금액을 받지 못하면 크게 실망할 수 있으니 신중해야 한다.

교통사고, 직접 처리할까,
의뢰할까?

교통사고 분석 시스템에 따르면 2017년 21만 6,335건의 교통 사고가 발생해 4,185명이 사망하고 32만 2,829명의 부상자가 발생했다고 한다. 전국적으로 평균 30만 건이 조금 넘고, 사망자가 6,000여 명, 부상자가 36만 명임을 고려할 때 교통사고는 단일 유형의 사고 중에서는 가장 큰 비율을 차지한다.

가족과 주변 사람까지 범위를 넓히면 교통사고 경험자는 쉽게 찾을 수 있다. 이런 불의의 교통사고가 발생하면 사람들은 전문가에게 의뢰하는 것이 좋을지 궁금해한다. 이번 장에서는 그 고민을 풀어보도록 하겠다.

교통사고가 나면 가장 먼저 해야 할 것이 무엇인가? 바로 사고 수습과 부상 치료이다. 처음 사고를 당한 피해자에게 부상은 상당히 큰 스트레스다. 신체적으로는 통증으로 고통스럽고, 정신적으로는 완쾌될 수 있을지에 대한 두려움과 걱정이 앞선다. 그러다 몸과 마음이 안정되고 나면 손해가 얼마나 되는지, 보상금은 얼마나 받아야 할지 등에 관심을 둔다.

교통사고를 해결하는 3가지 방법

피해자 스스로 해결한다

정보가 많은 요즘은 교통사고도 나 홀로 합의 또는 나 홀로 소송을 통해 피해를 구제받을 수 있다. 나 홀로 합의를 할 경우에는 서류를 꼼꼼히 챙기고 보험회사의 주장에 반박하며 밀고 당기기를 통해 실리를 취해야 한다. 그런데 소액소송은 별 문제 없지만 큰 금액을 청구하려면 부담이 될 수 있다. 사실관계 입증과 주장하려는 내용도 명확한 근거가 있어야 한다. 보험회사 측 변호사와 공방을 벌여야 하고 재판 기일에도 출석해야 한다.

몸도 온전히 회복하지 못한 상태에서 직접 나서다 보면 심리적 스트레스도 가중될 수 있다. 피해자가 중상이거나 가족이 사망한 경우에는 사실상 혼자 소송하기 어렵다. 피해자 스스로 합의하고 소송하는 것을 도와주는 사이트도 있지만 큰 사건은 전문가에게 맡기는 것이 좋다.

나 홀로 합의는 별도의 비용이 들어가지 않는다는 점에서 장해가 없거나 미미한 경우 유용한 방법이다. 그러나 요즘은 보험회사를 상대하기 꺼려 진단주수 3주 이하의 사건도 의뢰하는 사람들이 늘어나고 있다.

손해사정사에게 맡긴다

손해사정사는 말 그대로 손해 사실을 확인하고 평가해서 산정할 손해배상금을 관련 보험회사에 청구해 피해자에게 지급하도록 종용하는 일을 한다. 손해사정사는 변호사보다 좀 더 쉽게 만날 수 있는데, 병원에서 영업을 많이 하기 때문이다. 요즘 대형병원은 환자 치료와 분실물 예방을 위해 환자나 보호자 외의 사람들을 엄격하게 통제하기 때문에 손해사정사를 찾아보기 힘들 수도 있다. 그런데 병원에서 영업하는 사람들은 실제 손해사정사가 아니고 보조 직원들이다.

손해사정사보다 훨씬 능력 있는 보조 직원들도 있지만, 사건을 수임하기 위해 예상 보험금을 실제보다 부풀려 말하는 사람들도 있으니 잘 선별해야 한다.

변호사에게 의뢰한다

변호사의 가장 큰 장점은 소송을 할 수 있는 능력이다. 분쟁이 일어나는 경우 보험회사를 압박하기도 더 쉽다. 그런데 의외로 장해를 잘 모르는 변호사들이 있어서, 장해율이 큰 쟁점 중의 하나인 교통사고 손해배상 소송에서 적절한 대처를 못해 사건을 그르치는 경우도 보게 된다.

피해자의 나이가 적고 장해가 확실하고 과실이 적으면 소송 실익이 크다. 또 과실을 인정할 수 없어 객관적인 판단을 받고 싶다면 소송을 해볼 만하다.

전문가에게 맡겼을 때 좋은 점

치료에만 전념할 수 있다

보상도 중요하지만 치료가 우선이다. 치유되지 않은 채 얼마의 보상을 받는다 한들 만족할 수 없다. 전문가에게 맡기면 치료에 좀 더 집중할 수 있다.

보험회사가 만만하게 보지 않는다

우리나라는 아직도 약한 사람에게는 강하고 강한 사람에게는 약한 측면이 있다. 영리를 추구하는 보험회사의 특성상 소위 진상을 피우고 조목조목 따지고 들수록 더욱 신경 쓴다. 주변에 아무도 없고 피해자도 어리숙하다고 생각되면 보험금을 후려치려 들 수 있다. 이런 점에서 전문가의 선임은 기본 이상의 방패가 될 것이다.

올바른 사건 진행 방향을 설정할 수 있다

혼자서는 사건을 어떻게 진행해나가야 할지 몰라 보험회사 직원의 말을 듣게 된다. 그러나 장님에게 냇가를 건널 테니 바지를 걷으라고 하고는 정작 가시밭길로 데리고 가서 다리에 상처가 나게 하는 것과 비슷한 결과를 가져올 수도 있다.

물론 치료는 의사의 영역이지만 비슷한 피해자들을 오래 보아 온 경험으로 심리적 안도감을 줄 수 있다. 또한 후유장해의 평가 시기나 적절한 합의, 소송 시점을 잘 알고 있기 때문에 피해자 입장에서는 마음이 훨씬 편하다.

더 많은 보험금을 받을 수 있다

일반인이 알지 못하는, 알아도 하지 못하는 영역이 존재하기 때문에 대부분 피해자 본인이 혼자 진행했을 때보다 더 많은 보험금을 받는다.

어떤 경우에 사건을 맡기면 될까?

장해가 예상될 때

장해의 정도가 적거나 없을 때는 상관없지만 확실한 장해가 예상된다면 전문가에게 맡기는 것이 좋다. 장해는 상해로 인한 내 몸의 노동력 상실을 의학적으로 입증하는 것인데 수치 1밀리, 1도 차이로 보상금의 단위가 바뀔 수 있다.

객관적인 손해를 인정받고자 할 때

보험회사는 과실이 없어도 있다고, 장해가 있어도 없다고, 영구장해를 한시장해라고 주장하는 경우가 비일비재하다. 전문가에게 맡기면 구체적 근거를 통해 객관적 손해를 청구하고 인정받을 수 있다. 바꿔 말하면 보상금을 더 많이 받을 수 있다는 뜻이다.

보험회사를 상대하는 것이 스트레스일 때

상담을 하다 보면 보상금 액수를 떠나서 보험회사로부터 받는 스트레스가 너무 심해 신경 쓰고 싶지 않다는 피해자들이 많다. 처음 당하는 사고에 경황도 없고 치료 과정도 너무나 힘든데 정보의 우월성을 가지고 접근하는 보험회사 직원의 말재간을 당해낼 수 없다. 더구나 그들이 도대체 무슨 말을 하는지, 맞는 말인지 판단하기도 힘들다. 피해자가 중상일 경우뿐 아니라 경상일 경우에도 마찬가지다. 실제로 경상 사고 피해자인데도 보험회사 직원을 대하기가 부담스럽고 어찌해야 할지 몰라 의뢰하는 경우도 있다.

→ 전문가의 중요성을 보여주는 사례

최근에 보상을 마무리한 의뢰인의 이야기다. 자전거를 타고 가다가 택시에 부딪친 그는 척추의 횡돌기(척추체와 연결된 가로돌기) 3개와 늑골이 부러지는 부상을 입었다. 한 달 정도 입원했을 때 택시 공제회사에서 찾아와 합의금으로 200만 원을 제시했다. 어이가 없었지만 공제회사의 악명을 익히 들어 알고 있던 터라 적정 금액인지 판단하기 위해 이곳저곳 상담하던 중 내 사무실과 인연이 닿

아 사건을 의뢰했다.

대학병원에서 한시장해 5년의 장해진단서를 발급받아 장해의 적정성을 언급하며 합의를 시도했지만 장해는 인정할 수 없으므로 700만 원 이상은 못 주겠다고 했다. 장해가 있다면 장해진단서를 제시하라고 하더니, 막상 장해를 청구하자 갑자기 돌변했다. 다시 합의를 시도했지만 한시장해 1년밖에 인정하지 않았다.

공제회사와 합의하에 다른 자문의에게 다시 자문을 받은 결과 한시장해 5년이 인정되어 3,200만 원을 지급받았다.

모든 사건이 그렇지는 않을 것이다. 운이 좋았다고 할 수도 있다. 하지만 전문가는 운을 좋게 만드는 타이밍을 노린다. 여기에 하나 더 의뢰인의 진득한 신뢰다. 그 의뢰인은 이미 합의 시점을 지나서 만났고 사건 진행도 6개월 이상 걸렸지만 한 번도 조급해하지 않고 무한한 지지를 보내주었다.

교통사고가 일어났을 때 누구를 통해 해결할 것인지, 어떤 경우에 의뢰할 것인지, 의뢰하면 좋은 점은 무엇인지 살펴보았다. 결국 선택은 피해자의 몫이다. 경제 논리로 보면 의뢰의 기준은 단순하다. 전문가에게 비용을 지불하더라도 혼자 싸워서 가져갈 수 있는 보험금보다 많다면 맡길 만하다. 신체에 대한 손해를 환산한 금액이 만족할 만한 수준이 아니라면 적극적으로 손해를 입증하여 최상의 보험금을 받아내야 한다.

약관 기준과 소송 기준,
어느 것이 유리한가?

교통사고가 발생하면 가해자는 민사적, 형사적, 행정적 책임을 져야 한다. 이 3가지 중 민사적 책임이 보험회사와 합의하는 것이다. 물론 가해자가 정상적으로 자동차보험을 가입했을 때의 이야기다.

그러나 민사상 손해배상금을 산정하는 방식은 보험회사의 약관 기준과 실제 소송 기준이 다르다. 피해자의 대부분은 이 2가지 방식이 있다는 것을 잘 모른다. 2가지 합의 방식의 공통점과 차이점을 살펴보고, 어떤 방식이 피해자에게 유리한지 알아보자.

　교통사고 상담은 대부분 해결되지 않은 사건에 대한 해결책과 사건을 맡길지 말지에 대한 내용이다. 어떤 의뢰인은 보험회사가 합의 금액을 제시하기 전에 사건을 맡긴다. 보험회사가 합의 금액을 제시하면 그 금액이 적정한지 확인하려고 상담을 요청하기도 한다.

　실제 상담에서 겪은 일화를 하나 소개하겠다. 교통사고 상담을 요청한 아주머니가 보험회사에서 자꾸 합의하자고 귀찮게 군다며 그들이 제시한 금액이 적정한지 물었다.

아주머니 : 보험회사에서 4,000만 원을 제시했는데 적정한 금액인가요?

상담자 : 약관상 금액은 그럴 수 있는데 영구장해가 예상되니 소송가액으로 계산하면 7,000만 원 정도 나오겠네요.

아주머니 : 저는 그런 거 잘 모르겠는데, 보험회사 직원이 엄청 많이 주는 거라고 해서요.

상담자 : 약관 기준으로 보자면 나쁘지 않은 금액입니다.

아주머니 : 약관 기준은 뭐고, 소송 기준은 뭔가요? 왜 이렇게 금액 차이가 많이 나는 거죠?

　같은 사건을 가지고도 보험회사가 제시하는 금액과 보상 전문가들이 계산하는 금액이 다르다. 물론 보험회사는 한시장해를, 전문가는 영구장해를 전제로 한다거나, 장해율이나 인정 소득을 다르게 책정하는 변수들이 있다. 그런데 같은 조건에서 보험금 차이가 많이 난다면 약관 기준과 소송 기준의 차이라고 할 수 있다. 보험회사는 당연히 약관에 부합하는 보상을 하려고 하지만, 소송에서는 「자동차손해배상보장법」을 기준으로 한다.

자동차보험 약관은 보험회사들이 만든 규정으로 절대적인 기준이 될 수 없는데도 이것을 강요한다. 이렇게 해서 잘 먹히면 적은 금액으로 합의를 끝내고 잘 먹히지 않으면 보상금을 좀 더 제시하면서 생색을 낸다. 많은 피해자들이 사건을 빨리 해결하고 싶어서 또는 보험회사를 믿고 그냥 합의한다. 약관 기준이 항상 나쁜 것도, 소송 기준이 항상 좋은 것도 아니지만 꼼꼼히 따져볼 필요가 있다.

한 가지 더 이야기하면 소송 기준은 반드시 소송이 시작되었을 때 적용하는 것은 아니라는 점이다. 소송 실익을 따져보고 승소할 자신이 있다면 예상 판결가에 준하는 보상금을 주장할 수 있다. 그런데 누가 봐도 소송 실익이 없는 사건을 소송가액으로 크게 부풀린다면 보험회사는 그냥 소송하라고 할 것이다.

다음은 약관 기준과 소송 기준의 공통점과 차이점을 정리한 것이다.

| 약관 기준과 소송 기준의 손해배상금 산정 방식 차이점 차이 |

구분	약관 기준	소송 기준
장례비	500만 원	500만 원
위자료	• 사망 : 60세 미만 사망 시 8,000만 원, 60세 이상 사망 시 5,000만 원 • 부상 : 상해등급별 차등 지급 1급 200만 원 → 14급 15만 원	장해율, 과실, 연령, 직업 등 특수한 사정을 감안하여 1억 원 한도 내에서 지급
휴업손해	소득의 85% 지급, 차액설	소득의 100% 지급, 평가설
소득 인정	• 세후소득 인정 • 약관 기준 도시일용노임 : 2,468,087원(2019년 상반기)	세전소득 인정 소송 기준 도시일용노임 : 2,759,394원(2019년 상반기)
중간이자 공제	라이프니츠계수(복리이자 공제)	호프만계수(단리이자 공제)
가동연한	• 기본적으로 65세까지(2019. 5. 1. 개정) • 농어업인 65세까지(입증 가능한 경우) • 62세 이상 피해자의 취업 가능 월수 차등 인정	기본적으로 60세까지였으나 2019년 대법원 판결로 65세로 상향 조정
간병비 (개호비)	• 상해 5급까지 제한적 인정 • 식물인간 상태, 사지완전마비 환자 가정 간호비 인정	실제로 간병이 필요한 경우 인정
그 밖의 손해배상금	• 입원 기간 중 한 끼당 4,030원 • 통원 1일당 8,000원	• 입원 기간 중 식대도 치료비 손해로 인정 • 사고와 상당 부분 인과관계 있으면 교통비, 숙박비 인정
장해 평가법	맥브라이드식	맥브라이드식
생계비 공제	1/3	1/3
기타	기왕증, 과실상계, 손익상계 적용	

　　세부적인 설명은 4장에서 언급했으니 여기서는 간단히 정리했다. 2가지 산정 방식을 비교해보면 누가 봐도 소송 기준이 피해자에게 이익이라는 것을 알 수 있다. 하지만 항상 그런 것은 아니다. 간단한 비교를 통해 왜 그런지 알아보자.

사고 당시 일정한 직업이 없었던 66세의 교통사고 피해자를 예로 들어보자. 공통적인 기초 사실은 나이 66세, 무과실, 발목의 한

| 66세 무직자의 약관 기준과 소송 기준 손해배상금 비교 |

피해자	홍길동	직업	사고 당시 무직	나이	66세
기초 사항					
상병명	양쪽 복숭아뼈 골절				
	약관 기준		소송 기준		
과실	없음		없음		
장해율	14%, 한시장해 3년		14%, 한시장해 3년		
인정 소득	2,468,087원 (2019년 상반기 도시일용노임)		2,759,394원 (2019년 상반기 도시일용노임)		
입원 일수	60일		60일		
계수	라이프니츠계수 36개월 : 33.3657		호프만계수 12개월 : 11.6858		
보상금 명세					
	보험회사 제시액		소송 예상가액		
항목	산식/금액		산식/금액		
위자료	상해 5급 위자료 : 75만 원 장해 14% 이상 위자료 : 120만 원 중 장해 위자료가 더 많으므로 장해 위자료 인정		1억 원×14%(장해율)×30% (한시장해 3년)= 420만 원		
휴업 손해액	사고 당시 실제로 소득을 얻고 있었음이 확인되면 인정		사고 당시 실제로 소득을 얻고 있었음이 확인되면 인정		
상실 수익액	2,468,087원×14%×33.3657 =11,528,920원		2,759,394원×14%× 11.6858=4,514,400원 (판사의 재량에 따라 다름)		
향후 치료비	200만 원		200만 원		
보상 총액	14,728,920원		10,714,400원		

시장해 14퍼센트, 입원일수 60일, 소득은 도시일용노임으로 가정했을 때 대략적인 금액이다.

보상 총액에서 알 수 있듯이 위와 같은 상황에서는 오히려 약관 기준이 더 많다. 위자료는 약관 기준과 소송 기준의 가장 큰 차이점으로, 장해율이 높고 장해 기간이 영구적일 때는 약관 기준과 비교할 수 없을 만큼 큰 차이가 난다. 하지만 위 사례에서는 한시장해 3년이기 때문에 비교적 큰 차이가 나지 않는다.

다음은 휴업손해의 인정 여부인데 가동연한이 지나지 않은 피해자의 경우 실제 무직자라 하더라도 휴업손해를 인정받을 수 있다. 하지만 고령자는 약관과 소송 기준 모두 사고 당시 실제로 소득이 있었음을 입증할 수 없다면 휴업손해를 받지 못할 확률이 크다.

상실수익이 손해배상금에서 차지하는 비율은 상당히 높은데 위 고령자의 경우 약관에서는 3년의 노동력 상실을 인정해주지만 법원에서는 경우에 따라 1~2년 또는 아예 인정하지 않을 수도 있다. 여기에 변호사 비용, 인지대, 송달료, 신체감정 비용까지 생각한다면 오히려 손해를 본다.

그뿐인가? 시간과 스트레스라는 무형의 비용도 있다. 사고에 따라 경우의 수가 워낙 많아서 단순 비교를 할 수는 없지만 위와 같은 상황이 발생할 수도 있다는 것이다. 이 밖에도 피해자의 소득과 과실 정도, 장해율과 장해 기간에 따라 큰 차이가 날 수 있으니 꼼꼼히 따져봐야 한다.

교통사고를 혼자 처리하지 않는다면 손해사정사나 변호사 둘 중 하나를 찾아야 한다. 밥그릇 싸움이 어느 때보다 치열한 요즘 변호사 측은 손해사정의 소송 권한 없음과 불법 합의 대행 등의 「변호사법」 위반을 문제 삼으며 손해사정사를 깎아내리고 있다. 반면 손해사정사는 무조건 소송이 능사인 것처럼 의뢰인을 엮는다고 변호사를 비판한다.

손해사정사는 소송 권한이 없기 때문에 때로는 합의가 더 좋다고 주장할 수 있다. 변호사는 소송 권한을 앞세워 무조건 소송이 능사인 것처럼 이야기할 수도 있다. 어느 쪽의 말이 맞을까? 둘 다 맞기도 하고 둘 다 틀리기도 하다.

손해사정사에게 의뢰했다가 소송을 하면 보상금이 훨씬 커진다는 말을 들은 팔랑귀 씨는 위임을 취소하고 변호사에게 소송을 의뢰했다. 그런데 결과는 손해사정사에게 의뢰해서 받을 수 있었던 금액의 3분의 2밖에 받지 못했다. 그뿐만 아니라 변호사 보수, 인지대, 송달료, 신체감정 비용에 시간 손해까지 오히려 더 큰 손해를 보았다.

발목의 삼과골절상을 당한 팔랑귀 씨의 보험회사는 소송에서 영구장해 가능성을 고려하여 소송가의 80퍼센트를 제시했는데, 신체감정에서 감정의는 족관절 한시장해 5년을 진단한 것이다.

또 다른 사례도 있다.

척추압박골절 진단을 받았지만 수술은 받지 않았던 신중한 씨.

손해사정사는 32퍼센트의 절반인 16퍼센트 영구장해를 인정받을 수 있다고 했지만, 여러 가지 가능성을 고려하여 소송을 의뢰했다. 신체감정에서 감정의는 32퍼센트 영구장해를 인정했다. 일실수익만 해도 엄청난 차이가 발생한 것이다.

전문가의 실무 경험과 판단 능력, 어떤 신체감정의를 만날지, 어떤 판사를 만날지에 따라 상황은 달라질 수 있다. 소득이 높거나, 피해자가 젊거나, 확실한 장해가 예상되는 경우에는 소송이 유리할 수 있다. 하지만 나이가 많아 일실수익이 인정되지 않거나 피해자 과실이 큰 경우는 오히려 소송이 불리할 수도 있다는 사실을 기억해야 한다.

변호사와 손해사정사,
어느 쪽이 유리할까?

사건을 맡기기로 마음먹었다면 결국 손해사정사와 변호사 둘 중 하나를 선택해야 한다. 그렇다면 어느 쪽에 사건을 맡기는 것이 더 좋을까? 우선 낯설게 느껴지는 손해사정사라는 직업에 대해 좀 더 구체적으로 알아보자.

손해사정사와 손해사정

교통사고를 당하고 입원해본 경험이 없다면 손해사정사라는 직업이 조금 생소할 수도 있다. 나도 사고가 나기 전까지는 그런 업무 영역이 있는 줄도 몰랐다. 그러나 기나긴 입원 생활 동안 쌓여가는 명함들과 상담을 통해 손해사정사가 무슨 일을 하는지 알게 되었다.

손해사정이란 각종 보험 사고로 인해 발생한 손해를 조사하고 그 손해액을 결정하여 보험금 지급의 타당성을 심사하고 처리하는 업무를 말한다. 손해사정사란 이러한 보험 사고가 발생했을 때 공정성과 객관성을 가지고 손해액을 산정하여 보험회사와 피해자 간의 대립과 갈등을 해결해주는 일을 맡은 사람이다. 한마디로 보험 사고를 조사하고 그 손해액을 사정하는 일을 하는 전문직이다. 손해사정인과 손해사정사를 혼동하는데, 「보험업법」의 개정으로 정식 명칭은 손해사정사가 맞다.

2014년 이전에는 손해사정사를 가능한 업무에 따라 1~4종으로 구분했지만, 2014년부터는 신체, 재물, 차량, 종합 손해사정사로 명칭이 바뀌었다.

보험회사 측 손해사정사와 환자 측 손해사정사

사실 손해사정사 시험을 준비하지 않는 한 크게 중요하지 않다. 그렇다면 같은 손해사정사인데 왜 어떤 사람은 나를 괴롭히려 하고 어떤 사람은 나를 도와주려 하는가.

보험회사는 업무의 특성상 반드시 일정 인원 이상의 손해사정사를 보유하고 있다. 그들은 보험회사의 입장을 대변하기 때문에 피해자 입장에서는 나를 괴롭히는 사람이라고 생각하기 쉽다.

보험회사를 상대로 나를 도와주는 사람들을 독립 손해사정사라고 부른다. 특히 장기보험의 경우 보험금을 청구하면 나오는 전문 손해사정회사를 나를 도와주는 독립 손해사정회사로 착각하는 사람들이 있다.

이들은 나를 위해 일하는 사람들이 아니라 보험회사에 위탁을 받아 돈을 받고 일하는 회사이다. 이들을 일컬어 서베이(survey) 보험회사라고 부르기도 하는데, 쉽게 말해 보험회사의 하청을 받은 조사업체라고 보면 된다. 이들의 업무는 고객이 청구한 보험금을 공정하게 심사하는 것이지만 상당 부분은 고객의 보험금을 깎거나 면책하려는 의도가 다분하다. 이것이 보험회사가 원하는 것이고 이렇게 해야 좋은 실적을 달성해 다음에도 보험회사로부터 사건을 의뢰받을 수 있기 때문이다.

┄┄┄┄┄┄┄► 소송 권한이 있는 변호사

변호사는 익히 알고 있듯이 민형사 사건에서 개인이나 단체를 대리하여 소송을 제기하거나 재판에서 의뢰인에 대한 변호를 하는 대가로 보수를 받는 사람이다.

우리나라는 변호사와 법무사만 법률과 관련된 사건을 돈을 받고 처리할 수 있다. 변호사 이외에 대가를 받고 사건을 도와주면 불법으로 처벌받는다. 하지만 호주나 뉴질랜드는 보수를 받고 사건을 연결해주는 법조 브로커가 합법이라고 한다.

어쩌면 손해사정사가 보험업 분야에서는 좀 더 전문적일 수 있다. 그러나 모든 사건을 소송하고 합의할 무소불위의 권한을 가진 변호사들이 서로의 전문성을 인정하지 않고 손해사정사들을 잡상인 취급하는 모습을 보면 씁쓸하기도 하다.

법적인 행동 반경이 좁고 소송을 수행할 수 없다는 약점, 변호사나 법무사 외에 법적인 사건에 대해 보수를 받으면「변호사법」위반이라는 점을 들어서 손해사정사들을 작은 사건에 대한 손해사정이나 하는 집단으로 생각하는 듯하다. 그러나 어찌 되었든 간에 변호사는 소송 업무를 수행할 수 있으므로 보험회사와 대립할 때 취할 수 있는 방법이 다양한 것은 인정할 수밖에 없다.

더구나 손해사정사를 통해 사건을 진행할 때 절대 더 줄 수 없다는 금액이 소송에서는 더 큰 금액이 되는 것을 보면 보험회사의 행태도 어느 정도 파악할 수 있을 것이다.

그런데 변호사의 수는 점점 늘어나고, 대형 로펌이나 능력과 영업력을 갖춘 변호사에게 사건이 몰리다 보니 사무실 문을 닫는 변호사들도 점점 늘어나고 있다. 기업에서도 변호사에 대한 예우가 예전 같지 않다. 변호사들은 인터넷 광고, 블로그 등 다양한 방법으로 특정 분야에 특출하다는 전문성을 알리기 위해 애쓰고 있다.

인터넷에 많이 홍보하고 있는 교통사고 전문 변호사도 그런 전문성 홍보라고 보면 된다. 이러한 전문 분야 등록은 신청일 기준 3년 이내 해당 사건 수임 목록이 30건 이상이고 소정 시간의 교육을 이수하고 등록비를 내면 심사를 거쳐 전문 변호사로 인정된다. 일반인이 보면 좀 더 신뢰가 생길 수도 있겠지만 사건이 많아서 하지 않는 변호사들도 많다.

중요한 것은 실무 능력과 의뢰인과 사건을 대하는 진지함이다. 특히 교통사고 전문 변호사는 후유장해와 관련된 의학적 지식도 갖춰야 한다. 후유장해를 잘 모르고 무조건 소송을 진행하면 의뢰인에게 오히려 손해를 끼칠 수도 있다.

교통사고 소송은 대개 보험회사로부터 얼마를 받을지 다투는 것이다. 착수금을 받고 일하는 변호사들은 소송 결과가 어떻게 나오든 크게 손해 볼 일이 없다. 하지만 의뢰인은 착수금, 인지대, 송달료, 신체감정 비용에 시간까지 할애한 것을 감안하면 결과적으로는 오히려 손해일 수도 있다.

교통사고 손해배상금 산정은 정해진 공식이 있기 때문에 나이, 과실, 장해, 소득을 대입하면 어느 정도 예상 보험금이 나온다. 그런데 그 금액을 받을 수 있느냐 없느냐는 별개의 문제다. 진실을 잘 입증하고 조금 부족한 진실도 사실로 인식시킬 수 있어야 한다.

교통사고 손해배상금은 무에서 유를 창조하는 것이 아니라 원래 받을 금액보다 얼마나 더 많이 받을 수 있는가 하는 싸움이다. 따라서 어떤 사건은 어디를 가서 상담하든 비슷할 것이다. 그러나 다툼이 많은 사건은 변호사의 능력이나 경험, 꼼꼼함에 따라 큰 차이가 날 수 있다.

손해사정사는 평소에 직접적으로 보험회사 직원들과 부딪히므로 소송이 아닌 협의로 풀어야 할 문제에서 유리하게 사건을 해결할 수 있다. 그러나 반대로 실무에서의 인간관계가 오히려 독으로 작용하기도 하니 주의해야 한다. 사건 하나를 처리하고 일을 접을 것이 아니기 때문에 앞으로 계속 봐야 할 보험회사와 원만하게 지내고 싶어 할 수도 있다.

보험회사들도 자신들의 자문의를 통해 유리한 진단을 끌어내듯이 손해사정사도 해당 진료과의 의사를 잘 알고 있기 때문에 가장 중요한 후유장해 평가를 좀 더 유리하게 이끌어낼 수 있다. 허위, 과다 장해 진단을 받을 수 있다는 이야기가 아니다. 같은 장해라도 의사의 소견이 조금씩 다를 수 있기 때문에 보험회사와 환자들은 서로에게 더 유리한 자문 결과를 이끌어내기 위해 싸운다는 것이다.

많은 장점에도 불구하고 손해사정사의 분명한 한계는 소송 권한이 없다는 것이다. 따라서 보험회사는 손해사정사를 만만하게 보고 터무니없는 금액을 제시하며 더 할 테면 해보라는 식으로 나온다. 물론 관련 법령과 약관을 따져서 조목조목 반박하겠지만 '못 줘, 소송해'라고 하면 더 이상 방법이 없다. 물론 그런 상황이 되면 변호사에게 의뢰해야 한다.

실제로 당연히 줘야 할 보험금을 주지 않는 비상식적인 일들이 다반사로 일어난다. 보험회사 직원들은 소송을 하면 송무팀으로 넘어가기 때문에 자기들은 오히려 편하다고 말한다. 속된 말로 '배째라'는 식이다. 특히 공제회사들이 이런 경우가 많다. 이렇게 되면 피해자는 스스로 변호사를 찾아 상담하고 비용까지 지불하면서 소송을 해야 한다. 대부분의 피해자들이 소송은 처음이기 때문에 더욱 부담이 된다. 예부터 송사에 휘말리지 말라는 말이 있을 정도로 소송은 피곤한 일이다.

그러나 보험회사는 자신들과 파트너 관계인 법률회사에 맡기면 된다. 게다가 그 비용은 고객의 보험료 중 일부이다. 이렇게 줘야 할 것을 주지 않고 소송을 남발하여 피해자를 압박하는 일은 없어져야 할 것이다.

변호사에게 사건을 맡길 때는 어떻게 해야 할까? 가장 중요한 것은 소송 실익이 있는지를 따져보는 것이다. 보험회사가 못마땅해서 반드시 소송을 하고 싶고, 소송하면 반드시 좋은 결과가 있을 것이라는 생각은 위험하다. 물론 보험회사가 너무 괘씸해서 소송 실익이 없어도 손해만 입지 않으면 소송을 하려는 사람들도 있다.

장해가 확실한 경우, 소송 실익은 있지만 장해가 불확실하거나 미미한 경우, 나이와 과실이 많으면 불리하다. 그러므로 무조건 소송해야 한다고 하는 변호사보다는 약관 기준과 소송 기준의 차이를 설명해주고 현실적으로 어떤 것이 유리한지 판단해줄 수 있는 변호사를 선택하는 것이 좋다.

소송을 진행하기 전 합의 단계에서 보험회사는 약관 기준을 주

장할 것이다. 그러나 소송을 진행하면 합의 기준이 소송 기준으로
바뀐다. 이런 상황에서 보험회사가 압박을 느낄 사건이라면 소외
합의가 진행될 것이고 본안 소송이 진행되면 조정 또는 판결로 끝
날 수도 있다.

소송을 하면 가장 객관적인 금액을 받을 수 있지만 신체감정에
서 어떤 의사를 만나는가, 법정에서 어떤 판사를 만나는가에 따라
합의금에 미칠 변수가 달라진다는 것도 염두에 두어야 한다.

····················→ 선택은 자신의 몫

정리해보면 소송 실익이 없는 경우에는 손해사정사이든 변호
사이든 그다지 중요하지 않다. 경험과 의료 지식, 협상 능력이 중
요하다. 주관적인 이야기일 수 있지만 나와 잘 맞는지도 중요하다.
그러나 손해사정사보다 활동 반경이 넓고 법적 구속력이 있는 변
호사가 훨씬 더 유용하게 업무 처리를 할 수 있다.

능력이 있다는 전제하에 손해사정사와 변호사 모두에게 필요
한 덕목은 피해자가 안심하고 위안을 받을 수 있는 공감 능력이다.
몇 해 전 세계적인 테니스 스타 라파엘 나달이 경기를 멈추는 일
이 있었다. 관중석에서 한 엄마가 잃어버린 아이를 애타게 찾는 소
리를 듣고 경기 도중에 잠시 멈춘 것이다. 이에 관중들은 너나없이
아이의 이름을 불렀고 아이는 그리 멀지 않은 곳에서 발견되어 엄
마의 품으로 돌아왔다. 나달은 그 광경을 보며 흐뭇한 미소를 지었

고, 언론들은 나달이 챔피언의 품격을 보여줬다고 평가했다. 나달이 그 상황에서 경기를 중단한 것은 아이를 애타게 찾는 엄마의 마음에 공감했기 때문이다.

보험회사와 협상하고 소송하는 일은 기계적으로 할 수 있는 업무이다. 피해자가 의뢰할 때는 자신들에게 직면한 가장 중대한 문제를 해결하기 위해서이다. 돈이 많은 사람은 보상금이 아무것도 아닐 수 있지만 어떤 사람에게는 인생이 걸린 문제일 수도 있다. 같은 상황을 겪어본 사람이 공감하기도 쉽다.

그러나 간접적인 경험으로도 충분히 공감할 수 있다. 얼마를 받아주고 얼마의 수임료를 받는다고 하기 전에 피해자의 육체적, 정신적 고통에 공감할 수 있어야 한다. 디스크를 장해 취급도 하지 않던 의사가 자신이 디스크 환자가 된 후 디스크는 영구장해라고 이야기하는 것도 같은 이치다.

제대로 보상받지 못하는 피해자
90퍼센트가 저지르는 실수와 예방법

·······················→ 보상을 잘 받은 기준이 무엇일까?

최소한 내가 피해를 본 만큼 금전적 보상과 충분한 치료를 받아야 한다. 더 솔직하게 이야기하면 내가 피해를 본 것 이상으로 더 많은 돈을 받아내야 한다. 도둑 심보가 아니다. 교통사고로 보상을 받는다는 것은 내 몸과 보상금을 맞바꾸는 것이다. 「자동차사고손해배상법」에 따라 다친 부위의 장해 정도와 장해 기간을 노동력 상실률로 환산하여 금전적 보상을 받는다. 또한 정신적 피해에 대한 위자료도 노동력 상실 정도에 따라 다르다. 사고가 남의 일일 때는 적정 보상 여부를 쉽게 말할 수 있지만 자신 또는 가족의 일일 때는 아무리 많이 받아도 손해인 것처럼 느껴진다.

사고로 인한 끔찍한 고통과 정신적 트라우마, 사고 후 짧게는 몇 년, 길게는 평생 후유증을 안고 살아가야 하기 때문에 적정 보상이라는 것이 존재할 수 없다. 보상금을 아무리 많이 받는다 한들 후유 증상이 심해 사고 전에 하던 일을 못하게 된다거나, 일상을 영위할 수 없을 때, 평생 그렇게 살아야 할 때의 좌절감은 결코 돈으로 보상받을 수 없다. 「자동차손해배상보장법」이 얼마나 객관적인지 모르겠으나 실제로 사고 당사자의 생각과는 상당한 괴리가 존재한다.

그런데도 사고가 처음이거나 사고로 인한 후유증을 심각하게 고민해보지 않은 사람들은 보험회사가 제시하는 보상금에 선뜻 합의한다. 실제로 상담 중에 '시간을 두고 진행하면 2,000만 원을 받을 수 있다'고 했는데도 보험회사가 제시하는 1,000만 원에 서명하는 사람도 있었다. 이유를 물어보면 크게 다친 것도 아닌데 시간 끌고 신경 쓰기 싫어서 그랬다고 한다. 보험회사에서 좋아할 만한 대인배다.

끈질기게 물고 늘어져도 제대로 된 보상을 받기 쉽지 않은데, 너무 쉽게 합의서에 서명하는 피해자들의 실수 유형과 예방법을 간단히 살펴보자.

-----------------▶ 피해자는 보험회사 직원의 말을 무한 신뢰한다

아직도 많은 사람들이 유명하고 거대한 보험회사의 말을 그대

로 믿는다. 이것은 일종의 권위에 대한 복종이라고 할 수 있다. 큰 회사에서 그렇게 할 때는 합당한 이유가 있을 것이라고 생각한다. 불특정 다수를 대상으로 하는 매스컴에서 떠드는 말은 거짓이 아닐 거라고 생각하는 것과 같다.

보험회사는 자신들을 아름답게 포장하여 고객의 신뢰를 얻으려고 그럴싸한 이미지 광고를 하고 사회사업 같은 공익을 위한 일들도 많이 한다. 이런 것들이 쌓여 고객의 무의식 속에 보험회사는 믿을 만하다는 신뢰를 심어준다. 이렇게 되면 고객의 머릿속에는 "설마 보험회사가 거짓말하겠어"라는 인식이 박혀서 무슨 말을 해도 믿는다.

그러나 보험회사는 여느 기업들처럼 영리를 추구할 뿐이다. 무턱대고 의심할 필요도 없지만 무작정 신뢰하는 것도 경계해야 한다. 합리적인 부분은 수용하고 수긍할 수 없는 부분은 반드시 따지고 넘어가야 한다.

┈┈┈┈┈┈┈┈┈┈• 여유가 없고 조급하다

교통사고 초기에는 갑작스런 고통과 앞으로 과연 완치될 수 있을지에 대한 걱정 때문에 합의는 꿈도 꾸지 못한다. 그런데 신기하게도 몸이 점점 회복되는 것을 느끼면 빨리 합의하고 싶은 마음이 솟구친다. 이때 보험회사가 합의를 시도한다. 보상 담당 직원은 다양한 방식으로 접근한다. 처음에 말도 안 되는 금액을 제시하며 떠보다가 피해자가 받아들이지 않으면 조금 더 큰 합의금을 제시한다. 전문가에게 의뢰하거나 소송하기도 애매한 정도의 금액을 제시해서 합의를 이끌어내는 경우도 있다.

이때 피해자들은 '일단 합의하면 모든 게 끝인데 괜찮을까?' 하는 걱정과 눈앞에 보이는 보상금 사이에서 갈등한다. 이제는 보험회사를 상대하기도 지쳐서 빨리 끝내고 싶은 마음뿐이다. 이렇게 피해자가 조급하면 보험회사의 페이스에 말리기 쉽다. 급한 사람이 지는 게임이다. 절대 돈이 급하다거나 빨리 합의하고 싶은 속내를 내비치지 말아야 한다.

척추횡돌기골절로 보험회사는 200만 원을 제시했지만 여유를 두고 보험회사와 싸워 제시액의 16배인 3,200만 원을 받은 피해자의 침착함과 인내심을 기억하기 바란다.

소송을 두려워한다

상담을 해보면 교통사고 피해자들의 상당수는 소송까지 가는 것을 원하지 않는다. 물론 소송은 여러 가지 실익을 따져보고 결정할 일이지만 가급적이면 송사에 휘말리지 말아야 한다는 생각을 가지고 있다. 또한 착수금과 인지대, 송달료, 신체감정 비용 등이 부담스러워 소송을 꺼리는 피해자도 많다. 그러나 교통사고 소송은 일반 민사소송과는 다르다. 손해가 확실하다면 돈을 받아낼 출처가 명확하기 때문에 실익의 차이가 있을 뿐 못 받을 일이 거의 없다. 보험회사가 '이 정도 가지고 소송할 수 있겠어?' 하며 말도 안 되는 합의금을 제시할 때는 소송을 통해 피해자가 만만치 않다는 것을 보여주는 것도 좋다.

소송을 남발해서는 안 되지만 보험회사가 제시한 금액이 터무니없이 적고 각종 비용을 제하더라도 소송 실익이 있다면 과감히 소장을 날려보라. 특히 대부분의 공제조합은 비상식적이고 비합리적이기 때문에 소송이 유일한 해답인 경우가 많다.

주변 사람들의 말에 부화뇌동한다

보험금을 많이 받고 싶은 것은 당연하다. 나와 비슷하게 다친 사람이 어느 보험회사에서 얼마를 받았다더라, 그러니 나도 그 정도는 받을 수 있지 않을까, 누가 얼마를 받아준다더라, 저 사무실은 수임료가 저렴하다더라 등 주변 사람들의 말에 휘둘리는 사람들이 많다.

내 몸의 손실을 담보로 보상을 받는 것이기에 가능한 한 푼이라도 더 받아야 한다. 하지만 같은 진단이라도 사람에 따라 회복 정도와 사고 상황, 개인의 사정과 보험회사의 성향이 다르다. 교통사고는 같은 진단이라도 피해자의 나이, 소득 수준, 과실, 장해 정도에 따라 보상금의 차이가 매우 크다. 사고 초기에 누가 얼마를 받아준다더라, 누가 몇 급 이상 나오게 해준다더라 하는 이야기는 듣지 않는 것이 좋다. 신중히 알아보고 혼자 해결할 만한 문제와 그렇지 못한 문제를 구별해서 적절히 대처해간다면 합당한 보상을 받을 수 있다.

자기 몸의 가치를 우습게 여긴다

교통사고로 상해를 입고 병원에 가면 각종 검사를 거쳐 진단을 내린다. 그리고 진단서에는 병명과 진단주수가 기록된다. 예를 들어 "흉추11번의 압박골절. 향후 8주간 치료를 요함"이라는 식이다. 8주가 지나면 부상 부위가 완치된다는 말일까?

그렇지 않다. 이것은 초진일 뿐이다. 상해 정도와 치료 정도, 환자의 회복 능력에 따라 치료 기간은 달라질 수 있다. 그런데 초진에서 명시한 기간이 지나면 다 낫는다고 생각하는 사람들이 많다. 어떤 사람들은 큰 부상을 당하고도 대수롭지 않은 것처럼 이야기한다.

이런 유형은 여성보다 남성들에게서 더 많이 나타난다. 이런 사람들은 "이 정도 다쳐서 뭐가 나오겠어" 하며 보험금 청구에 크게 애착을 갖지 않는데, 일종의 허세다.

보험회사에서는 이런 고객들을 진정한 VIP로 생각할 것이다. 교통사고가 났다면 사고의 경중을 떠나 내가 받아낼 수 있는 보험금을 꼼꼼히 살펴보아야 한다. 내 몸값을 돈 몇 푼으로 계산할 수는 없지만, 나의 권리를 찾는 것은 신성한 일이다. 한 사람 한 사람이 꼼꼼하게 따지고 청구하다 보면, 고객을 호구로 여기는 보험회사의 구태를 조금씩 개선해나갈 수 있을 것이다.

보험회사 자문의의 소견을 두려워한다

　보험회사가 피해자의 보상금을 깎는 주요 방법 중 하나는 '자문 결과상 장해 없음 또는 한시장해 몇 년'이라는 자신들만의 자문 결과를 피해자에게 받아들이라고 하는 것이다. 보험회사 자문의가 나를 치료한 적이 있는지 반문해보자. 나와 일면식도 없는 의사가 차트만 가지고 나의 장해 정도를 자문하는 것은 신빙성이 떨어진다. 따라서 그 소견을 신경 쓸 필요 없고 주치의의 소견을 받아보자.

　때로는 주치의도 장해가 없다고 진단할 수 있다. 정말 장해가 없는 것일 수도 있고, 보험회사가 부담스럽거나 귀찮아서 그럴 수도 있다. 이럴 때는 제3의 의사를 찾아보는 것도 좋다. 의사가 자문의와 주치의만 있는 것이 아니기 때문이다. 사고기여도나 장해 잔존 기간, 장해의 정도는 의사마다 다를 수 있으므로 같은 증상이라도 피해자 입장에서 소견을 내줄 수 있는 의사를 찾아야 한다.

　사고부터 청구 보상에 이르기까지 보험회사의 '고객님'인 우리가 왜 '호갱님'이 되어 보험회사에 끌려 다녀야 할까? 고객이 아무리 보험에 대해 잘 알고 있다고 해도, 보험회사는 막강한 자본력을 앞세워 수집한 방대한 데이터를 적용하기 때문에 혼자 보험회사를 상대하기는 쉽지 않다. 즉, 정보의 비대칭성으로 인해 선택력과 판단력이 보험회사를 따라갈 수 없는 것이다.

별다른 정신 무장 없이 합의를 시도하다 보험회사의 막강 화력에 무너져 한없이 작아지는 나를 느낄 수도 있다. 몰라서 못 받고 알아도 받기 힘든 교통사고 보상금을 제대로 받으려면 위에서 말한 흔한 실수와 예방법을 반드시 기억하기 바란다.

하루 1% 15분 꾸준함의 힘

노승일 지음 | 14,500원

평범한 나를 특별하게 만들어주는
'꾸준함'의 힘을 경험하라!

항상 하던 다짐들이 작심삼일로 끝나는가? 결국 오늘도 포기하고 '내일부터 시작해야지'라며 하루를 흘려보내는가? 그리고 이 패턴이 매일같이 반복되는 가? 그렇다면 이 책에서 하루에 단 1%, 15분만 꾸준히 투자하는 방법을 찾아보라. 성공, 좋은 관계, 건강, 행복 등 개인의 삶 속에서 세웠던 목표를 꾸준함의 힘으로 달성할 수 있을 것이다. 가난했던 한 청년의 가슴 설레는 도전들이 가득 담긴 이 책을 통해 독자들은 작심삼일과 무기력, 자괴감의 늪에서 빠져나와 새로운 인생을 살아갈 강력한 동기를 얻을 것이다.

사장교과서

주상용 지음 | 14,500원

사장, 배운 적 있나요?
사장이 반드시 알아야 할 기본 개념 40가지

이 책에서는 기업 CEO들의 생각 친구, 경영 멘토인 저자가 기업을 성장시키는 사장들의 비밀을 알려준다. 창업 후 자신의 한계에 부딪혀 심각한 성장통을 겪고 있는 사장, 사람 관리에 실패해서 바닥을 경험하고 새로운 재도약을 준비하고 있는 사장, 위기 앞에서 이젠 정말 그만해야겠다고 포기하기 직전에 있는 사장, 어떻게든 사장을 잘 도와 회사를 성장시키려는 팀장 또는 임원, 회사의 핵심인재가 되려고 사장의 마음을 알고 싶은 예비 해결사 직원, 향후 일 잘하는 사장이 되려고 준비 중인 예비 사장들에게 큰 도움이 될 것이다.

노마드 비즈니스맨
이승준 지음 | 15,000원

**시간을 팔아서 돈을 벌지 말고,
나 대신 돈을 벌어줄 플랫폼을 구축하라!**

다들 돈과 시간에서 자유로운 삶을 꿈꾼다. 하지만 연봉은 적게 받고 일은 더 많이 하는 게 현실이다. 이 책은 직장 생활을 하지 않아도 충분한 돈을 벌고 자신이 원하는 삶을 살아가는 방법, 즉 '노마드 비즈니스맨'이 되는 방법을 알려준다. 7년간 노마드 비즈니스로 일하며 일주일에 3~4시간 일하고 월 1억 원 이상을 버는 저자가 네이버 카페, 책, 유튜브, 카카오스토리, 페이스북 등 다양한 SNS를 통해 노마드 비즈니스를 실천할 수 있는 구체적인 방법을 소개한다. 또한 독자 개인의 성향에 맞는 노마드 비즈니스를 찾을 수 있도록 안내해준다.

플랫폼 구축 트레이닝 시트 수록

일은 줄이고 삶은 즐기는 완벽한 직장인
최민기 지음 | 14,500원

**프로 직장인이 13년간 메모를 통해 정리한
업무 방식을 전격 공개한다!**

저자는 13년간 업무를 하면서 하루도 거르지 않고 기록을 남겼다. 새로 터득한 업무 지식 및 경험, 실수를 통해 깨달은 교훈, 아이디어, 조직 운영과 대인관계에서 느낀 감정 등 회사생활 전반을 정리한 기록이다. 이 책은 그 기록을 바탕으로 완벽한 직장인이 되려면 알아야 할 업무 비법으로 정리한 것이다. 1장에서는 '왜 프로 직장인이 되어야 하는지'에 대한 이유를 정리했고, 2장에서는 프로 직장인이 갖추어야 할 능력을 직접 겪은 사례로 풀어냈다. 3장과 4장에서는 '프로 직장인이 일하는 방식'을 설명했다.

메모 잘하는 법 10가지 수록